21世纪高职高专规划教材
财经类专业基础课系列

经济学原理与应用

Principles and Applications of Economics

主　编 ◎ 王晓娜　王铁桩
副主编 ◎ 赵明辉

中国人民大学出版社
·北京·

前　言

市场经济是迄今为止最有效的资源配置方式。随着我国社会主义市场经济改革的不断深入和产业升级，我们需要大量掌握现代经济理论的高素质、高技能、高水平应用型人才。本书以经济理论“必需、够用”为原则，加入大量的实践技能训练，挖掘经济学与国民经济和区域经济的结合点，满足社会经济发展对高技能人才的需求。

本书邀请行业、企业专家、区域经济发展顾问参与，秉承基于“工作过程”的教材开发理念，突出“职业能力”“实践应用”，采用“项目导向、任务驱动”的编写体例，立足于行业发展和社会经济需求，融入前沿的高职教育教学理念和高职商科专业改革成果，强化“技能”和“应用”，注重教学方法和手段的改革，构建满足当前时代经济需求的教材知识体系。

本书的特色在于：

1. 思路创新，凸显职业能力、人文价值和经济素养。本书在编写时明确标明相关知识点所要掌握的核心技能，围绕专业能力培养和职业岗位技能设置内容和技能训练，增设体现学科人文价值和培养学生经济素养的课程思政、知识拓展等模块。

2. 应用引领，加大经济理论应用栏目设置。把案例、应用置于知识点之前，融入学习之中，强化于讲解后的经济技能训练，用经济应用技能统领和引导经济学原理的阐释，进一步对接实践、岗位、经济发展需求。

3. 实践突出，增加经济技能训练模块设置。以同步训练为依托，组织编排教材的每一课，在“做中学、做中教”中培养学生的职业能力。紧紧围绕相关的经济学原理，引出任务，让学生完成分析、预测和策略设计。

4. 技术辅助，最大化延伸课堂教学和学习。本书部分知识点通过二维码扫描，可随时学、随时做，延伸课堂，提高教学效果。

本书由王晓娜、王铁桩任主编，赵明辉任副主编，编写组成员均是来自教学一线的“双师型”教师。具体编写分工如下：项目一由王怡婷编写，项目二、项目四、项目七、项目八由王晓娜编写，项目三、项目五由赵明辉编写，项目六、项目九、项目十、项目十一由王铁桩编写。全书由王晓娜统稿、审定。

本书在编写过程中参考了大量文献资料，在此对各位作者深表感谢！我们力求创新完美，但由于水平有限，书中难免有疏漏和不当之处，敬请专家、同仁和广大读者批评指正。

编者

2020 年 10 月

目　录

CONTENTS

项目一

走进经济学

学习目标

知识目标：掌握经济学的基本概念、基本理论和分析方法，建立起对经济运行的基本思维框架。

能力目标：能够运用经济学知识阐述经济现象，并注重稀缺性资源的优化配置，以获得效用最大化。

实训目标：培养学生良好的经济管理意识和社会责任感。把握经济学在生活中的实践内涵，确立正确的经济学指导思想，明确经济学解决问题的基本途径。

晋文公退避三舍——理性经济人

作为春秋五霸之一的晋文公重耳，有过这样一段惊心动魄的流亡经历。其父晋献公死后不久，其弟登上了君王宝座。为了减少哥哥对自己的威胁，弟弟决定杀掉重耳，以绝后患。

重耳无路可走，只好逃到齐国，并表示愿为齐桓公效犬马之劳。为了不让齐桓公对自己有疑心，重耳一方面过着安逸的生活，另一方面行为处事十分低调。齐桓公当然也没有亏待他，不仅赏给他许多东西，而且还将齐姜许配给他。可惜在齐国一段时间以后，出了一点儿意外，重耳的妻子伙同其他人将重耳灌醉，并用马车把重耳偷偷送出齐国。

就这样，重耳又流亡到了曹国。只可惜曹共公因好奇偷看了重耳洗澡，重耳怨恨在心，愤愤而去。经过一系列的波折后，重耳跑到了楚国。楚成王为了表示对重耳的尊敬，设宴隆重款待了他。席间楚成王问重耳如何报答楚国对他的恩情，重耳想了想，回答说："楚国在大王您的治理下，物产丰饶，人民生活殷实，兵强马壮，国力强大，金银珠宝数不胜数，大王还需要我用什么来报答呢?"楚成王听了这段话后便哈哈大笑，说："所言极是，但你总要有所表示吧!"重耳灵机一动，干脆地回答道："如果大王您助我重返晋国，一旦晋、楚两国交战，我就让晋军退避三舍，以报答大王对我的恩情。"宴席结束后，楚国有人请求楚成王杀掉重耳，以绝后患，但楚成王认为这样做不合天理，于是又把重耳送到秦国去了。

重耳来到秦国，秦穆公也隆重款待了他，更有甚者，将自己的亲生女儿怀嬴嫁给了重耳。公元前 636 年，秦穆公派人护送重耳回到晋国。回国之后，重耳为了实现他称霸天下的愿望，采取了一系列改革措施，如鼓励生产、加强军备等，晋国一天天强大起来。

公元前632年，晋文公率兵解救与楚国交战的宋国，为了实现自己“退避三舍”的诺言，晋文公果然下令军队退避三舍，最后城濮一战大败楚军。后来晋、齐、鲁等国，以及周王室订立盟约，正式称晋文公为盟主，晋文公终于成为诸侯霸主。

（资料来源：http://www.doc88.com/p-5129895273159.html）

请分析：晋文公是怎样一步步成为春秋五霸之一的？

在这个故事里，晋文公无疑是最理性的人，“理性人”始终追求自己的效用最大化，为自己谋取最大利益。晋文公一开始为了寻求庇护，跑到齐国，并且过着低调的生活以掩人耳目，然后再被偷偷送出齐国，流亡曹国。在受到曹国的“非礼”后，辗转来到楚国，并对楚成王做出“退避三舍”的承诺，而后楚成王将其送到秦国。多次辗转却安然无恙，这些都说明晋文公是个理性精明的人，利用自己的理性思维，最终成为春秋五霸之一。

任务一 经济学的研究对象

案例导入

“大炮”和“黄油”

“大炮”代表军用品，是国家安全必不可少的；“黄油”代表民用品，是提高一国国民生活水平所必需的。假定一个社会用其全部资源（资本、劳动、土地、企业家才能）来生产“大炮与黄油”，“大炮与黄油”的问题可以引出经济学的研究对象。

第二次世界大战时期，希特勒叫嚣“要大炮不要黄油”，实行国民经济军事化。第二次世界大战后，苏联为了实现霸权，同美国对抗，把有限的资源用于“大炮”等军事装备与火箭的生产，使人民生活水平低下，长期缺乏“黄油”。而美国作为“民主的兵工厂”（当时美国总统罗斯福的名言），向反法西斯国家提供武器，也把相当多的资源用于生产“大炮”。“大炮”增加，“黄油”减少，因此，美国战时对许多物品实行管制。

无论出于什么目的而更多地生产“大炮”，都要求经济的集中决策——希特勒的法西斯独裁、苏联的计划经济或者美国的战时经济管制。这些偏向计划经济的体制虽然可以集中资源不计成本地达到某种目的，但代价是“黄油”（民用品）减少，人民生活水平下降。任何一个社会用于生产“大炮与黄油”的资源总是有限的，都会面临稀缺性问题。因此，任何一个社会都要决定生产多少“大炮与黄油”。在资源既定的情况下，“多”生产一单位“大炮”，就要“少”生产若干单位“黄油”。权衡“得失”，做出“选择”，这就是社会所面临的资源配置问题或选择问题。经济学研究的是一个社会如何配置自己的稀缺资源，简单来讲，经济学是选择的学问。

“大炮与黄油”问题概括了经济学的内容。各个社会都要解决“大炮与黄油”的问题。我们所遇到的矛盾是：如果我们想多拥有一些“黄油”，则必须放弃一些“大炮”；同样，如果我们想得到更多的“大炮”，必须放弃更多的“黄油”，正所谓“二者不可兼得”。在正常的经济中，政府与市场共同决定“大炮与黄油”的生产，以使社会福利达到最大。整个经济学都是在解决“大炮与黄油”的选择问题。

（资料来源：https：//wenku. baidu. com/view/5f131b3de45c3b3567ec8bf1. html）

请思考：大炮和黄油的配置组合体现出经济资源的哪些特点？

一、经济资源的稀缺性和经济学的产生

自古以来，人类赖以生存的资源的有限性和人类欲望的无限性之间的矛盾始终困扰着人们。如何合理地配置和利用有限的资源成为人类社会永恒的话题。而且，人类经济问题的根源也在于资源的稀缺性。

（一）经济资源的稀缺性

资源就是人们进行经济活动所需要的诸种要素或条件，按其丰裕程度可以分为自由取用资源和经济资源。自由取用资源是指来源充裕，取用无须付出成本的资源，如阳光、空气、风力等。而绝大多数物品，由于世界上的资源有限，并不能自由取用，表现为不充足性。经济资源就是指供给有限，取用须付出代价的资源。经济资源可归结为物质资源、能量资源、信息资源、人力资源这四种形态，即“在一定的技术条件下，能为人类利用的一切物质、能量、信息和人力”。通常又可以衍化为劳动、资本、土地与企业家才能等类型。

人类进行经济活动是为了满足自身的需要。需要即欲望，人们的欲望是无限的，没有止境的，而经济资源总是有限的，这种在获得人们所需要的物品上所存在的自然的限制，就叫作“稀缺”。从人类需要的层次上看，美国心理学家马斯洛把人的需要划分为五个层次。第一，生理需要，即吃、穿、住等生存需要；第二，安全需要，即保障人身安全的需要；第三，社会需要，即社交需要、感情的需要、爱与归属感的需要；第四，尊重的需要，即有名誉、地位和声望的需要；第五，自我实现的需要，即实现自己理想的需要。从需要的内容看，人们的需要具有多样性，当一个方面的需要得到满足后，便开始追求其他方面的需要。随着人类社会的不断发展，需要和欲望无穷无尽，但越来越多的自然资源因人类的需要而成为稀缺资源，且稀缺程度日趋严重。因而资源的稀缺是当今社会普遍存在的现象。

小思考：请列举你身边稀缺的经济资源。

（二）经济学的产生

由于经济资源的稀缺性和人类欲望的无限性之间存在矛盾，人们必须研究稀缺资源在各种可供选择的用途之间如何有效利用和配置，以最大限度地满足人类的欲望。经济学就是一门研究人们将稀缺的资源配置到各种不同和相互竞争的用途上，并得到最大满足的科学。经济学的产生，正是为了解决有限资源的合理配置和利用的问题。经济学的核心思想是通过研究、把握、运用经济规律，实现资源的优化配置与优化再生，最大限度地创造、转化、实现价值，满足人类物质文化生活的需要与促进社会可持续发展。因此经济学是关于选择的学科，是关于节约的学科。

同步案例

稀缺性是可以避免的吗？

无论是百万富翁或是在饥荒中的儿童，都会面对稀缺性的问题。虽然百万富翁比较富

有，但并不意味着他所拥有的金钱能够满足他所有的物质欲望。此外，无形的欲望也不一定能以金钱得到满足，比如时间、爱情、健康、友谊等。因此，稀缺性对个人乃至社会来说，都是不可避免的。由于稀缺性的存在，人们必须做出选择，选取价值较高的选项，放弃价值较低的选项。在放弃了的选项中，拥有最高价值的一个，称为机会成本。在市场中，这成本就是价格。

在多于一人的社会中，稀缺性意味着竞争。面对有限的资源，不是所有人的欲望都能得到满足。因此，社会必须通过竞争的方式，来决定谁得谁失。这种竞争，可以是价格竞争，即价高者得；亦可以是非价格竞争，如排队、抽签、武力等。存在稀缺性问题的物品，称为“经济物品”。相反，没有稀缺性问题的物品，则称为“免费物品”。

二、选择、资源配置和资源利用

（一）选择

稀缺性是一切经济问题产生的根源。由于资源具有稀缺性，而人的欲望是无限的，人们在经济活动中就要进行各种各样的“选择”，选择就是研究如何利用现有的资源去生产，以更有效地满足人类的欲望。进行选择不仅涉及个人，而且涉及整个经济。家庭、厂商和政府共同决定着如何将有限的资源，包括土地、劳动力、机器、燃料、动力等用到最合适的地方去。

1. 机会成本

机会成本是指如果一种生产要素被用于某一特定用途，它就放弃了在其他替代用途中可能获得的最大收益和最大产量。机会成本是关于选择的成本，没有选择，就没有放弃，当然也不会存在机会成本。其存在需要两个基本前提：一是生产要素具有稀缺性且具有多用途；二是资源能够自由流动且被充分利用。

机会成本的概念有助于人们对资源的用途做出最佳选择，选择的最基本原则就是机会成本必须是最小的，也就是实际收入必须大于或者至少等于其机会成本，这时候的选择才是最佳的。例如：当一个厂商决定利用自己所拥有的经济资源生产一辆汽车时，这就意味着该厂商不可能再利用相同的经济资源来生产 200 辆自行车。于是，可以说，生产一辆汽车的机会成本是放弃生产 200 辆自行车。如果用货币数量来代替对实物商品数量的表述，且假定 200 辆自行车的价值为 10 万元，则可以说，一辆汽车的机会成本是价值为 10 万元的其他商品。

同步案例

“空地”该如何使用?

假设你有一大片空地，你把它卖出去可以赚 50 万元。你也可以把它租给别人建停车场，每月收取租金。如果你把它租出去，在租用期就不能再卖了，那卖地的 50 万元就是你租地的机会成本。如果你把它卖掉，所有权就不属于你了，也就不能再租给别人了，每月可以收取的 5 000 元租金就是你卖地的机会成本。也就是说，有两件事可以选择，这两件事都可以给你带来效用。你选择了其中一件事，那么另一件事的效用就是你的机会成本。

（资料来源：http://www.360doc.com/content/16/1212/20/256040_614135552.shtml）

2. 生产可能性曲线

生产可能性曲线是指在一定的技术条件下，用既定资源能生产的各种产品的最大产量组合的轨迹。主要用来考察一个国家应该怎样分配其相对稀缺的资源问题，说明稀缺性、选择和机会成本的关系。

由于资源的有效性，用于生产某一种产品的资源多了，用于生产其他产品的资源就会减少。假定在技术水平和资源既定的条件下，社会用全部资源生产两种产品：棉花和小麦。如果只生产棉花可以生产 5 万吨，只生产小麦可以生产 15 万吨，在这两种极端的可能性之间还存在着棉花和小麦的不同数量组合。其组合关系如表 1-1、图 1-1 所示。

表 1-1　生产的组合表

组合关系	棉花/万吨	小麦/万吨
A	0	15
B	1	14
C	2	12
D	3	9
E	4	5
F	5	0

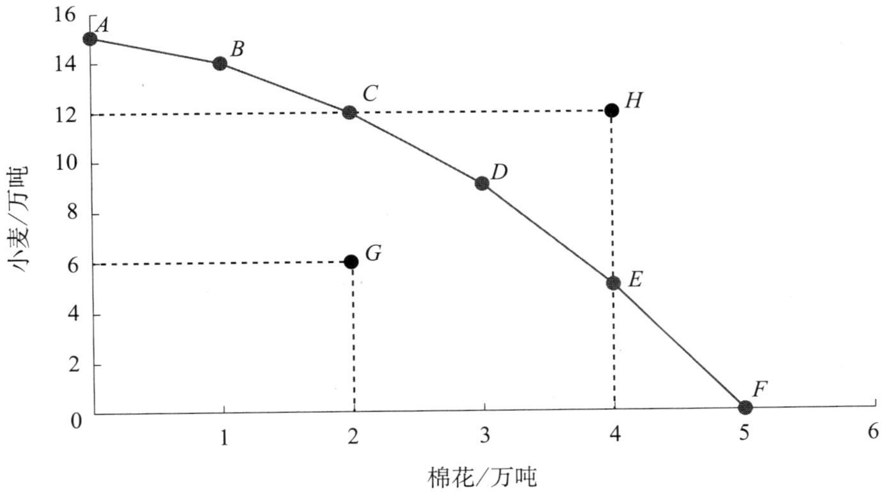

图 1-1　生产可能性曲线

根据表 1-1，我们可以得到图 1-1，在图 1-1 中，*AF* 线是在既定资源的条件下所能达到的棉花和小麦的最大产量组合的线，即生产可能性曲线。*AF* 线表明了多生产一单位棉花需要放弃多少小麦的生产，或者多生产一单位小麦要放弃多少棉花的生产，因此，又被称为生产转换线。从图 1-1 还可以看出，*AF* 线内任何一点，如 *G* 点棉花和小麦的组合（2 万吨棉花和 6 万吨小麦）也是在既定的资源条件下所能达到的，但并不是最大数量的组合，即资源没有得到充分利用。*AF* 线外任何一点，如 *H* 点棉花和小麦的组合（12 万吨小麦和 4 万吨棉花）是小麦和棉花更大数量的组合，但在现有资源条件下无法实现。一个社会在现有资源数量和技术不变的条件下可能生产的产量组合是既定的，但当资源数量变化和技术条件进步时，生产可能性曲线会向外平行移动，这也代表社会生产能力的提高。

同步案例

刘邦和项羽的“生产可能性曲线之争”

在楚汉之争刚刚开始的时候，项羽经过巨鹿之战，拥兵多达 40 万，而且控制的地域范围也相当广泛，占尽了优势。此时无论是兵力，还是地域范围，刘邦皆不能够与项羽相抗衡，可以想象，这时候的刘邦怎么可能是项羽的对手呢。当楚汉之争发展到后期的时候，刘邦和项羽的形势正好发生了颠倒，此时的刘邦不仅占据关中地区，有张良的运筹帷幄，还有韩信横扫北方的燕、赵与东方的齐，决胜千里，其实力已经大大超过了项羽。如果从经济学的角度去说明这个问题，就是说在楚汉战争刚刚拉开帷幕的时候，刘邦的“生产可能性曲线”远远低于项羽的，但是到了后期，项羽的“生产可能性曲线”就远远不如刘邦的了。资源的稀缺性导致我们不能随心所欲地生产需要的所有产品，同样刘邦与项羽也不能随心所欲地招兵买马了。生产可能性曲线告诉我们这样一个道理：做事要量力而行，千万不要“明知不可为而为之”，这样不仅不能把事情做好，而且还会徒增烦恼。在大学期间，总是有许多学生喜欢出去做兼职，有些人也因此耽误了学习，这就是因为每个人的时间和能力都是有限的。同时我们也不可以妄自菲薄，轻视自己的能力，因为有时我们可能处于自己的“生产可能性曲线”之内，这个时候就需要充分发挥自己的潜力，达到“人尽其才”，不要浪费自己的能力。

（资料来源：https://www.docin.com/p-2019350598.html）

（二）资源配置

由于人类社会资源有限，因此要进行经济选择，进行资源配置，以满足人们的欲望。面对稀缺的资源如何进行选择，可以归纳为以下三个方面：

1. 生产什么和生产多少

由于资源是稀缺的，人们需要的产品和劳务又是多样的，为使有限的资源得到最大程度的满足，就要根据各种需要的相对重要性，合理选择种类及程度。同样的资源如果用来生产 A 产品，就无法再用来生产 B 产品。是把既定的资源用来生产 A 产品，还是用来生产 B 产品，还是在 A 产品和 B 产品之间进行某种组合，经济决策者有必要进行选择，以最大限度地满足人们的需求。

2. 怎样生产

怎样生产就是用什么资源和生产方式来组织生产。经济学研究的是在资源配置中用什么样的方法生产产品和劳务。由于资源的相对稀缺程度不同，同样的产品可以用能互相替代的不同的资源或资源组合来生产，那么就要选择生产成本最低或能带来最高收益的资源或资源组合。例如：在农业生产中，生产同样数量的某种农产品是多使用资本，少使用劳动，用资本密集型方式来生产呢？还是少使用资本，多使用劳动，用劳动密集型方式来生产呢？我们应该如何选择？选择应该按照效率最大化的标准来进行，也就是说，在资源不变的情况下，尽量采用效率较高的方法，尽可能利用现有资源，生产出更多的产品。

3. 为谁生产

经济学研究的是产品和劳务应如何分配。资源的稀缺性决定了产品和劳务的有限性，产品和劳务应该先满足谁，后满足谁，满足到什么程度，通过什么方式来满足。一般情况下，优质的劳动、资金、土地总会偏向回报较高的部门和企业。

稀缺性是人类社会各个时期和各个社会面临的永恒的问题，所以，上述问题也是人类社会所必须解决的基本问题。这些问题被称为资源的配置问题。

案例分析

替代新材料“火线”出炉，为口罩补“心”

短短一个多月时间，被称为医用口罩“心脏”的熔喷布价格已经上涨了10多倍。在河南，已经有一些口罩生产厂商卡在熔喷布环节，被迫暂时停产。“这几天熔喷布报价至少20万元/吨，要三四十万元的也很多。原材料基本都上涨10倍以上。”河南一家刚刚转产口罩的企业负责人介绍说，企业刚刚转产口罩、消毒液等防疫物资，现在最大的困难就是原料紧张，部分生产线开工不足，无法全力生产。根据业内人士介绍，目前熔喷布需求量激增，供应难以接上，一方面是由于上游熔喷聚丙烯原材料短缺，另一方面是熔喷机器新上产能耗时较久，生产周期较长，通常需要3～6个月。此前，国内能够生产熔喷布的大型企业不多，整体呈现小而散的局面，熔喷布产能主要分布在山东、广东、浙江、江苏等少数省市。

面对熔喷布价格畸高的情况，有关部门及相关省市下发紧急通知，要求开展熔喷无纺布价格专项调查，确保价格稳定。市场方面，各企业正想方设法扩产增产，同时不断有替代品“火线”出炉，这让“一布难求”的困局有了新解。

（资料来源：http://finance.sina.com.cn/roll/2020-03-24/doc-iimxxsth1367392.shtml）

请讨论：熔喷布出现价格上涨的原因。

教师点评：

1. 资源的稀缺性。
2. 如何实现资源的有效配置。

（三）资源利用

经济活动上往往面临稀缺的资源被浪费的情况。这样，资源的稀缺性又引出了另外的问题：资源利用问题。资源利用是指人们如何更好地利用现有的稀缺资源生产出更多的产品。有时候，稀缺资源得不到充分利用，如在经济危机时期，大量工厂设备闲置，工人失业，整个社会的实际产量并没有达到生产可能性曲线水平，而是在类似于图1-1中的G点。

资源配置问题属于微观经济学范畴，资源利用问题属于宏观经济学范畴。在现实社会中，劳动者失业、生产设备和自然资源闲置等是经常存在的状态。这说明，生产可能性边界所标定的产量只是充分就业的或者说潜在的国民收入，而实际的国民收入往往小于它。研究造成这种状态的原因，寻求改良的方法，实现充分就业，使实际的国民收入接近或等于潜在的国民收入，这就是资源利用。资源利用包括三方面：

第一，为什么资源得不到充分的利用。如何在资源既定的情况下，产品和劳务的产量达到最大化。如何解决失业问题，实现充分就业？

第二，在资源既定的条件下，产量为什么不能始终保持最大化，而是忽高忽低？怎样保持经济稳定而持续地增长？

第三，现代社会是以货币为交换媒介的经济社会，货币购买力的变动对资源稀缺所引起的各种问题的解决都有一定的影响。解决这些问题必然涉及货币购买力问题，也就是“通货膨胀（或通货紧缩）”问题。

由此可见，稀缺性不仅会引起资源的配置问题，而且还会引起资源的利用问题。因此，经济学界又把经济学定义为“研究稀缺资源配置和利用的一门科学”。

三、经济体制

经济体制是指经济资源配置和利用的具体形式。人类社会的各种经济活动都是在一定的经济体制下进行的。在现代社会经济中，根据资源配置和利用的具体方式不同，经济体制主要分为三种：

1. 计划经济体制

计划经济体制，即通过中央计划来决定生产什么、如何生产和为谁生产。它的特征是生产资料私有，用计划来解决资源配置和利用问题。这种体制从理论上讲能够使资源达到最优配置和有效利用，实现社会公平。在实践中，计划经济未达到目标，往往以巨大的社会和经济成本为代价。这种体制不能解决资源的配置问题，效率较低，由此产生了社会主义国家经济体制改革和资本主义国家国有企业私人化浪潮。

2. 市场经济体制

市场经济体制，即主要通过价格机制来解决资源配置和利用问题。由市场价格机制决定厂商生产什么、如何生产、为谁生产。它的特征是生产资料私有，经济决策高度分散，完全靠一只“看不见的手”支配，资源配置和利用由价格机制来解决，使资源能够得到合理配置，但是会引发关于资源利用和社会公平的一系列问题。

小思考：我国的经济体制为什么要转型？

3. 混合经济体制

混合经济体制，即介于市场经济体制和计划经济体制之间，实现市场与计划相结合的一种经济体制。它的特征是既有市场调节，又有政府干预，自由竞争和国家干预相结合。在这种体制下，依靠市场机制来解决资源配置问题，利用国家干预来解决资源利用问题，兼顾效率和公平。当今世界各国大多都采用计划和市场不同程度结合的混合经济体制。

综上所述，资源配置和资源利用都是在一定经济体制下选择进行的，所以经济学就是研究一定的经济体制下资源配置与资源利用的科学。本教材所介绍的经济学，是指在市场经济体制下，研究稀缺资源的合理配置和有效利用的科学。

原理应用

雪天的杂货店

1967 年，一场大暴雪使得芝加哥市区的交通瘫痪，外面的生活必需品难以进入，当时还是大学生的詹姆斯在住所附近有两家杂货店：一家杂货店慈悲为怀，坚持在大雪天对店内商品不涨价，其店中的商品很快被抢购一空，因为如此低的价格难以使其以高价向外界继续采购新的商品，这家店很快就关门大吉；另外一家杂货店则将所有的商品和价格暂时提高到原来的两倍，同时这家杂货店的老板出高价请当地的孩子乘雪橇从外地运进当地市民需要的各种商品。涨价的杂货店因为能够支付较高的雇佣雪橇拉货的成本，在暴雪过程中一直保证了对居民的基本供应，同时高价格也促使居民调整自己的需求，将自己采购的物品控制在自己能够承担的，确实也是必需的范围内。

（资料来源：https://wenku.baidu.com/view/3f33439150e2524de5187e7d.html）

任务二　经济学的主要内容

案例导入

一罩难求

“每天给手机上闹铃，一到时间就猛戳手机，‘双 11’的时候都没这么认真。”每隔几个小时，市民陈晴的手机闹钟就会响起，提醒她打开软件“秒杀”口罩。

平价口罩稀缺，多数电商平台采取定时限量发售的方式。市民王先生最近在京东平台抢到一袋医用口罩，18 元一袋，每袋 10 只。“刚开始抢不上，功夫不负有心人，在活动第六天，王先生终于在 200 多万的人海中脱颖而出。”记者查询发现，这款口罩每天下午 3 点开始预约，预约后才能参与晚上的抢购，每天限量发售 1 万件，但每天都有 200 多万人参与预约。

便宜的口罩难抢到，一些人转向了海外代购。蒋女士在洋码头上通过海外买手购买了 15 片韩国 KF94 口罩，每片口罩 26.6 元。蒋女士说：“虽然比平时贵得多，但不用费劲儿抢购，唯一不足就是从国外发货，物流时间长，大概 10 天才能到。”

疫情之前，3M、霍尼韦尔等大牌厂商的 N95 口罩，每只售价不过三四元，一次性口罩的价格普遍在每片 1 元左右。但除夕前后，电商平台的口罩基本卖断货，很多消费者早早完成付款的口罩订单，发货时间一再延迟。

“春节前下了单，到现在还显示未发货，估计 3 月份能到就不错了。”多名消费者表示，虽然商家发货时间遥遥无期，但还是不敢轻易取消订单。

（资料来源：https://baijiahao.baidu.com/s?id=1659101497702801401&wfr=spider&for=pc）

请思考：“一罩难求”期口罩该不该限价？

一、微观经济学的主要内容

（一）微观经济学的定义

微观经济学以单个经济单位为研究对象，通过研究单个经济单位的经济行为和相应的经济变量单项数值来说明价格机制如何解决社会的资源配置问题。微观经济学的定义，需要明确以下几点：

1. 研究的对象是单个经济单位的经济行为

单个经济单位是指在市场经济中有自主经济活动能力的个人、家庭和企业（厂商）。个人、家庭是市场经济中的消费者，企业（厂商）是市场经济中的生产者。它们组成了最基本的经济单位。在微观经济学中，单个消费者和厂商分别以商品需求者和供给者的身份出现在商品市场上，又分别以生产要素的供给者和需求者的身份出现在要素市场上。对于单个消费者来说，其经济行为是在生产要素市场上提供要素以获得收入，然后在商场上购买最优组合的商品数量，进而获得在消费中的最大满足。对于单个厂商来说，其经济行为是在要素市场上购买所需要的生产要素，然后在生产过程中以最佳的要素和产量组合进行生产，进而通过产品的销售获得最大利润。消费者和厂商这种单个经济行为的优化奠定了微观经济学的基础。

2. 解决的问题是资源配置

也就是如何使稀缺的资源为社会带来最大的经济福利。资源配置总体上就是生产什么、如何生产和为谁生产的问题。对于消费者来说，就是如何让其以有限的收入在购买各种商品和服务时，实现最大程度的满足。对于厂商来说，就是如何把有限的资本用于各种物品生产，能获得最大化的利润。如果每个经济单位都实现了最大化，那么整个社会的资源配置也就实现了最优化。

3. 中心价格理论

在市场经济中，生产者行为和消费者行为都要受价格支配，价格就是一只“看不见的手”，调节整个社会的经济活动。通过价格机制的调节，社会资源的配置实现了最优化。微观经济学就是说明价格如何使资源配置达到最优化。因此，价格理论是微观经济学的中心，其他内容都是围绕这一中心问题展开的，微观经济学也被称为价格理论。

4. 研究方法是个量分析

个量就是指商品的供给量、需求量、价格、成本、利润等。个量分析是研究经济变量的单项数值是如何决定的。微观经济学用边际分析法和均衡分析法作为基本的分析方法，用以分析各种个量之间的关系，研究个量之间互相决定的模型。

（二）微观经济学的基本假设

微观经济学理论是建立在一系列假设条件之上的。在微观经济分析中，在不同的模型中，具体的假设条件存在差异，但在众多假设条件中，至少有三个基本的假设条件。

1. 经济人假设

经济人即假定人的思考和行为都是理性的，以利己为动机，力图以最小的经济代价去追逐和获取最大的经济利益。消费者和厂商都是以利己为目的的经济人，他们自觉地实现利益最大化。正因为消费者和厂商的完全理性，价格调节机制实现资源配置最大化才成为可能。

同步案例

理发师与经济学家

一天，一位理发师给一位教堂的牧师理发，理完后当牧师要给理发师付费时，理发师拒绝了，他说：“您为上帝工作，我怎能收您钱呢？”第二天，理发师门口多了12部圣经。一位警察找这位理发师理发，理发师再次拒绝收费，他说：“您保护大众，我怎能收您费呢？”第二天，理发师门口多了12个甜甜圈。一位经济学家来找这位理发师理发，理发师又一次拒绝收费，他说：“您为大家的福利而工作，我怎能收您钱呢？”第二天理发师门口有12位经济学家等着他理发。

（资料来源：https://wenku.baidu.com/view/972afeff9989680203d8ce2f0066f5335a81679a.html）

2. 完全信息假设

完全信息是指市场上每一个从事经济活动的个体（即买者和卖者）都对有关的经济情况具有完全的信息。消费者和厂商可以免费而迅速地获取各种市场信息。

3. 市场出清假设

由经济人假设和完全信息假设可以推出市场出清假设。它与前两个基本前提假设具有明确的因果关系，指商品价格具有充分的灵活性，能使需求和供给迅速达到均衡的市场。在出清的市场上，没有定量配给、资源闲置，也没有超额供给或超额需求。在这种均衡状态下资源可以得到充分利用，不存在资源闲置或浪费问题。

（三）微观经济学的基本内容

（1）价格理论。研究商品的价格如何决定，以及价格如何调节整个经济的运行。这一部分是微观经济学的核心，其他内容都是围绕这一核心而展开的。

（2）消费者行为理论。研究消费者如何在各种商品和劳务之间分配他们的收入，以达到最大程度的满足。这一理论是对需求这一决定价格的因素的进一步解释。

（3）生产者行为理论。研究生产者如何把有限的资源用于各种物品的生产上而实现利润最大化。这一理论是对供给这一决定价格的因素的进一步解释。

（4）收入分配理论。研究产品按什么原则分配给社会各个集团和个人，即工资、利息、地租和利润如何决定。这一部分是利用价格理论来探讨要素市场的均衡，说明为谁生产的问题。

（5）一般均衡理论与福利经济学。研究社会资源配置和社会经济福利最优化的实现。

（6）市场失灵与微观经济政策。在现实中，由于公共物品、外部性、垄断与信息不对称，导致市场失灵。解决市场失灵就需要政府制定的微观经济政策。

案例分析

新能源汽车再获政策“强心针”

2020 年 10 月 9 日召开的国务院常务会议通过了《新能源汽车产业发展规划》。《规划》规定从 2021 年起，国家生态文明试验区、大气污染防治重点区域新增或更新公交、出租、物流配送等公共领域车辆，新能源汽车比例不低于 80%。到 2025 年，中国新能源汽车新车销量占比达到 25%左右。《规划》明确引导新能源汽车产业有序发展，推动建立全国统一市场，提高产业集中度和市场竞争力。一要加大关键技术攻关，鼓励车用操作系统、动力电池等开发创新。二要加强充换电、加氢等基础设施建设，加快形成快充为主的高速公路和城乡公共充电网络。对作为公共设施的充电桩建设给予财政支持。鼓励开展换电模式应用。三要鼓励加强新能源汽车领域国际合作。四要加大对公共服务领域使用新能源汽车的政策支持。

分析人士指出，《规划》的出台，进一步说明“新能源化”趋势已不可逆转，随着中国原油进口依存度已经超过 70%，“新能源化”是必然的选择。据了解，截至 2020 年 8 月，在整个汽车销量中，新能源汽车销量占比已经超过 4%。

随着新能源行业风口的到来，已有多家公司在新基础设施方面展开布局，其中有以特来电、星星充电为代表的新能源运营商，以快电为代表的第三方充电平台，以蔚来汽车、小鹏汽车为代表的主机厂。

中国的出行能源，已经进入化石能源存量数字化、新能源增量增长的双轮驱动时代，预计到 2035 年，新车销售当中，汽油车与电车销量将各占 50%。

（资料来源：https://nev.ofweek.com/2020-10/ART-71011-8120-30463567.html）

请讨论：为什么汽车“新能源化”趋势不可逆转？

教师点评：

1. 新能源汽车是发展低碳经济思想指导下的产物。
2. 明确充分发挥市场在资源配置中的决定性作用。

二、宏观经济学的主要内容

（一）宏观经济学的定义

宏观经济学是以整个国民经济为研究对象，通过研究经济中各有关总量的决定因素以及其变化，来说明资源如何才能得到充分利用。因此，宏观经济学也被称为“总量经济学”。这个定义包括以下四个方面：

（1）研究对象是整个国民经济。宏观经济学研究的不是经济中的单个消费者或生产者，而是以这些单位组成的整体以及与其相关的经济总量为出发点，是从整体上分析经济问题，研究整个国民经济的运行方式与规律。

（2）解决的问题是社会资源的利用问题。宏观经济学研究的是现有资源未能得到充分利用的原因，达到充分利用的途径，以及如何促进经济增长等问题。

（3）中心理论是国民收入决定理论。宏观经济学把国民收入作为最基本的总量，以国民收入的决定因素为中心来研究资源利用问题，分析整个国民经济的运行。国民收入理论是宏观经济学的核心理论，其他理论是运用这一理论来解释整体经济中的各种问题。

（4）研究方法是总量分析。总量是指能反映整个经济运行情况的经济变量，包括国民生产总值、总投资、总消费、价格水平、利率、汇率、货币供给量、货币需求量等。总量分析就是分析这些总量的决定因素、变动规律及其相互关系，并通过这种分析说明经济的运行情况，决定采取何种经济政策。

同步案例

该不该质疑GDP?

越来越多人包括非常著名的学者，对GDP衡量经济增长的重要性产生了怀疑。斯蒂格利茨曾经指出，如果一对夫妇留在家中打扫卫生和做饭，将不会被列入GDP的统计之内；假如这对夫妇外出工作，另外雇人做清洁和烹饪工作，那么这对夫妇和佣人的经济活动都会被计入GDP。说得更明白一些，如果一名男士雇佣一名保姆，保姆的工资也将计入GDP；如果这位男士与保姆结婚，不给保姆发工资了，则GDP会减少。德国学者厄恩斯特和美国学者洛文斯在他们合著的《四倍跃进》中对GDP在衡量经济增长中的作用更是提出了诘难，他们生动地写道：“乡间小路上，两辆汽车静静驶过，一切平安无事。它们对GDP的贡献几乎为零。但是，其中一个司机由于疏忽，突然将车开向路的另一侧，连同到达的第三辆汽车，造成了一起恶性交通事故。但是随之而来的是：救护车、医生、护士、意外事故服务中心、汽车修理、法律诉讼、保险代理、新闻报道等，都被看作正式的职业行为，都是有偿服务。即使任何参与方都没有因此而提高生活水平，甚至有些还蒙受了巨大损失，但我们的GDP——所谓的‘财富’依然在增加。”再比如，1998年湖北发了大水，遭了大灾，湖北的经济增长速度却提高了13%。

基于以上分析，有些学者深刻地指出：“平心而论，GDP并没有定义成度量财富或福利的指标，而只是用来衡量那些易于度量的经济活动的营业额。”需要进一步指出的是，外资企业虽然在我们境内从统计学的意义上给我们创造了 GDP，但利润却是汇回他们自己国家的。一句话，他们把 GDP 留给了我们，把利润转回了自己的国家，这就如同在天津打工的安徽民工把 GDP 留给了天津，把挣的钱汇回了安徽一样。看来 GDP 只是一个“营业额”，不能反映环境污染的程度，不能反映资源的浪费程度，看不出支撑 GDP 的“物质”内容。在当今，资源浪费的亮点工程、半截子工程都可以算在 GDP 中，都可以增加 GDP。

尽管 GDP 存在种种缺陷，但这个世界上本来就不存在一种包罗万象、反映一切的经济指标。在我们现在使用的所有描述和衡量一国经济发展状况的指标体系中，GDP 无疑是最重要的一个指标。所以说，GDP 不是万能的，但没有 GDP 是万万不能的。

（资料来源：https://wenku.baidu.com/view/2d49e790b80d6c85ec3a87c24 028 915f804d84ab.html）

（二）宏观经济学的基本假设

（1）市场失灵假设，即市场体制是不完善的。在 20 世纪 30 年代经济危机爆发后，经济学家逐步认识到，如果仅靠市场机制的自发调节，是无法克服危机与失业的，并且会在资源稀缺的同时，产生资源的浪费。

（2）假设政府具有调节经济、纠正市场机制缺点的能力。整个宏观经济学正是建立在政府有能力调控经济的基本假设这一前提之下的。

（三）宏观经济学的基本内容

宏观经济学包括宏观经济理论、宏观经济政策和宏观经济计量模型。

（1）宏观经济理论包括国民收入决定理论、消费函数理论、投资理论、货币理论、失业与通货膨胀理论、经济周期理论、经济增长理论、开发经济理论。

（2）宏观经济政策包括经济政策目标、经济政策工具、经济政策机制（即经济政策工具如何达到既定的目标）、经济政策效应与运用。

（3）宏观经济计量模型包括根据各派理论所建立的不同模型。这些模型可用于理论验证、经济预测、政策制定，以及政策效应检验。

以上三个部分共同构成了现代宏观经济学。现代宏观经济学是为国家干预经济的政策服务的。战后凯恩斯主义宏观经济政策在西方各国得到广泛的运用，相当大程度上促进了经济的发展，但是，国家对经济的干预也引起了各种问题，比如经济周期波动、失业、通货膨胀、国际贸易减少等。宏观经济政策涉及国民收入及全社会消费、储蓄、投资及国民收入的比率、货币流通量和流通速度、物价水平、利息率、人口数量及增长率、就业人数和失业率、国家预算和赤字、进出口贸易和国际收入差额等。

小思考：面对新冠肺炎疫情，国家出台了哪些宏观政策？

三、微观经济学和宏观经济学的关系

（一）微观经济学与宏观经济学的区别

1. 研究对象不同

微观经济学的研究对象是单个经济单位，如家庭、厂商等。正如美国经济学家 J. 亨德逊（J. Henderson）所说“居民户和厂商这种单个单位的最优化行为奠定了微观经济学的基础”。而宏观经济学的研究对象则是整个经济，研究整个经济的运行方式与规律，从总量上分析经济问题。正如保罗·萨缪尔森（Paul A. Samuelson）所说，宏观经济学是“根据产量、收入、价格水平和失业来分析整个经济行为”。美国经济学家卡尔·夏皮罗（Carl Shapiro）则强调了“宏观经济学考察国民经济作为一个整体的功能”。

2. 解决的问题不同

微观经济学要解决的是资源配置问题，即生产什么、如何生产和为谁生产的问题，以实现个体效益的最大化。宏观经济学则把资源配置作为既定的前提，研究社会范围内的资源利用问题，以实现社会福利的最大化。

3. 研究方法不同

微观经济学的研究方法是个量分析，即研究经济变量的单项数值如何决定。而宏观经济学的研究方法则是总量分析，即对能够反映整个经济运行情况的经济变量的决定、变动及其相互关系进行分析。这些总量包括两类，一类是个量的总和，另一类是平均量。因此，宏观经济学又称为“总量经济学”。

4. 基本假设不同

微观经济学的基本假设是市场出清、完全理性、充分信息，认为“看不见的手”能自由调节，实现资源配置的最优化。宏观经济学则假定市场机制是不完善的，政府有能力调节经济，通过“看得见的手”纠正市场机制的缺陷。

5. 中心理论和基本内容不同

微观经济学的中心理论是价格理论，还包括消费者行为理论、生产理论、分配理论、一般均衡理论、市场理论、产权理论、福利经济学、管理理论等。宏观经济学的中心理论则是国民收入决定理论，还包括失业与通货膨胀理论、经济周期与经济增长理论、开放经济理论等。

（二）微观经济学与宏观经济学的联系

1. 微观经济学与宏观经济学是互为补充的

微观经济学和宏观经济学分别进行的是个量经济分析和总量经济分析，但二者并非互相独立、互相割裂的。微观经济学以经济资源的最优配置为目标，目的是解决如何实现社会经济福利的最大化。它们是从不同角度分析社会经济问题，二者相互补充、相互依存，共同组成经济学的基本原理。

2. 微观经济学是宏观经济学的基础

整个国民经济是由单独的、个别的经济单位组成的，个别的经济单位是整个国民经济的基础。例如：失业理论以及通货膨胀理论等宏观经济理论，必然涉及劳动供求与工资理论，以及价格理论。所以微观经济学是宏观经济学的基础。

原理应用

“大选之年”的经济

2004年是亚洲的大选年，印度、印度尼西亚、日本、马来西亚、菲律宾、斯里兰卡、韩国及中国的香港和台湾地区举行大选，数量创下历史纪录。此间经济学家认为，这些国家和地区的政府为保住政权，在选举年会增加政府支出、避免提高利率，这将有助于刺激企业获利与经济增长。

菲律宾总统大选于 2004 年 5 月 10 日举行，菲律宾全国最大的电视广播网 ABS－CBN 因候选人购买政治广告使利润大大增加。在印尼，候选人以赠送速食面、茶包、果汁和香烟的手段来拉拢选民，烟草、食品等商品的销路非常好。

据渣打银行雅加达分行的经济学家艾奇森估计，全球第四人口大国印尼花在 4 月 5 日举行国公大选和 7 月 5 日首度直选总统的“政治支出”高达 10 亿美元。

据报道，印度国会下议院和 4 个省议会的 9 500 名议员候选人，竞选支出也高达 10 亿美元，这是 1999 年竞选时的 3 倍。幅员辽阔的印度选举将持续 4 天，部分候选人不惜租用飞机来进行宣传拉票活动。印度首家低成本飞机业公司——Deccan 公司总经理戈平纳斯称：“我们的订单排满整个选举季节，如果我们再多 20 架直升机就好了。”

韩国选民于 2004 年 4 月 15 日投票选举国会议员。同样，韩国的选举也给一些行业带来了机遇。如韩国最大制纸业生产商韩松纸业有限公司总经理金振曼就表示：“每逢选举，用于竞选传单和海报的纸张便会需求大增。”

为了刺激经济增长，亚洲的中央银行在选举期间都会避免提高利率，政府也会扩大公共支出。例如：韩国央行 3 月 10 日宣布将利率维持在 3.75%的历史最低水平；印度政府 2004 年 1 月宣布移动电话、航空、电脑、药品等行业减税，金额达 23 亿美元；在马来西亚，政府在 3 月 21 日全国大选前，向政府公务员发放了 1.05 亿美元的奖金。

印尼最大零售商 Matahari Putra Prima 公司的投资者关系主任高钟健表示：“部分流入经济体系的选举资金将直接转换成消费者支出增长。”不过，此间经济学家认为，在这种增长效应过后，菲律宾和亚洲另外一些国家和地区可能因赤字扩大推动利率上扬，进而使经济增长速度放缓。新加坡摩根大通银行资深经济学家马力克称：“选举对市场而言是短期利多，政府方面必须当心对财政造成压力。”

（资料来源：http://news.cri.cn/gb/41/2004/04/19/301@133906.htm）

任务三　经济学的研究方法

案例导入

澳大利亚大火烧掉了哪些经济数据？

澳大利亚丛林大火已经燃烧了四个月，规模和强度前所未有，对澳大利亚构成巨大威胁。大火烧毁农场、破坏果园、摧毁牧场，导致大批牲畜死亡，给澳大利亚农业一记重创。澳大利亚农业部门官员称，由于大火仍在燃烧，目前统计损失数额还为时尚早，但几乎可以肯定的是，乳品供应遭受的打击最大，因为与其他州相比，澳大利亚主要乳品产地维多利亚州和新南威尔士州农场和基础设施遭受的打击最惨重。除乳制品外，澳大利亚肉类、羊毛和蜂蜜等产品的产量也将下降。灾情显示，此次大火的受灾面积为 1 140 万公顷（2 800 英亩），约占澳大利亚陆地面积的 1.5%，比苏格兰的面积还要大。其中一半以上地区在新南威尔士州和维多利亚州。大火主要烧毁的是原始植被、森林和国家公园，但农场、牧场和葡萄园同样遭受重大损失。

虽然到目前为止被烧毁的牛奶场不到100家，但大火让已经遭受旱灾严重影响的乳品产区受到重创，其中包括维多利亚州的East Gippsland和新南威尔士州的Bega Valley地区。乳品公司Dairy Australia总经理Peter Johnson表示，部分牛奶场由于停电，无法进行牛奶处理和冷藏。有些则因为道路受阻，车辆无法进入牛奶场收集牛奶。此外，由于Bega镇受到火灾威胁，乳品公司Bega Cheese股价上周一暴跌9.3%。Bega Cheese称，大约90万升牛奶无法从牛奶场采集，另外还有100万升牛奶的供应受到威胁。澳大利亚主要红肉产区新南威尔士州和昆士兰州的受灾面积为250万公顷。澳大利亚肉类及畜牧业协会表示，大约8万牧场位于重灾区，具体损失尚不得而知，但全澳大利亚9%的牛位于重灾区，另外还有11%位于一般灾区。Mercado公司分析师Matt Dalgleish预计，大火将造成170万头羊和45万头牛死亡，导致2020年全澳大利亚羊存栏数量减少了2.4%，牛存栏数量减少了1.8%。除北领地外，澳大利亚其他各州都属于羊毛产区，其中产量最大的两个州是新南威尔士州和维多利亚州。澳大利亚肉类及畜牧业协会表示，全澳大利亚大约13%的羊位于重灾区，17%位于一般灾区。干旱已经导致羊毛产量下降，大火使澳大利亚羊毛生产雪上加霜。澳大利亚非营利组织Australian Wool Innovation去年11月发布报告称，预计2019—2020财年澳大利亚羊毛产量为2.72亿千克，与上一财年相比减产了9.2%。

（资料来源：https://www.sohu.com/a/366746223_751468）

请思考：澳大利亚大火对农业损失预估的数据是运用了什么研究方法得出的？

一、实证分析与规范分析

实证经济学研究社会的经济活动和过程是如何运行的，以及为什么这样运行，是指描述、解释、预测经济行为的经济理论部分，因此又称为描述经济学，是经济学的一种重要运用方式。从原则上说，实证经济学是独立于任何特殊的伦理观念的，不涉及价值判断，旨在回答“是什么”“能不能做到”之类的实证问题。它的任务是提供一种一般化的理论体系，可以对有关环境变化对人类行为所产生的影响做出正确的预测。对这种理论的解释力，可以通过它所取得的预测与实际情况相对照的精确度、一致性等指标来加以考察。

规范经济学研究是指那些依据一定的价值判断，提出某些分析和处理经济问题的标准，并以此树立起经济理论的前提，作为经济政策制定的依据。在西方经济学看来，由于资源的稀缺性，因此在对其用途上就必然面临选择问题，选择就存在一个选择标准，选择标准就是经济活动的规范。可以看出，规范经济学要解决的是“应该是什么”的问题。

小思考：某地一造纸厂排出的污水，污染了周围的农田，导致农产品减产。试用实证分析法和规范分析法予以分析。

实证经济学和规范经济学的区别可以归纳为三点：

（1）是否以一定的价值判断为依据。这里的价值判断，通俗地讲就是对经济事务是“好”还是“坏”的认定。如果经济理论是建立在一定的价值判断的基础上，则为规范经济学；反之，如果不涉及好坏，仅仅是就事论事，那么就是实证经济学。“实证”，就是实例证明。

（2）解决问题不同。如果解决的是“是什么”的问题，则是实证经济学；反之，如果解决的是“应该是什么”的问题，则为规范经济学。

（3）是否具有客观性。规范经济学中的意见分歧主要集中于对不同行为的成本收益的价值判断的差异上。正因为如此，其分析结果带有较浓的主观色彩；而实证经济学是就事论事，所以分析结果是客观的。

但实证经济学和规范经济学二者并不是绝对排斥的。在现实经济分析中，两种方法经常混合使用。比如，对通货膨胀这一经济热点，就常常两种分析方法都会使用。分析通货膨胀的后果，一般属于规范分析。讨论采用何种措施反通货膨胀，亦是规范经济学的范围。一旦方法选定，具体的政策设计则属于实证经济学。

同步案例

旅行社的“精打细算”

某旅行社在旅游淡季打出“从天津到北京世界公园1日游38元（包括汽车和门票）”的广告。根据实证经济学方法来看，旅行社在淡季游客不足，而旅行社的大客车、旅行社的工作人员这些生产要素是不变的，一个游客都没有，汽车的折旧费、工作人员的工资等固定费用也要支出。更何况就是38元票价旅行社也还是有钱赚的，一个旅行社的大客车载客50人，共1 900元，高速公路费和汽油费假定是500元，门票价格10元，共500元，旅行社净赚900元。而根据规范经济学方法来看，任何一个企业的生产经营都有长期与短期之分，从长期看如果收益大于成本就可以生产。在短期不经营也要损失固定成本的支出，因此只要收益能弥补可变成本，就可以维持下去，如此看来旅行社的决策也是有道理的。

二、均衡分析与非均衡分析

19世纪末，英国经济学家马歇尔把物理学中的“均衡”概念引入经济学。均衡是指经济中各种对立的、变动着的力量处于一种力量相当、相对静止、不再变动的状态。均衡分析是分析各种经济变量之间的关系，并说明均衡的实现及其变动。均衡分析又可以分为局部均衡分析与一般均衡分析。局部均衡分析考察在其他条件不变时单个市场的均衡的建立与变动；一般均衡分析考察各个市场的均衡问题。均衡分析偏重于数量分析，非均衡分析则认为经济现象及其变化的原因是多方面的、复杂的，不能单纯用有关变量之间的均衡与不均衡来加以解释，而主张以历史的、制度的、社会的因素作为分析的基本方法，即使是量的分析，非均衡也不是强调各种力量相等时的均衡状态，而是强调各种力量不相等时的非均衡状态。

非均衡是与均衡相对而言的。非均衡理论强调预期的不确定性。这实际上暗含着这样一个前提，即在现实经济生活中，信息是不完备的，搜集信息是要花费成本的，在这种情况下，行为人的交易不可能完全是均衡的交易，非均衡现象是不可避免的。非均衡理论认为，现实中存在大量不完全竞争的情况，包括垄断竞争的情况，因此，应将不完全竞争作为研究的重点。非均衡理论打破了几百年来统治着经济学界的均衡观。现实世界中存在着不确定性，时间序列中的经济运行总是相互发生作用，行为人搜集信息是需要花费成本的，在均衡价格达成以前，交易也是可以实现的。而均衡理论却将上述现实情况通过大量的假定抽象掉，或者说，均衡理论正是凭借舍弃上述现实生活中的复杂性才得以存在的。非均衡分析正是要将这些复杂性考虑在内，创建一套更加逼近现实生活的理论，而这套理论却不可能建立在优美但空洞的均衡观上，它的思想基础是更具有说服力的非均衡观。

三、静态分析、比较静态分析与动态分析

静态分析就是分析经济现象的均衡状态以及有关的经济变量达到均衡状态所需要具备的条件，它完全抽调了时间因素和具体变动的过程，是一种静止地、孤立地考察某些经济现象的方法。如考察市场价格时，它研究的是价格随供求关系上下波动的趋势或者是供求决定的均衡价格，也就是说这种分析只考察任一时点上的均衡状态。

比较静态分析就是分析在已知条件发生变化后经济现象均衡状态相应变化，以及有关的经济总量在达到新的均衡状态时的相应变化，即对经济现象的有关经济变量一次变动（而不是连续变动）的前后进行比较，也就是比较一个经济变动过程的起点和终点，而不涉及转变期间和具体变动过程本身，实际上只是对两种既定的自变量和它们各自相应的因变量的均衡值加以比较。

动态分析则是对经济变动的实际过程进行分析，其中包括分析有关变量在一定时间过程中的变动，这些经济变量在变动过程中的相互影响和彼此制约关系，以及它们在每一时点上变动的速率等。这种分析考察时间因素的影响，并把经济现象的变化当作一个连续的过程来看待。蛛网模型就是运用动态分析的典型的例子。

四、经济模型

经济学研究问题的基本程序是建立模型。经济模型是指用来描述与所研究的经济现象有关的经济变量之间的依存关系的理论结构。简单地说，把经济理论用变量的函数关系来表示就叫作经济模型。一个经济模型是指论述某一经济问题的一个理论，它可用文字说明（叙述法），也可用数学方程式表达（代数法），还可用几何图形式表达（几何法、画图法）。

经济学的研究是通过对社会各种现象建立模型来进行的，通过一个模型，我们可以简单地表示现实世界的情况。这里的重点在“简单”两个字上。一个模型的力量在于能去除无关的细节，从而让经济学家把重点放在经济现实的基本特征上。在建立模型时，选择正确的简化方法具有一定的艺术。一般来说，我们要采用的是最简单的并且能够描述出我们正在考察的经济状况的模型，然后再逐步增加复杂的因素，使模型变得更复杂同时也更符合实际。任何经济现象都是错综复杂、变化多端的，如果在研究中把所有的变量都考虑进去，就会使得实际研究成为可能。所以任何理论结构或模型，必须运用科学的抽象法，舍弃一些影响较小的因素或变量，把可以计量的复杂现象简化和抽象为为数不多的主要变量，然后按照一定函数关系把这些变量编成单一方程或联立方程组，构成模型。

原理应用

猪肉价格的失衡与平衡

连月来，猪肉价格的大幅上涨让老百姓体会到了不小的压力。作为中国老百姓日常最重要的肉食来源，猪肉的价格可以说跟普通人的生活息息相关。然而，这一轮猪肉价格的上涨除了“猪周期”的因素外，更重要的是面临不利的外部因素影响——非洲猪瘟，还有一部分内部因素影响，有些地方搞一刀切，以环保等因素为借口盲目关停养猪场，导致产能下降。从去年 8 月暴发猪瘟疫情以来，全国各地有关部门通力协作、连续奋战，取得了阶段性成

效。目前，全国25个省区市的疫区已经全部解除封锁。总体看，非洲猪瘟疫情势头明显减缓，正常的生猪生产和运销秩序正在逐步恢复。

不过，这场猪肉价格上涨从一开始就备受中央关注，国务院常务会议及时研究并出台了一系列举措来平抑猪肉价格。可以说，这些举措的出台及时有力地制止了猪肉价格继续大幅上涨的势头，稳定了市场预期。那么，针对部分地方以环保理由一刀切关停的养殖企业，国务院常务会议和生态环境部也及时出台了非常有针对性的措施来制止，要求立即取消超出法律法规的生猪禁养、限养规定，“绝不能打着环保的旗号，借改善环境质量之名，随意扩大禁养区的范围”，避免清理代替治理，严禁“一律关停”等简单做法。这些政策都为恢复稳定生猪生产奠定了基础。除了这些举措外，国家储备肉制度是此次平抑猪肉价格行之有效的方法。国家多部门出台的政策由于有滞后性，从政策出台到产生效果往往需要一段时间，那么在这个时间段内，由国家和地方来投放储备肉无疑会对市场价格产生直接的平抑效果。

其实，猪肉市场在运行中难免会出现供求失衡的现象，而储备肉制度则是国家利用市场机制调节供求、缓解失衡的一个重要手段。作为微观经济政策的一种应急性制度安排，国家储备肉不仅在居民消费中扮演着“急救队”的角色，其旺储淡销运作机制也有助于降低养殖户的市场风险。当然，我国的国家储备肉制度还存在一些问题，需要在优化结构、突出重点等方面逐步完善，以更好地实现其政策目标。

（资料来源：https://baijiahao.baidu.com/s?id=1647323470578754546&wfr=spider&for=pc）

1-1　共享经济

课程思政

有真品，又有真心的胖东来

成立于1995年的望月楼胖子店是胖东来的前身。其创始人于东来带着“比别人价格便宜点、态度好点”的朴素经营理念开启了创业之旅。当时，针对充斥着假货、次品、过期商品的市场，于东来提出“用真品，换真心”的理念，获得了出人意料的成功。更重要的是，于东来由此赢得了顾客的信任，初步塑造了胖东来货真价实的市场形象。四年后（即1999年），于东来提出了“不满意，就退货”的全新理念。结果，一下子出现了不少恶意退货的人。如有的人要结婚，就到胖东来买一套西装，等办完婚礼后再退货。于东来并未因此放弃，反而劝解员工们说，这毕竟是少数，不能因为少数人的行为而取消大多数人应该享受的服务；而且，这些人明明有需要，为什么还要退货？说明他们有困难，就当帮他们一把。也是在这一年，胖东来率先推出了包括存车、打气、饮水、电话、衣服熨烫、裁缝裤边等免费服务。不仅如此，胖东来电器的维修部还提供免费的维修服务，不管产品是否购于胖东来。如果一时难以修好或排在等待名单靠后的位置，为了不耽误使用，胖东来准备了常用小家电让顾客拿回家使用。一些高端电子产品在许昌没有维修点，胖东来就代消费者去郑州维修，除厂家维修点收取的维修费用外，胖东来分文不取。在胖东来或许昌其他商店买不到的商品，公司原价代购，不加费用。

秉承“一切以顾客为中心、以顾客满意为出发点”的原则，胖东来的“不满意就退货”

就是“无理由退货、无条件退货”。胖东来还提醒大家根据自己的经济情况，理性选择，不要承担不必要的经济负担，把钱用在更实用的地方。这些服务抓住了顾客的心。胖东来的优质服务可以看作一种变相的补贴，既是对广大消费者的感恩和回馈，同时也成了吸引消费者的强大武器。

问题：胖东来的案例对企业发展有哪些启示？

分析提示：在商品同质化日益严重的今天，服务已成为零售企业提供给顾客附加价值、实现差异化竞争的有效手段。用服务增值，就是要在商品之外提供更多、更好的附加服务来满足消费者的需要。

项目小结

每个国家都面临生产什么、如何生产和为谁生产这三个基本问题。由于生产能力有限，我们必须选择某一个产出方案（生产出什么）。当我们的需求超过了资源的允许范围，就产生了稀缺。生产可能性曲线描述了在当前可得生产要素和技术条件的限制下产出的上限。生产可能性曲线上的点代表了各个可供我们选择的产出组合。

所有生产都包括机会成本：我们要生产更多的 A 就必须减少 B。B 的减少就是产出 A 的机会成本。如何生产的问题着眼于生产中投入了什么生产要素。它往往还伴随着一些对于环境保护的考虑。为谁生产的问题关注的是产出在社会成员间的分配问题。社会的目标就是要选择生产什么、如何生产和为谁生产这几个基本问题的最佳可能/最优答案。最优答案会因为社会价值和生产能力的不同而有所不同。这三个问题可以借助市场机制、中央计划体系，或者市场信号和政府干预相结合的混合机制来回答。

经济学集中运用实证与规范、均衡与非均衡、经济模型的方法研究资源配置。宏观经济学关心如何分配所有资源以实现宏观经济目标（比如充分就业）。微观经济学则关注单个市场参与者的行为和目标。

项目实训

一、实训内容

1. 知识运用能力

技能Ⅰ

名称：问题研讨。

规范与标准：能够根据项目的重点和核心知识点完成以下题目，练习知识运用。

（1）“黄牛党”在市场和资源配置中起了什么作用？

（2）造纸厂陆续关停或者减产对经济的影响有哪些？

（3）目前资源发展的趋势是什么？

（4）你是否认为对工作的喜爱、社会责任感、成就感就能够取代利益动机？

（5）高盛集团是全世界历史最悠久，权势最大的商务投资银行，成立于 1869 年，这样一家投资机构开始养猪了，你认为原因有哪些？

技能Ⅱ

名称：经济学在企业或社会生活中的运用。

规范与标准：请对本项目所学的知识点进行分析，每个知识点至少列举 5 个在企业或社会生活中的应用，见表 1－2。

表 1－2　经济学在企业或社会生活中的应用

项目知识点	在企业或社会生活中的运用
稀缺性	
理性经济人	
机会成本	
实证分析法	

技能Ⅲ

名称：综合分析——如果经济学家讨论的是“人们的收入差距大一点好些还是小一点好些”的问题，试问这是属于实证经济学问题还是属于规范经济学问题？

规范与标准：

（1）小组讨论实证经济学和规范经济学研究的对象的区别。

（2）小组派代表陈述对问题的解释。

（3）教师点评。

2. 情境设计

将学生分成若干实训组，就资源配置中恶性竞争的问题（如校园占座现象），从稀缺性的角度阐述其原因并设计解决该问题的方案，并用小组演讲法讲述。各实训组要对资源竞争的形成原因深入剖析，并进行适当延伸。完成本实训的各项实训任务，在此基础上撰写《××现象分析及解决方案》。

二、实训目标

（1）理解经济学的基本内容。

（2）把握经济学在生活中的实践内涵，确立正确的经济学指导思想。

（3）对资源的稀缺性有具体的认识。

（4）明确经济学解决问题的基本途径。

三、实训设施

教室。

四、实训过程

（1）根据班级人数将学生组成若干个实训组，每 5～7 位同学分成一组，每小组确定一人负责。

（2）对实训组进行实训要求和具体操作讲解。

（3）实训组各小组分别根据团队成员的兴趣爱好和性格，进行分工，开始研讨与设计。

（4）实训组各小组根据实训内容和目标，在规定时间内完成各项实训任务。

（5）实训组各小组在实训分析与反思的基础上，撰写专项实训报告。

五、实训成果

《问题研讨分析报告》

《知识点应用表格》

《××现象分析及解决方案》

六、注意事项

（1）每组每位同学合理分工，认真做好实际调查工作，确切理解知识信息准备工作的内容和要求。

（2）每组同学认真准备符合要求的文字材料。

（3）每组代表在课堂上清晰、有条理地向大家阐述自己的方案，突出重点和亮点。

项目习题

一、单选题

1. 经济学可以定义为（　　）。

A. 公司的经营活动　　B. 政府对宏观经济的调节

C. 个人如何理财　　D. 研究如何合理分配稀缺资源与不同的途径

2. 资源的稀缺性是指（　　）。

A. 相对于人类的需求而言资源总是不足的

B. 世界上的资源会被耗尽

C. 要留给子孙后代用

D. 人类必须节俭生活

3. 微观经济学研究的基本问题是（　　）。

A. 生产什么，生产多少　　B. 为谁生产

C. 怎样生产　　D. 以上都包括

4. 宏观经济学的中心理论是（　　）。

A. 国民收入决定理论　　B. 失业与通货膨胀理论

C. 经济周期与经济增长理论　　D. 宏观经济政策

5. 任何社会所面临的基本问题是（　　）。

A. 如何利用丰富的资源满足人们的需要

B. 如何利用稀缺的资源满足人们不断增长的需要

C. 如何利用稀缺的资源满足人们有限的需要

D. 如何利用丰富的资源满足人们有限的需要

二、多选题

1. 微观经济学是以（　　）为研究对象的。

A. 单个消费者　　B. 单个生产者

C. 单个市场　　D. 资源配置

2. 微观经济学的基本假设条件是（　　）。

A. 完全信息的假设　　B. 完全竞争的假设

C. 合乎理性的人的假设　　D. 边际效用递减的假设

3. 经济学的研究方法有（　　）。

A. 实证分析法　　B. 规范分析法

C. 均衡与非均衡分析法　　D. 经济模型

4. 宏观经济学的中心理论有（　　）。

A. 国民收入决定理论　　B. 失业与通货膨胀理论

C. 经济周期与经济增长理论　　　　D. 开放经济理论

5. 下列关于宏观经济学的说法正确的有(　　)。

A. 研究对象是整个国民经济　　　　B. 解决的问题是社会资源的配置问题

C. 中心理论是国民收入决定理论　　D. 研究方法是总量分析

三、判断题

1. 微观经济学是宏观经济学的基础。　(　　)

2. 只要有人类社会，就会存在稀缺性。　(　　)

3. “生产什么”“如何生产”和“为谁生产”这三个问题被称为资源利用问题。　(　　)

4. 微观经济学要解决的问题是资源利用，宏观经济学要解决的问题是资源配置。　(　　)

5. 实证经济学要解决“应该是什么”的问题，规范经济学要解决“是什么”的问题。　(　　)

6. “人们的收入差距大一点好还是小一点好”的命题属于实证经济学问题。　(　　)

四、名词解释

经济学　　机会成本　　生产可能性曲线　　资源配置　　实证经济学

五、简答题

1. 针对市场上“猪肉价格上涨”的现象，分析“猪肉”稀缺性产生的原因。

2. 水与钻石谁更有用？为什么钻石的价格高得多？

3. 你要完成大学学业有哪些机会成本？

4. 什么是经济学的“选择”？它包括哪些基本问题？

5. 某人决定暑假参加一个计算机学习班，这样他就不能去打工，打工可以赚 2 000 元。参加这个学习班的学费是 2 000 元，书本费为 200 元，生活费为 1 400 元。参加这个学习班的机会成本是多少？

项目二
需求与供给原理与应用

学习目标

知识目标：深入理解需求与供给的基本概念；掌握供求规律、市场均衡变动和需求价格弹性。

能力目标：能运用供求原理分析和解决现实生活中的经济问题，并注重需求价格弹性与企业总收益的运用。

实训目标：学会按照某一特定的知识点找到企业或经济生活中的对接点；能运用所学的知识对经济现象和规律进行分析，看到经济本质；能综合运用所学的知识进行市场需求分析，做出产品的市场推广与传播的策划案。

另解“重赏之下，必有勇夫”

眼瞅着大半年过去了，可销售计划只完成了三分之一，怎么办?

作为某食品公司营销经理的张××，一直为销售不畅苦恼。于是他请示老总，决定搞一次大规模的活动，以激励零售商大量进货，方法就是每进一件产品，奖励现金 50 元。这招还真灵！零售商们见有利可图，进货积极性高涨，只一周时间，上半年落下的任务就超额完成了。

然而，让张经理没想到的是，没出一个月，市场就发生了意外：公司在市场上一直平稳的食品价格莫名其妙地一个劲儿往下滑。各零售点，无论大商场还是小食杂店都竞相降价甩货，不但造成零售价格一片混乱，而且直接影响了公司的市场形象。老总火了，公司急忙派人员出面调查制止。零售商们当面说得好听，可一转身，仍然低价出售，搞得公司焦头烂额，无可奈何。

原来，在高额促销费的驱动下，零售商们进货量猛增，表面上看，公司的库存降下来了，而商圈内消费者的消费量是相对有限和固定的，货虽然到了零售商手里，可并没有顺利地卖到消费者手中。由于零售商都进了大量的货，而一时又销不出去，为尽快处理库存积压，回笼被占用的资金，他们便争相降价甩卖。结果市场上卖什么价的都有，而且越卖价越低。

低价甩卖，零售商不赔钱吗？他们当然不会做赔本的买卖，因为还有高额促销费垫底呢，只不过是少赚一点罢了。而食品公司的损失却大多了，公司形象受影响不说，而产品价格一旦降下来，再想拉上去几乎是不可能的。因为消费者一旦接受了更低的零售价格，若再涨上去，他们肯定是不买账的，正所谓：降价容易涨价难！

于是，该种产品的售价越卖越低，零售商的利润越来越薄，最后，干脆不卖这种产品了。没人再进货，这产品也就寿终正寝了！

（资料来源：https://wenku.baidu.com/view/d9039ca4b0717fd5370cdc06.html）

请分析：

1. 该食品公司的价格出了什么问题？
2. 价格变化为食品公司带来了怎样的影响？

这个案例中，公司食品之所以退出市场，是因为供求失衡，一味地促销激励使零售商过量进货，不考虑有限的消费需求，造成大量库存积压卖不出去，不得不低价甩卖，扰乱了正常的价格体系，最终使食品公司和零售商都无利可图，产品被迫退出了市场。价格在企业运营和市场经济中起着至关重要的作用，合理定价是一个复杂和重要的任务，应予以高度重视。

任务一　需求原理与应用

案例导入

宝洁“安卡普林”之殇

宝洁对调研的重视是出了名的，它每一个大动作都以调研为依据，每一个新产品上市几乎都是调研的结果。是宝洁没有成本意识吗？是宝洁没有眼光、没有决断力吗？不。宝洁如此在乎调研，是因为宝洁有过惨痛的教训，吃过“自以为是”的亏。

“安卡普林”是不伤胃的止痛剂，运用定时释放的新技术，可以在药剂溶化前通过胃部。这种止痛剂对频繁的使用者是一种不错的选择——但必须每4小时服用一次。事实上大部分人只有在疼痛时才服用止痛药，而且希望立即见效。宝洁陶醉于产品的独到技术，忽视消费者的想法，跳过了正常的市场测试，直接进行大范围销售。结果一厢情愿的想法，让宝洁的“安卡普林”死得很惨。现在的宝洁非常注重测试，如果一个品牌无法在测试中获胜，就不允许上市。

（资料来源：https://www.niutoushe.com/40850）

请思考：宝洁的“安卡普林”为何会失败？

一、需求及影响需求的因素

（一）需求与需求量

1. 需求

需求是指消费者在某一特定时期内，在每一价格水平下愿意而且能够购买的商品和劳务的数量。

需求有个人需求和市场需求之分。个人需求是指单个消费者对应于某商品每一可能的价格愿意并能够购买的数量。市场需求是对市场上某一商品所有的个人需求的加总，具体地说，是把市场上每一可能的价格对应的每个人的需求加总的结果。

同步案例

英国商人的失算——消费欲望与需求

鸦片战争以后，英国商人为打开了中国这个广阔的市场而欣喜若狂。当时英国棉纺织业中心曼彻斯特的商人估计，中国有4亿人，假如有1亿人晚上戴睡帽，每人每年用两顶，整个曼彻斯特的棉纺厂日夜加班也不够，何况还要做衣服呢！于是他们把大量睡帽和洋布运到中国。

结果与他们的梦想相反，中国人没有戴睡帽的习惯，衣服也用自产的丝绸或土布，睡帽和洋布根本卖不出去。而且，大多数老百姓也买不起洋布。

（资料来源：https://zhidao.baidu.com/question/574231885.html）

需求应该具备两个条件：一是消费者要有购买欲望，二是消费者要有购买能力，二者缺一不可。

2. 需求量

需求量是指在一定时期内，按照某种给定的价格人们愿意并能够购买的商品数量。需要注意的是，需求量的前提是假定影响需求量的其他因素（非价格因素）不变。例如：2007年10月，假定收入、分配、政策、人口、预期等一系列非价格因素不变，某一汽车价格5万元时，该汽车需求量为50万辆，这50万辆就是定义中的需求量。

小思考：你觉得目前班上所有同学对汽车的需求大不大？为什么？

（二）影响需求的因素

影响需求的因素多种多样，概括起来主要有以下几种：

1. 商品本身的价格

商品本身价格与需求量呈反方向变动，即商品本身价格高，需求量小；价格低，需求量大。

2. 相关商品价格

许多商品之间存在着联系。两种商品之间的联系有三种：一是互补关系，如钢笔与墨水、录音机与磁带、香烟与打火机，跟它互补的商品价格与它的需求量存在反方向的关系。当一种商品（墨水）价格上升时，对另一种商品的需求数量（钢笔）就下降，反之亦然。二是替代关系的商品，如钢笔和签字笔、羊肉与牛肉、面粉与大米、公路与铁路，能替代它的商品的价格与它的需求量存在同方向的关系。当一种商品（钢笔）价格上升时，对另一种商品（签字笔）的需求数量就上升，反之亦然。三是不相关商品，如钢笔与旅游。

两种互补商品之间价格与需求呈反方向变动，因为它们共同满足一种欲望，它们之间是互补的。两种替代商品之间价格与需求呈同方向变动，因为它们可以互相替代来满足同一种欲望。

3. 消费偏好

社会消费风尚和消费偏好与需求数量的变化成正比。消费者偏好的变化受许多因素影响，其中，广告宣传可以在一定程度上影响偏好的形成，这就是为什么许多厂商不惜血本大做广告的原因。

4. 收入水平和分配平等程度

对商品的需求与收入水平和分配平等程度同方向变动。平均收入增加，收入分配趋向平等，会使需求增加；反之则下降。富裕的国家或家庭几乎对一切物品的需求都高于不发达的国家或家庭。仔细观察会发现，由于各种商品需求程度上的差异，市场需求量对收入变化的反应也不同。生活必需品对收入变化的反应不大，而奢侈品、耐用消费品对收入变化的反应则较大。应当注意，并不是任何商品的需求都与收入同方向变动，低档商品就是例外。

5. 人口数量与结构

人口数量的增减直接影响需求的变化。人口结构的变动主要影响需求的结构，进而影响某些商品的需求。例如：人口的老龄化与人们对碳酸饮料、时髦服装、口香糖、儿童用品等的需求成反比，但与保健用品、药品的需求成正比。

6. 政府的经济政策

经济政策会影响消费者的需求。例如：偏紧的财政政策和货币政策与消费需求成反比，而偏松的财政政策和货币政策与消费需求成正比。

7. 消费者对未来的预期

消费者对自己的收入水平、对商品价格水平的预期直接影响其消费欲望。如果预期未来收入水平上升，商品价格水平也会上升，则消费者会增加目前需求与消费；反之则会减少现在的需求与消费。

以上任何一个因素的变化都会引起需求变化，大多数情况下，需求变化是多种因素综合作用的结果；在其他因素不变的情况下，其中一种因素的变化就能影响需求数量的变化。

原理应用

汽油价格与小型汽车的需求

如果市场对某几种产品的需求相互影响，可能出现什么情况呢？其中一种情形就是，导致一种产品价格发生变化的因素，将同时影响对另一种产品的需求。举例而言，在 20 世纪 70 年代，美国的汽油价格上升，这一变化马上对小型汽车的需求产生了影响。

回顾 20 世纪 70 年代美国市场的汽油价格两次上升，第一次发生在 1973 年，当时石油输出国组织切断了对美国的石油输出；第二次是在 1979 年，由于伊朗国王被推翻而导致该国石油供应瘫痪。经过这两件事，美国的汽油价格从 1973 年的每加仑 1.27 美元增加至 1981 年的每加仑 1.40 美元。作为“轮子上的国家”，石油价格上升当然不是一件小事，美国人面临一个严峻的节省汽油的问题。

既然公司和住宅的距离不可能缩短，人们只好继续奔波于两地之间。美国司机找到的解决办法之一就是当他们需要放弃自己的旧车、购置新车的时候，选择较小型的汽车，这样每加仑汽油就可以多跑一段距离。

分析家们根据汽车的大小来分类确定其销售额。就在第一次汽油价格上升之后，每年大约出售 250 万辆大型汽车、280 万辆中型汽车以及 230 万辆小型汽车。到了 1985 年，这三种汽车的销售比例出现明显变化，当年售出 150 万辆大型汽车，220 万辆中型汽车以及 370 万辆小型汽车。由此可见，大型汽车的销售自 20 世纪 70 年代以来迅速下降；反过来，小型汽车的销售却持续攀升，只有中型汽车勉强维持了原有水平。

造成这种变化的理由显而易见。假设你每年需要驾驶 15 000 英里，每加仑汽油可供一辆大型汽车行驶 15 英里，如果是一辆小型汽车就可以行驶 30 英里。这就是说如果你坚持选择大型汽车，每年你必须购买 1 000 加仑汽油，如果你满足于小型汽车，你只需购买一半的汽油，也就是 500 加仑就够了，当汽油价格处于 1981 年的最高点，即每加仑 1.40 美元的时候，选择小型汽车意味着每年可以节省 700 美元。即便你曾经是大型汽车的拥护者，在这种情况下，在每年 700 美元的数字面前，难道你就不觉得有必要重新考虑一下小型汽车的好处吗?

（资料来源：殷建国，罗碧华．经济学原理与应用［M］. 中国人民大学出版社，2016）

（三）需求函数

如果把影响需求的各种因素作为自变量，把需求量作为因变量，这就是需求函数。Q_d 代表商品的需求量，P、P_r、F、M、P_e 分别表示商品自身价格、相关物品价格、消费者偏好、消费者收入和预期价格。需求函数可表示为：

$$Q_d = f(P, P_r, F, M, P_e \cdots)$$

假定其他因素不变，只考虑商品本身的价格与该商品的需求量的关系，并以 P 代表价格，则需求函数可表示为：

$$Q_d = f(P)$$

二、需求曲线与需求定理

在影响商品需求的诸多因素中，最重要的是商品本身的价格。在实际生活中，假定影响需求的其他因素不变，当某一商品的价格下降时，买者或消费者对这种商品愿意而且能够购买的数量就会减少。简言之，假定影响需求的其他因素不变，需求量与商品本身的价格呈反方向运动，这就是需求定理。

需求量与价格的关系除用需求的价格函数加以抽象的表述外，还可以用需求曲线加以具体、形象地刻画。例如：某品牌橡皮的各种价格水平与相对应的该商品的需求数量之间的关系如表 2－1 所示。

表 2－1　某品牌橡皮的需求表

价格-数量组合	A	B	C	D	E	F	G
价格（元）	1	2	3	4	5	6	7
需求量（单位数）	700	600	500	400	300	200	100

需求曲线是表明商品价格与需求量之间关系的一条曲线，以需求量为横坐标，以价格为纵坐标，根据表 2－1 中的价格-数量组合，在坐标平面上找出表中价格-数量组合 A、B、C、D、E、F、G 各点，然后将各点连接起来，便得到线性需求曲线，见图 2－1。

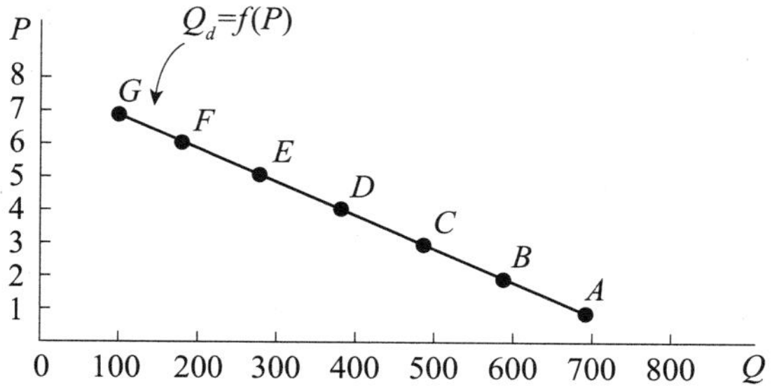

图 2－1　某品牌橡皮的需求曲线

需求曲线向右下方倾斜，表示和反映价格与需求量之间的反方向关系的函数曲线，其斜率为负。

当然，在实际生活中，需求定理并非在任何情况下都成立，也可能存在例外。比如有人认为对古董、收藏品而言，并非价格越低，人们愿意购买的数量越多。你还能想出违背需求定理的例子来吗?

案例分析

如何认识吉芬商品

吉芬商品是需求定理的例外。在1845年爱尔兰发生灾害时，马铃薯的价格上涨而需求量却增加，原因是灾荒造成爱尔兰人实际收入下降，只能增加这类生活必需的低档食品的消费。因为是英国学者吉芬发现了这种现象，所以将这类商品称为吉芬商品。

请讨论：在现代社会存在吉芬商品吗？是不是所有的低档商品都是吉芬商品？

教师点评：

1. 需求定理的例外。
2. 如何用需求定理为企业产品定价。

三、需求量的变动和需求的变动

要使消费者愿意购买更多的商品，是降价销售还是采取其他策略对厂商而言意义是不一样的。需求量的变动是指在决定需求量的其他因素不变的情况下，由于价格的变化而引起的消费者愿意而且能够购买的商品数量的变化。在图2-2的需求曲线上，从A点到B点的移动，表示由于价格的变化而引起的需求量的变化。从几何图形上看，需求量的变化表现为同一条需求曲线上的点的移动。

需求的变动则是指在决定需求量的价格因素不变的情况下，由于其他因素的变化而引起的消费者愿意而且能够购买的商品数量的变化。这里说的其他因素包括：消费者收入、消费者偏好和相关商品价格等。例如：消费者收入增加后，即使价格没有下降，但对商品的需求量可能增加。消费者对某种商品的偏好增强时，对这种商品的需求量可能增加。

某种商品（如苹果）的相关商品（如梨）的价格上涨，这种商品（苹果）的需求量可能增加。这些因素单独或一起发生变化，都会引起需求变化。从几何图形上看，需求的变化不是同一条需求曲线上的点的移动，而是整条需求曲线的移动，如图2-3所示。

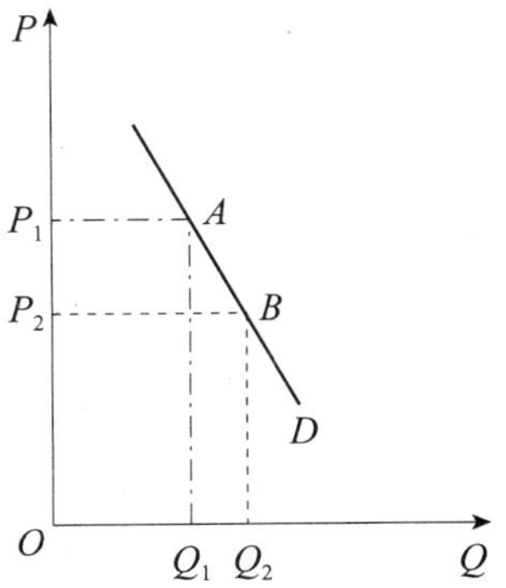

图2-2　需求量变动

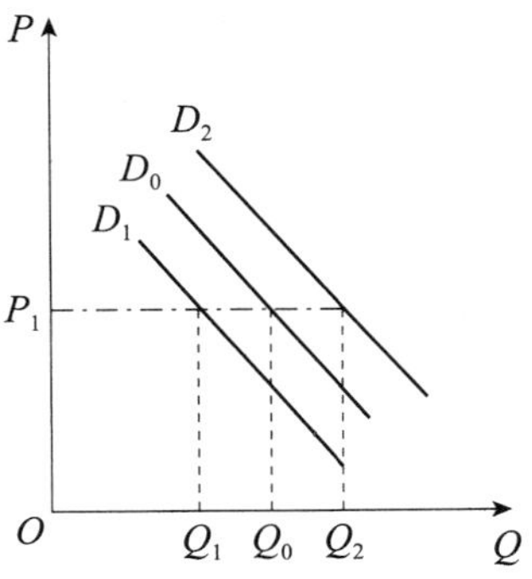

图2-3　需求变动

原理应用

减少香烟需求量的两种方法

公共政策制定者经常想减少人们吸烟的数量。政策可以达到这一目标的方法有两种。

减少吸烟的一种方法是使香烟和其他烟草产品的需求曲线移动。公益广告、香烟盒上有害健康的警示以及禁止在电视上做香烟广告，都旨在减少任何一种既定价格水平时香烟的需求量。如果成功了，这些措施就使香烟的需求曲线向左移动。

此外，政策制定者可以试着提高香烟的价格。例如：如果政府对香烟制造商征税，烟草公司就会以高价的形式把这种税的大部分转嫁给消费者。较高的价格鼓励吸烟者减少吸烟量。在这种情况下，吸烟量的减少就不表现为需求曲线的移动。相反，它表示为沿着同一条需求曲线移动到价格更高而数量较少的一点上。

（资料来源：殷建国，罗碧华．经济学原理与应用［M］．中国人民大学出版社，2016）

任务二 供给原理与应用

案例导入

送茶叶的小故事

张三一直喜欢喝20块钱的茶叶。新开茶店里每次张三去买茶叶老板都送他半两好茶。

张三将好茶攒着待客。一天闲来无事泡壶好茶，竟喝上瘾。

喝完免费的好茶，张三便不愿喝20块的茶了。不管他买多贵的茶叶，老板总送他半两更好的。半年下来，张三花在茶叶上的钱是原来的十倍！

请思考：茶叶店老板为何要送张三好茶？

一、供给及影响供给的因素

（一）供给与供给量

1. 供给

供给是指生产者在某一特定时期内，在每一价格水平上愿意并且能够出卖的某种商品的数量。作为供给要具备两个条件：一是有出售愿望，二是有供应能力，二者缺一不可。

2. 供给量

供给量是指厂商或企业在一定时期内，当非价格因素不变时，在某一给定价格水平上愿意并且能够提供的商品数量。供给量应该具备三个条件：一是要有出售欲望，二是要有供给能力，三是特定的时间单位，三者缺一不可。

小思考：你觉得一家食品企业是否能在短期内转型为高科技企业？为什么？

（二）影响供给的因素

影响供给的因素也是多种多样的，主要有以下几种：

（1）商品本身的价格：供给量的多少与产品价格的高低呈正向变动，价格愈高供给量愈多，价格愈低供给量愈少。

（2）相关产品价格：产品价格本身虽无变动，但与它相关的其他产品价格发生变动，也会影响这种产品的供给量。如原材料价格的上涨可能会引起产品供给的下降。

（3）预期价格：对未来价格的预期，也会对供给量产生重大影响。如果行情看涨，厂商就会囤积居奇、待价而沽。

（4）生产成本：生产成本的变动主要来自要素价格或技术变化。生产要素价格上涨，势必增加生产成本，导致供给量减少。生产技术的进步，往往意味着产量的增加或成本的降低，厂商愿意并且能够在原价格下增加供给量。

（5）自然条件：很多产品的供给量与自然条件密切相关。如天气对农产品的供给就有很大影响。

同步案例

日本商人卖机器便宜，卖零部件贵

1987年，福建省某机械厂进口一套设备，当时国际上有许多国家出售该设备，价格为1 100万～1 300万美元。该厂预测即使经过艰苦谈判，也最多只能争取到1 000万美元的价格，不料日本商人找上门来，开价1 000万美元，该厂长心想，其中一定有鬼，但考察一番后，发现货真价实，无可挑剔；于是成交。

设备使用一年后，许多零部件需要更换，结果发现国际上只有日本企业型号相配，日商的供货价格提高了一倍，该厂也不得不接受这个条件，几年下来，整套设备比最早预期的1 200万美元高出了许多。

日商有效利用了机器和零部件之间的互补关系，实质性提高了供给价格，扩大了销量，提升了企业利润。

（资料来源：https://wenku.baidu.com/view/a75eeabb88eb172ded630b1c59eef8c75fbf95a1.html）

（三）供给函数

如果把影响供给的各种因素作为自变量，把供给量作为因变量，这就是供给函数。Q_s代表商品的供给量，P、P_r、P_e、C、N分别表示商品自身价格、相关物品价格、预期价格、生产成本和自然条件。供给函数可表示为：

$$Q_s = f(P, P_r, P_e, C, N \cdots)$$

如果假定其他因素不变，只考虑商品本身的价格与该商品的供给量的关系，并以P代表价格，则供给函数可表示为：

$$Q_s = f(P)$$

二、供给曲线与供给定理

1. 供给曲线

供给曲线是用来表示商品的供给量与价格关系的曲线。在表示供给曲线的坐标图中，也

是用纵轴表示价格 P，用横轴表示数量 Q，图 2－4 是一条直线，即线性供给曲线。价格和供给量之间也可以是非线性关系。

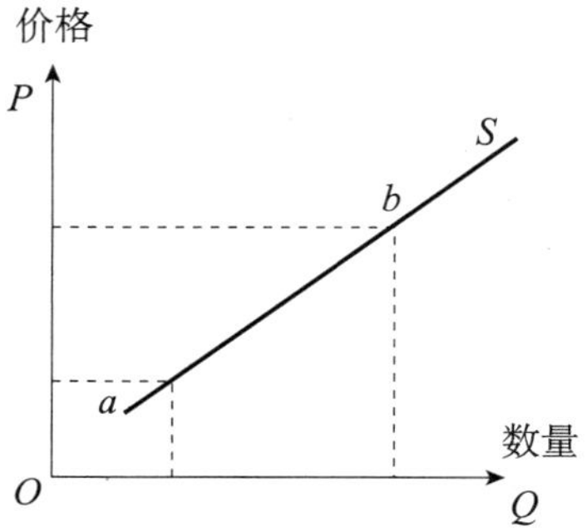

图 2－4　供给曲线图

供给曲线是一条从左下方向右上方倾斜的曲线。当供给曲线是一条直线时，向右上方倾斜意味着供给曲线的斜率为正；当供给曲线是一条曲线时，向右上方倾斜意味着供给曲线任何一点切线的斜率为正，它表示市场供给量与价格成正比。

2. 供给定理

供给定理是指当非价格因素不变时，某种商品的供给量与其价格呈同方向变动，即供给量随着商品本身价格上升而增加，随着商品本身价格的下降而减少。供给定理是在假定价格以外的因素不变的前提下，商品本身价格与供给量之间的关系。

对于特殊商品来说，供给定理并不适用。劳动力的供给就是一例。当工资增加时，劳动的供给会随着工资的增长而增长，但当工资增加到一定程度时，若工资继续增加，劳动的供给不仅不会增加，反而会减少。除此之外，像土地、古董、古画、名贵邮票、证券、黄金等，这些物品的供给曲线也呈不规则变化。

案例分析

劳斯莱斯的独特决策

1912 年，英国皇家汽车俱乐部在伦敦举行了一次汽车拉力赛，全程 15 000 英里，从伦敦出发，终点在格拉斯哥，当时世界各著名汽车生产公司如福特、通用、雷诺、菲亚特、沃尔沃及劳斯莱斯均派最精良的车参赛。在历时三天的较量中，劳斯莱斯遥遥领先，取得了具有世界性声誉的冠军。这一成功给劳斯莱斯带来了空前的发展机会，世界各国富豪们纷纷以高价重金向其订购该车。在这种情况下，公司不但没有接下订单，反而限量生产，人为地使市场处于半饥渴状态。更有甚者，给客户制定了必须是大公司经理、拥有别墅、有教养、有艺术爱好等较为苛刻的资格审查条件。

（资料来源：https://www.docin.com/p-867173323.html）

请讨论：劳斯莱斯为何在客户高价订购时反而减少供给，限量生产？

教师点评：

1. 供给定理的应用。

2. 如何供给才能服从于企业发展战略。

三、供给量的变动和供给的变动

类似于需求的变动和需求量的变动，我们根据引起供给量变动的不同因素区分供给量的变动和供给的变动。

当影响供给的其他因素不变时，商品本身价格的变化所引起的供给量的变化称为供给量的变动。这种变动是在同一供给曲线上的点的移动，如图 2－5 所示。

供给的变动是指在商品本身价格不变的情况下，其他因素变动所引起的供给的变动。其他因素中的一个或几个发生变化，会导致供给量的增加或减少，反映在供给曲线上表现为供给曲线的平行移动。供给曲线向右下方移动，表示供给增加，供给曲线向左上方移动，表示供给减少，如图 2－6 所示。

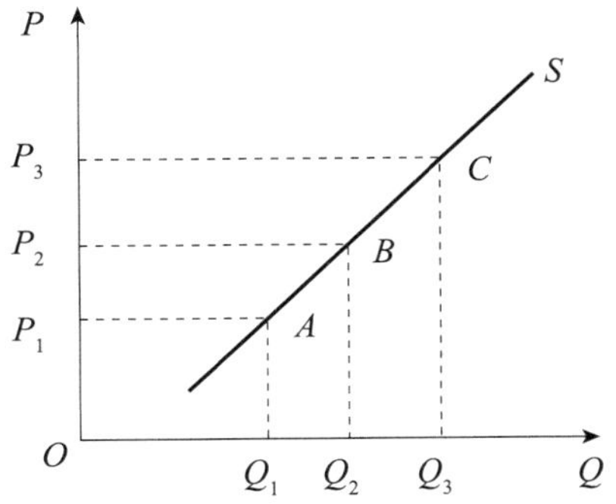

图 2－5　供给量的变动

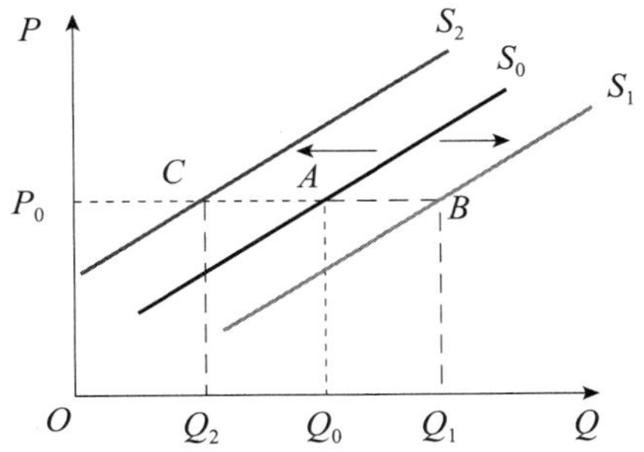

图 2－6　供给的变动

原理应用

报税表编制软件的供给曲线如何变化

画出报税表编制软件的供给曲线，在下述情形下将会如何？1）零售商降低软件的价格；2）一项技术进步使软件能以更低的成本生产；3）职业报税表编制人员提高他们提供服务的价格。

零售商降低软件的价格，属于商品自身价格变化的影响，供给曲线并不移动，而是沿着曲线到一个更低的价格、更低的产量点上；技术进步属于除自身价格以外的其他影响因素，属于供给的变动，致使在每一个价格下，供给曲线向右移动，供给数量增加；职业报税表编制人员提高他们提供服务的价格，将使对软件需求减少，只能影响软件的需求方，不能影响供给方，这会使报税表编制软件的需求曲线而不是供给曲线移动。

任务三　均衡理论与应用

案例导入

王大蒜的故事

地处长城外的北京延庆区山区，农民王老汉将屋前屋后的空地全部种上大蒜，第二年到街上卖了个好价钱。

同村人看到王老汉种大蒜发了，第二年都在屋前屋后种上大蒜。王老汉直嘀咕："大家都种大蒜，价钱还能好?"

于是，当大家在种大蒜时，他独自改种大葱。到第三年，由于满街都是大蒜，价钱很低，但大葱只有王老汉这一家种，又卖了个好价钱。

看到王老汉又发了，同村人就想：看来种大蒜不行，还得种大葱。于是第三年，全村人都改种大葱。

王老汉又嘀咕上了："大家都种大葱，价钱也好不了。"于是，当大家都种大葱时，他又独自改回种大蒜。到了第四年，王老汉第三次发了。

由于他是种大蒜发家的，又会算计，因而村民们都叫他"王大蒜"。

（资料来源：https://wenku.baidu.com/view/a75eeabb88eb172ded630b1c59eef8c75fbf95a1.html）

请思考：为什么王老汉每次都能发财?

一、均衡价格及其形成

1. 市场均衡

均衡是指供给与需求达到了平衡状态。在曲线图上，均衡是指供给曲线和需求曲线的相交点。均衡价格是指供给与需求达到了平衡状态，需求价格与供给价格相一致的价格，即供给曲线和需求曲线交点所对应的价格。如图 2-7 所示，E 点为市场均衡点，P_e 是均衡价格，Q_e 是均衡数量。

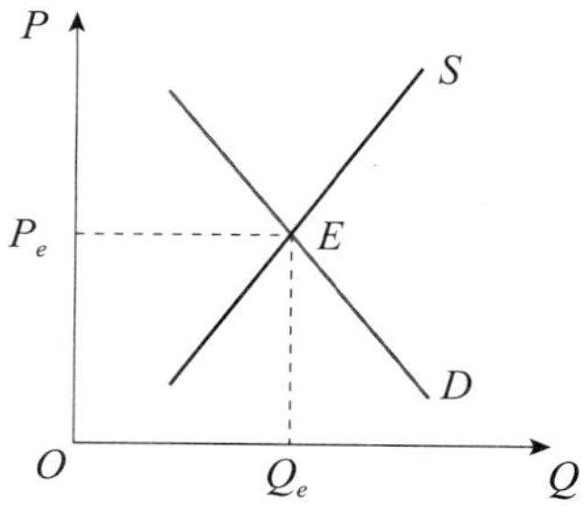

图 2-7　市场均衡

小思考：商品标签上的价格和买者报出的价格，哪一个更接近于均衡价格?

2. 均衡价格的形成

均衡价格是经过市场上需求与供给的相互作用及价格波动形成的。可从以下两个方面来理解。

一是价格过高时，会刺激生产者增加产品的供给量，但会减少消费者的需求量，这样会导致该商品的需求量少于供给量，造成供过于求。供过于求会形成一种迫使市场价格下降的压力，促使生产者减少该商品的生产或供给，使供给趋向于平衡点。二是价格过低时，对该商品的需求量会增加，供给量会减少，需求数量多于供给数量，造成供不应求。这样会形成提高价格的推力，抑制需求，刺激供给，使供求趋向于平衡点。如图 2-8 所示。

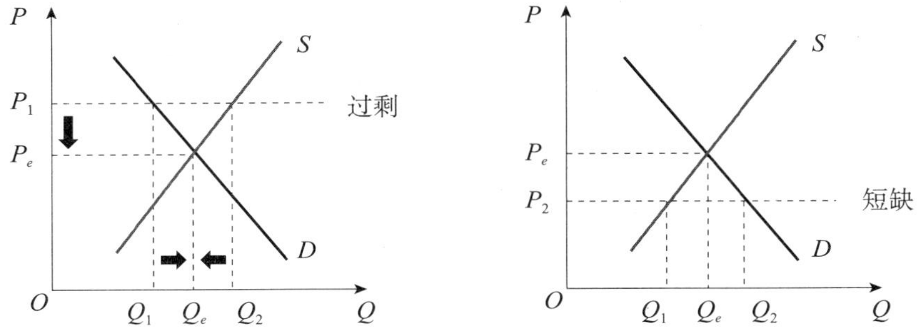

图 2-8 均衡价格的形成

原理应用

旱灾对价格的冲击

1988 年，美国中西部出现了有史以来最严重的旱灾。当年的玉米产量比原来下降了 35%，黄豆产量下降超过 20%，小麦产量下降超过 10%，经济学家有必要对其后果做出预测，以供政府参考，制定有关应变措施。而他们的预测依据并不是什么特别高深的手段和理论，而是有关供求关系的基本法则。

首先确定一件事，即这场旱灾已经大幅度减少了谷物的产量，供不应求的局面已经不可避免。因此这场旱灾可以看作将谷物的供给曲线向左移动，由此得出结论：在需求曲线一定的前提下，供给曲线大幅度左移应该导致农产品价格大幅度上升。具体而言就是当年夏末时节玉米价格已经迅速上升了 80%，黄豆价格也上升了近 70%，而小麦价格则上升了 50%。

由于谷物是许多其他产品（尤其是畜牧产品）的基础，经济学家同时运用供求关系模型预测这场旱灾对其他产品的供求状况的影响。例如：谷物是牲畜的主要食量，随着谷物价格的上升，养殖牛羊等各种牲畜的利润相应下降，农民的积极性难免受到负面影响。因为牲畜每天都需要喂养，多留一天意味着耗费更多的谷物，成本也相应提高，于是农场里出现了农民纷纷提前宰杀牲畜出售的现象。结果在 1988 年，市场上可供选择的肉类供应量稍稍上升，虽然只是短期现象，却引起了肉类价格的轻微下降。而且谷物作为养鸡场的主要饲料来源，其价格大幅度上升必然导致鸡的数量下降，鸡肉和鸡蛋供给曲线向左移动，价格因此上升。与此同时，农产品的价格上升引起相关替代品的需求曲线向左移动，即需求上升。结果证明这样的分析相当准确，仅在当年 7 月间，不受中西部旱灾影响的其他农产品（包括蔬菜和水果）的价格已经上升了 5%，而且继续看涨。

（资料来源：殷建国，罗碧华．经济学原理与应用［M］．中国人民大学出版社，2016）

二、需求与供给变动对均衡价格的影响

在供给和需求一定的情况下，市场的均衡价格是唯一的。但在实际经济生活中，无论需求曲线还是供给曲线都会由于各种原因而发生变动，从而引起均衡价格和均衡数量的变动，现在我们来具体分析需求变动和供给变动对均衡价格的影响。

1. 需求变动对均衡价格的影响

可用图 2－9 来说明需求变动对均衡价格和均衡数量的影响。

在图 2－9 中，既定的供给曲线 S 与最初的需求曲线 D_1 相交于 E_1，均衡价格为 P_1，均衡数量为 Q_1。需求增加后，需求曲线 D_1 平移到 D_2，均衡价格和均衡数量分别提高至 P_2 和 Q_2；需求下降后，需求曲线由 D_1 平移到 D_3，均衡价格和均衡数量分别降到 P_3 和 Q_3。由此可见，在供给不变的条件下，需求增加会使均衡价格和均衡数量都增加，供给减少会使均衡价格和均衡数量都减少。

结论：需求变动引起均衡价格与均衡数量同方向变动。

小思考：请分析旅游淡季（冬季）对航空公司的影响。

2. 供给变动对均衡价格的影响

可用图 2－10 来说明供给变动对均衡价格和均衡数量的影响。

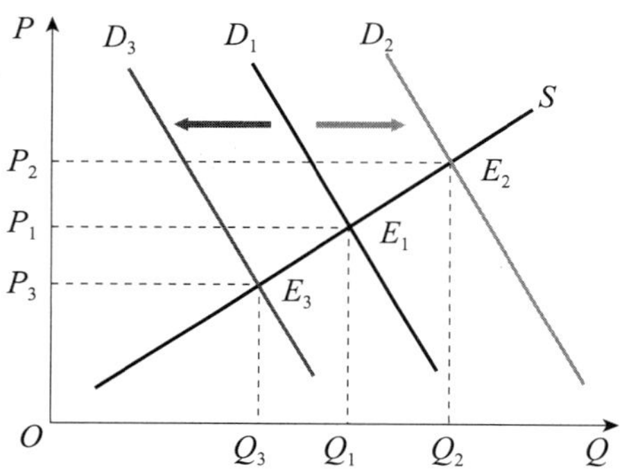

图 2－9　需求变动对均衡的影响

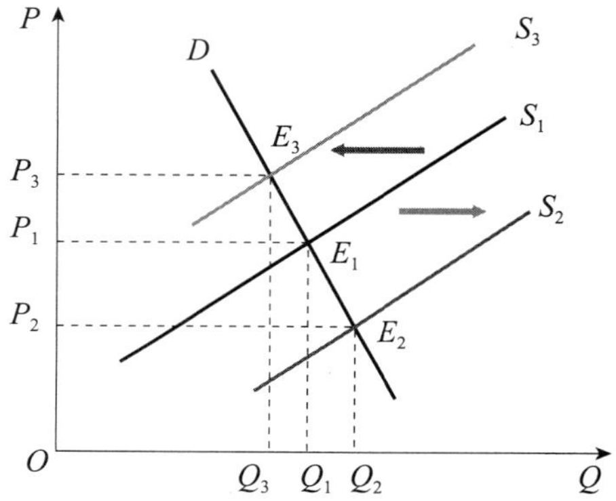

图 2－10　供给变动对均衡的影响

在图 2－10 中，在既定的需求不变的条件下，供给变化前的均衡价格和均衡数量分别为 P_1 和 Q_1。供给增加后，均衡数量由 Q_1 增加到 Q_2，但均衡价格由 P_1 下降为 P_2；供给减少后，均衡数量由 Q_1 减少为 Q_3，但均衡价格由 P_1 上升为 P_3。显然，当需求既定时，供给增加使均衡数量增加而均衡价格下降，供给减少会使均衡数量减少而均衡价格上升。

结论：供给的变动引起均衡价格反方向变动，引起均衡数量同方向变动。

案例分析

技术进步与计算机供给

20 世纪 80 年代个人计算机的价格按运算次数、速度和储存能力折算，每台为 100 万美元。尽管价格高昂，但供给量极少，只有少数工程师和科学家使用。如今同样能力的个人计算机已降至 1 000 美元左右。价格只是当初的千分之一，但供给量增加了不止 1 万倍。现在个人计算机的普及程度是许多科学家所未预见到的。

计算机供给的这种增加不是由于价格的变动引起的，而是由于技术进步引起的。从 20 世纪 80 年代末开始，计算机行业的生产技术发生了根本性变化。集成电路技术的发展、硬件与软件技术标准的统一、规模经济的实现与高度专业化分工使计算机的生产成本迅速下降，而质量日益提高。这种技术变化引起计算机供给曲线向右移动，而且，移动幅度相当大。这样，尽管价格下降，供给还是大大增加了。

（资料来源：缪代文．微观经济学与宏观经济学［M］．6版．北京：高等教育出版社，2017）

请讨论：计算机为何能越来越普及？

教师点评：

1. 供给变动分析。
2. 如何看待供给中的技术因素。

三、均衡价格的运用

在竞争性市场经济中，需求、供给两种力量的对比决定了市场的均衡价格，价格机制就像一只“看不见的手”，指挥着人们的经济活动。在现实的经济生活中，某些经济的、社会的、政治的因素会影响均衡价格的形成。政府往往根据经济形势、社会利益等需要，采取一些政策来影响产品的价格和产量。

1. 支持价格

支持价格是政府为了扶持某一行业的生产，对该行业产品规定的高于市场均衡价格的最低价格，又称为最低限价。如政府为了扶持农业，常实行农产品支持价格。为维持支持价格，政府可采取的措施有：（1）收购过剩商品，或用于储备，或用于出口。在出口受阻的情况下，收购过剩商品必然会增加政府的财政开支。（2）政府对该商品的生产实行产量限制，使供求平衡。

小思考：如果政府向消费者征收消费税，对生产者和消费者的影响如何？

2. 限制价格

限制价格是政府为了限制某些物品的价格而对它们规定的低于市场均衡价格的最高价格，其目的是稳定经济生活。在限制价格政策下，商品市场出现短缺，市场上可能会出现抢购现象或是黑市交易。为解决商品短缺问题，政府可采取配给制、发放购物券等方式。

原理应用

政府如何进行价格干预

价格决策听证会制度是价格决策民主化和科学化、消费者直接参与定价的重要形式。《中华人民共和国价格法》第23条规定：“制定关系群众切身利益的公用事业价格、公益性服务价格、自然垄断经营的商品价格等政府指导价、政府定价，应当建立听证会制度，由政府价格主管部门主持，征求消费者、经营者和有关方面的意见，论证其必要性、可行性。”建立价格决策听证会制度的重要意义是显著的。实行听证会制度、邀请社会各方面代表参加，有利于沟通经营者和消费者之间的联系，有利于使价格决策形成多方制约的格局，提高政府制定价格的科学性、全面性，减少盲目性、片面性，使定价更加符合实际。公共交通、铁路票价、电信资费、民航机票、自来水价格、居民用电价格等价格听证会的实践，近年来在我国的经济生活中频繁出现。当然政府对价格的管制或干预往往会有相应的成本或代价，所以只有关系国计民生的重要商品的价格，政府才会干预。

（资料来源：陈承明，凌宗诠，邓继光．简明西方经济学［M］．上海：上海财经大学出版社，2006）

任务四 弹性理论与应用

案例导入

奶茶该如何调价

你在商业街开了一个奶茶店，奶茶价格是每杯 8 元，你每天可以卖出 50 杯。但是随着牛奶等原料的涨价，你的成本不断提升，因此你想把奶茶价格调到 11 元一杯。

问题是，你调了价格，可能会减少一部分顾客，你每天卖不了原来那么多杯奶茶，你的涨价幅度是否可以抵消你顾客减少的幅度，或者你的收益比没涨价前增多还是减少。

请思考：你的涨价划算吗？你的奶茶该如何调价？

价格变动会引起需求量或供给量的变动，但是需求量或供给量对价格变动的反应程度是不同的。弹性理论就是用来说明价格变动与需求量或供给量变动之间的量的变化关系的。

“弹性”是一个物理学名词。指物体对外部力量的反应程度。经济学中借用弹性概念来表示因变量对自变量变化的反应程度。通常，弹性的大小用弹性系数来表示，其公式为：

$$弹性系数=\frac{因变量的相对变动}{自变量的相对变动}$$

弹性是需求理论中的一个重要概念，它分为需求价格弹性、需求收入弹性和需求交叉弹性。

一、需求价格弹性

1. 需求价格弹性的含义

需求价格弹性是指价格变动的比率引起的需求量变动的比率，即需求量对其价格变动的反应程度。通常用需求量变动的百分比除以价格变动的百分比来表示。需求价格弹性系数的公式为：

$$E_d=-\frac{需求量的变动率}{价格的变动率}=-\frac{\Delta Q/Q}{\Delta P/P}=-\frac{\Delta Q}{\Delta P}\cdot\frac{P}{Q}$$

式中，Q 是需求量，ΔQ 是需求量增量；P 是价格，ΔP 是价格增量；E_d 是需求价格弹性系数。由于价格与需求量变化方向是相反的，所以 E_d 公式中加一个负号，在比较不同商品 E_d 的大小时取绝对值。

同步案例

麦当劳的优惠券

麦当劳常常给顾客发放优惠券，通过优惠券，麦当劳的商品价格降低了，那么麦当劳还能获益吗？

对于不富裕的人，对待货币的态度比较谨慎，虽然不是“一分钱当两分钱花”，但能省的地方还是要省的。麦当劳把“不富裕”的和那些大手大脚的人区分开来，价格降了，不富裕的人就会考虑买，或者多买点儿，他们愿意把麦当劳的优惠券打印出来拿着去吃一顿早餐，而比较有钱的顾客往往就不愿费力到处找优惠券了，想吃就直接去吃好了。

麦当劳成功地实行了价格歧视，并从中多赚了钱。如果不降价也不派发优惠券，愿意支付高价格的人会照常消费，愿意支付低价格的人就会停止消费，麦当劳就少赚了后半部分人的钱；如果直接将产品价格降低，本来愿意支付高价格的那一部分人，购餐所需的价格也因降价而降低，这样麦当劳就少赚了前半部分人的钱。

这种消费者对麦当劳价格的不同反应，经济学家称之为"弹性"。

2. 影响需求价格弹性的因素

（1）消费者对某商品的需求程度。生活必需品的需求强度大，所以需求弹性就小。像粮食、油、盐、蔬菜这类生活必需品的需求弹性都较小，而奢侈品、高档消费品的需求弹性就较大。

（2）商品的可替代程度。商品的可替代品越多，它的需求就越富有弹性；商品的可替代品越少，它的需求就越缺乏弹性。

（3）用于购买该商品的支出在总支出中所占的比重。商品的花费占收入的比例越大，当该商品涨价时，我们会越多地被迫减少对它的消费，需求弹性就越大。

（4）商品本身用途的广泛性。一种商品的用途越多，消费者的需求量在这些用途之间调整的余地越大，需求弹性就越大；用途越少，则需求弹性越小。

（5）商品的耐用度。使用时间长的耐用消费品需求弹性大，而使用时间短的非耐用消费品需求弹性小。

小思考：在现实生活中如何判断一种商品弹性的大小？比较购买一台电视与购买一支铅笔的区别。

3. 需求价格弹性的计算

需求价格弹性可分为弧弹性和点弹性。

（1）弧弹性及其计算。弧弹性就是需求曲线上两点之间的平均弹性。其计算公式是基于上面介绍的基本公式。这里需要注意的是：

$$\Delta Q = Q_2 - Q_1,\ \Delta P = P_2 - P_1,\ Q = (Q_1 + Q_2)/2,\ P = (P_1 + P_2)/2$$

同步案例

需求价格弹性计算

某商场销售的饮料 4 元/听时，每天能够销售出 340 听，后价格调整为 3 元/听，每天能够销售出 360 听，计算这两个调整点之间的弧弹性。

把 $Q_1=340$、$Q_2=360$、$P_1=4$、$P_2=3$ 代入下式：

$$E_d = -\frac{\Delta Q}{\Delta P}\cdot\frac{P}{Q} = -\frac{(360-340)}{(3-4)}\times\frac{(4+3)\div 2}{(360+340)\div 2} = 0.2$$

（2）点弹性及其计算。点弹性是与弧弹性相对应的概念，点弹性实际就是需求曲线上某一点的弹性。依据数学推理，可根据弹性系数计算的基本公式，令 ΔP 趋于零，于是 $\Delta Q/\Delta P$ 就趋于一个极限值，即 Q 对 P 的导数。根据基本公式 $E_d=(\Delta Q/\Delta P)\cdot(P/Q)$，可得出点弹性系数的计算公式为：

$$E_d=-\frac{dQ}{dP}\cdot\frac{P}{Q}$$

同步案例

需求价格弹性计算

已知一需求函数的代数式为 $Q=10-2P$，求价格为 4 时的需求价格弹性系数。

将 $P=4$ 代入需求函数，得出 $Q=2$，又知 $dQ/dP=-2$，把以上三个数字代入点弹性公式 $E_d=-(dQ/dP)\cdot(P/Q)$ 得：$E_d=-(-2)\times(4/2)=4$。

4. 需求价格弹性的分类

不同商品的需求价格弹性不同，根据弹性系数的大小，可以把需求价格弹性分为以下五类：

（1）需求完全无弹性。

当 $E_d=0$ 时，不管商品的价格如何变动，其需求量固定不变。如人们对生老病死等服务的需求。

（2）需求有无限弹性。

当 $E_d\rightarrow\infty$时，在某一既定的价格水平上，商品需求量无限大。如黄金、外汇、股票等的需求曲线会近于一条直线。

（3）需求有单位弹性。

当 $E_d=1$ 时，需求量变动的比率与价格变动的比率相等，称为需求对价格具有单位弹性。如价格变动 10%，需求量变动 10%。

（4）需求缺乏弹性。

当 $0<E_d<1$ 时，需求量变动的比率小于价格变动的比率，如价格变动 10%，需求量变动 6%，这就是需求缺乏弹性。

（5）需求富有弹性。

当 $E_d>1$ 时，需求量变动的比率大于价格变动的比率，如价格变动 10%，需求量变动 60%，这就是需求富有价格弹性。

案例分析

上海地铁如何应对高峰拥堵

2015 年 8 月 7 日东方网消息：据《青年报》报道，近日有媒体报道上海市交通委可能通过适度增加高峰期票价、降低平峰期票价的方法来应对地铁大客流。对此，市民云发起了一项关于“涨价能否应对地铁大客流”的调查，得到了 1 698 人参与，结果，有 95%的参与者不认为地铁高峰期涨价能减少客流。76%参与者认为上海地铁票价比其他省市都贵，22%参与者则认为能够接受，另有 2%参与者认为无所谓。

（资料来源：http://sh.eastday.com/m/20150807/u1a8828999.html）

请讨论：上海居民能否承受调高的票价？这项措施能实现预定目标吗？

教师点评：

1. 地铁的替代性。
2. 需求价格弹性分析。

5. 需求价格弹性与总收益的关系

商品需求价格弹性的大小直接决定厂商在价格决策中的总收益。例如：家电、化妆品、旅行、航空等富有弹性的商品，它的价格与总收益呈反方向变动——价格上升，总收益减少；价格下降，总收益增加。而像食品、药品等需求缺乏弹性的商品，它们的价格与总收益呈同方向变动——价格上升，总收益增加；价格下降，总收益减少。

由于不同商品的需求价格弹性不一样，对总收益的影响也会不同。

（1）需求富有弹性的商品（$E_d>1$）：需求富有弹性的商品，它的价格与总收益呈反方向变动——价格上升，总收益减少；价格下降，总收益增加。

（2）需求缺乏弹性的商品（$0<E_d<1$）：并不是任何降价都会增加销售，从而增加收益。需求缺乏弹性的商品，它的价格与总收益呈同方向变动——价格上升，总收益增加；价格下降，总收益减少。

（3）单位需求弹性的商品（$E_d=1$）：单位需求弹性的商品价格变动与总收益无关。

原理应用

艺术博物馆门票的定价

如果你是一个大型艺术博物馆的馆长。你的财务经理告诉你，博物馆缺乏资金，并建议你考虑改变门票价格以增加总收益。你将怎么办呢？你是要提高门票价格，还是降低门票价格？

回答取决于需求弹性。如果参观博物馆的需求是缺乏弹性的，那么提高门票价格会增加总收益。但是，如果需求是富有弹性的，那么提高价格就会使参观者人数减少，以至于总收益减少。在这种情况下，你应该降价，参观者人数会增加，从而总收益增加。

二、需求收入弹性和需求交叉弹性

2-1　需求收入弹性和需求交叉弹性

课程思政

农民注册皮包公司跨国诈骗案

8 名农民工注册了一家皮包公司，分别租用海口世贸大厦和海口华信大厦的楼房为办公室，通过中介公司在工商局分别注册成立了“海南金政企实业有限公司”及“海南信企实业有限公司”，并聘请了翻译，从网上寻找客户，以谈大生意、签合同为幌子，骗取境外公司客户的贵重礼品。

2005 年 3 月间，他们通过翻译在网上查找到马来西亚一公司并与该公司取得了联系。首先一人假扮业务经理，以海南金政企实业有限公司的名义，以购买 T 恤为由，骗取该公司派代表黄先生来海口谈判签订合同。同年 4 月 2 日，在海南金政企实业有限公司的办公室里，公司的业务经理带着黄先生与假扮的办公室主任和假扮的总经理谈判。谈妥后，公司总经理与黄先生签订了价值 56 万美元的 T 恤购销合同，并加盖了金政企实业有限公司的公章。合同签订后，业务经理借机向黄先生提出到海鲜馆吃饭庆祝。吃饭期间，业务经理带着黄先生到收银台，以送一些礼品给公司领导为由，骗取黄先生购买了价值 32 112 元的五粮液、中华香烟。饭后，又带黄先生到海口 DC 城，以购买电脑为由骗走黄先生 6 000 元。

法院审理查明，一年间，8 名农民工采取上述同样的方法共骗取了韩国、马来西亚、泰国等国家的公司的工作人员财物共 6 宗，诈骗金额共计 146 784 元、200 美元，数额巨大。法院一审以诈骗罪、故意毁坏财物罪判处 8 人有期徒刑 2 年 6 个月至 10 年不等。

问题：这类型的案例有什么启示意义？

分析提示：这个案例的启示在于商场中不是所有的商家都是诚实经营的，企业在与不熟悉的企业签订合同前，要派得力人员前往对方所在地的工商、税务、开户银行等部门进行调查核实，了解对方是否是三无企业或皮包公司，有无经营场地和注册资金，讲不讲信用等。如果企业无时间、无人力前去调查，也可函查，委托当地工商、税务、金融等部门进行协查，待准确无误后再洽谈联系。只有多深入调查，不过分相信潜规则，不激进，保持冷静细心，才不容易被别有用心的骗子所骗。

项目小结

需求是某一既定价格水平下，消费者愿意并且能够购买的商品数量。影响需求的因素有：商品自身价格、相关商品的价格、预期价格、消费者收入、消费者偏好等。需求定理说明在其他条件不变的情况下，商品自身价格与需求量之间的反方向变动关系。需求变动不同于需求量的变动，引发需求量变动的是商品自身价格的变动，这种变动是在同一条需求曲线上点的移动；需求变动是除自身价格外其他条件变动，引起的整条需求曲线的移动。

供给是某一既定价格水平下，厂商愿意并且能够供给的商品数量。影响供给的主要因素有：商品自身价格、生产要素价格、技术水平、预期等。供给理论包含供给函数、供给定理、供给量的变动与供给变动的区别等。

供给和需求双方的综合作用最终形成市场均衡价格，均衡价格是供求相等时的价格。供给和需求的变动会改变原有的均衡价格，形成新的均衡价格。支持价格和限制价格是政府干预市场的两种方法，但应注意其负面影响。

弹性是定量地研究需求或供给量对价格等自变量变动的反应程度。需求弹性可分为需求价格弹性、需求收入弹性、需求交叉价格弹性。在需求价格弹性系数的基础上，将需求价格弹性进行分类；需求价格弹性与商品的销售总收益密切相关。

项目实训

一、实训内容

1. 知识运用能力

技能Ⅰ

名称：问题研讨。

规范与标准：能够根据项目的重点和核心知识点设置研讨题目，练习知识运用。

(1) 药品的需求曲线向右下方倾斜吗？市场价格是怎么决定的？

(2) 票贩子为什么打击不尽？

(3) 我国政府对粮食实行支持价格还是限制价格？为什么？

(4) 大规模的广告活动使健身器材价格狂涨。在高兴的同时，健身器材经销商又担心价格上涨抑制需求，需求下降拉动价格下降。这种担心对吗？用供求图分析。

(5) 在1973—1974年，石油输出国组织决定，把原油价格提高500%对他们有利。这对原油需求曲线有什么影响？

技能Ⅱ

名称：经济学在企业或社会生活中的运用。

规范与标准：请对本项目所学的知识点进行分析，每个知识点至少列举5个及以上在企业或社会生活中的应用，见表2-2。

表2-2　价格理论在企业或社会生活中的运用

项目知识点	在企业或社会生活中的运用
需求理论	
供给理论	
市场均衡	
弹性理论	

技能Ⅲ

名称：为什么情人节时玫瑰价格上涨很大幅度，而巧克力也有大量需求，但价格只是微幅上涨？

规范与标准：

(1) 小组讨论“需求等幅度上升，为什么价格不是等幅度上升”。

(2) 小组派代表陈述对问题的解释。

(3) 教师点评。

2. 情境设计

将学生分成若干实训组，每组选择一种产品，根据对产品的市场需求状况分析，设计该产品在市场上推广传播的情景剧，并用角色扮演法演绎产品传播。各实训组要进行产品市场需求调查分析、所选产品的需求剖析、产品上市策划，完成本实训的各项任务，在此基础上撰写《××产品市场推广与传播企划案》。

二、实训目标

对本项目知识点进行全方位的分析应用。

三、实训设施

教室。

四、实训过程

（1）根据班级人数将学生组成若干个实训组，每5～7位同学分成一组，每小组确定一人负责。

（2）对实训组进行实训要求和具体操作讲解。

（3）实训组各小组分别根据团队成员的兴趣爱好和性格，进行分工，开始研讨与设计。

（4）实训组各小组根据实训内容和目标，在规定时间内完成各项实训任务。

（5）实训组各小组在实训分析与反思的基础上，撰写专项实训报告。

五、实训成果

《问题研讨分析报告》

《知识点应用表格》

《××产品市场推广与传播企划案》

六、注意事项

（1）每组每位同学合理分工，认真做好实际调查工作，确切理解知识信息准备工作的内容和要求。

（2）每组同学认真准备符合要求的文字材料。

（3）每组代表在课堂上清晰、有条理地向大家阐述自己的方案，突出重点和亮点。

项目习题

一、单选题

1. 当打印机的价格上升时，对纸张的需求将（　　）。

A. 减少　　B. 增加　　C. 保持不变　　D. 无法判断

2. 保持所有其他因素不变，某种商品的价格下降将导致（　　）。

A. 需求量增加　　B. 需求量减少　　C. 需求增加　　D. 需求减少

3. 当某种商品的价格从10元下降到9元时，需求量从70增加到75，则需求为（　　）。

A. 缺乏弹性　　B. 富有弹性　　C. 单位弹性　　D. 无限弹性

4. 假定生产某种产品的原材料价格上升，则这种产品的（　　）。

A. 需求曲线向左移动　　B. 需求曲线向右移动

C. 供给曲线向左移动　　D. 供给曲线向右移动

5. 政府为扶持农业，对农产品实行支持价格，但政府为了维持这个高于均衡价格的支持价格，必须（　　）。

A. 实行农产品的配给制　　B. 收购过剩的农产品

C. 增加对农产品的税收　　D. 放开农产品市场

二、多选题

1. 影响需求的因素有（　　）。

A. 消费者偏好　　B. 人口数量和结构变化

C. 消费者对未来预期　　D. 消费者收入水平

2. 在其他条件不变的情况下，某种商品的需求(　　)。

A. 随着偏好的增加而增加
B. 随着商品本身价格的下降而提高
C. 随着替代商品价格的下降而减少
D. 随着替代商品价格的提高而减少
E. 随着替代商品价格的提高而提高

3. 某种商品的供给曲线的移动是由于(　　)。

A. 商品自身价格变化
B. 互补品价格的变化
C. 生产技术条件的变化
D. 生产这种商品的成本的变化

4. 下面符合需求价格弹性定义的正确说法有(　　)。

A. 是需求量变动对价格变动的反应程度
B. 是价格变动的比率引起的需求量变动的比率
C. 是需求量变动引起的价格变动的程度
D. 是价格变动1%，需求量变动1%
E. 是价格变动量与需求变动量之比

5. 如果消费者支出随着价格的上升而减少，则正确的说法是(　　)。

A. 商品的需求量对价格富有弹性
B. 商品的需求量对价格缺乏弹性
C. 这种商品可能是皮鞋
D. 这种商品可能是食盐
E. 以上都对

三、判断题

1. 价格只有在一定条件下，才能起到调节经济的作用。(　　)
2. 当汽车的价格上升时，汽油的需求量就会减少。(　　)
3. 假定其他条件一定，某种商品的价格变化将导致它的供给量变化，但不会引起供给的变化。(　　)
4. 某产品的限制价格一定高于其均衡价格。(　　)
5. 只有需求富有弹性的商品才能薄利多销。(　　)

四、名词解释

需求量　　均衡价格　　需求价格弹性　　支持价格　　限制价格

五、问答题

1. 需求量的变动与需求的变动有何不同？
2. 什么是均衡价格？它是如何形成的？
3. 在我国目前的情况下，是否应该采取对农业的支持价格政策？为什么？
4. 假定某厂生产的商品是富有弹性的，该厂应该采取怎样的价格策略才能使总收益增加？为什么？
5. 根据需求弹性理论解释和分析“薄利多销”和“谷贱伤农”这两句话的含义。

项目三

消费者行为分析与应用

学习目标

知识目标： 深入了解基数效用论和序数效用论的基本观点；掌握边际效用和总效用之间的关系、无差异曲线和消费预算线的含义和特点；理解边际效用递减规律；掌握消费者均衡的条件；理解替代效应和收入效应之间的区别。

能力目标： 能运用边际效用分析法和无差异曲线分析法说明消费者的行为理论；能利用边际效用递减规律分析实际经济问题。

实训目标： 能运用所学的知识对经济现象和规律进行分析，看到经济本质；能够运用所学的内容结合企业和市场实际对消费者的行为进行分析，从而指导企业的生产经营决策。

我国网络购物新发展

我国持续推进互联网普及工作，“提速降费”深入开展，取得显著成效。日前，中国互联网络信息中心（CNNIC）已完成第44次《中国互联网络发展状况统计报告》，报告中详细分析了中国网民规模情况，截至2019年6月，中国网民规模达8.54亿，上半年共计新增网民2 598万人。互联网普及率为61.2%，较2018年底提升了1.6个百分点。其中农村网民规模达2.25亿，占整体网民的26.3%，较2018年底增加了305万人；城镇网民规模为6.3亿，占比达73.7%，较2018年底增加了2 293万人。

在我国，比较有影响力的购物网站主要有天猫、淘宝、京东商城、苏宁易购、国美在线、拼多多、当当网等。一般来说，由于网络销售省去了租场费、销售返点、选位费、装修费等费用，商品价格要比实体店低30%～50%，且购物省时省力，简单高效，所以近年来网购的模式越来越受到大家的欢迎。以2019年“双11”为例，根据星图数据显示，1日到11日期间，全网销售额高达5 735亿元，天猫占比58.9%，京东占比25.7%，拼多多占比7.1%，苏宁易购占比3.2%。天猫成交额为2 684亿元，京东成交额为2 044亿元，拼多多成交额为407亿元，苏宁易购成交额为184亿元。

当然，消费者在网上购物也容易上当受骗。消费者应该选择信誉好的平台购物，并注意货比三家，若条件允许，可事先到实体商店了解所需购买商品的详情，然后再在网上下单，以便买到称心如意的商品。

请分析：

1. 网店和实体店之间有何区别和联系？
2. 网上购物给消费者带来了哪些好处？

在这个案例中，我们看到我国互联网迅速发展，网民数量不断增加，网购的规模也与日俱增。人们更热衷于网购，是因为网络购物不仅方便快捷，同时网络平台也给人们提供了更多选择，带来更多新鲜体验，而且节省了大家的时间成本、精力成本和金钱成本。

任务一　效用概述与应用

案例导入

《阿甘正传》——效用最大化

《阿甘正传》是根据美国作家温斯顿·格卢姆的同名畅销小说改编的一部电影，该影片描述了一个智商为75的智障者的生活。主人公阿甘是个诚实、守信、认真、勇敢且重感情的人，他对人只懂付出不求回报，也从不介意别人的拒绝，豁达地、坦荡地面对生活。他把自己仅有的智慧、信念和勇气集中在一点——奔跑，什么都不顾，凭着直觉不停地奔跑。凭借奔跑，他越过儿时同学的歧视、越过大学的足球场、越过炮火纷飞的越战泥潭、越过乒乓外交的战场，他跑遍了全美国，最终又回到了他的起点。他就像根白色的羽毛，或迎风搏击，或随风飘荡，或翱翔蓝天，或堕入深渊。他是微弱的，几乎不足挂齿，却仅凭自己的那点力量，成就了生命最美的辉煌。用经济学家的话来讲，就是“效用最大化”。

“效用”是消费者消费物品时的主观感觉。某种物品给消费者带来的效用因人而异，效用大小完全取决于个人偏好，没有客观标准。同样一个馒头，对于一个饿极了的人来说，效用就特别大；对于一个饱肚子的人来说，效用就很小。这就是效用的不同。

而对于电影中的阿甘来讲，面对挫折和不幸，他的应对方式就是奔跑，奔跑对他来说，效用就比较大。难能可贵的是，他将奔跑的效用最大化，让每个人在他身上找到已经丢失了的纯真年代，看到身上背负的偏见与虚荣。

（资料来源：黄晓林，董典波．一口气读懂经济学：经济学的100个关键词［M］．北京：新世界出版社，2009）

请思考：在我们的生活中，如何做才能使某件事物的效用最大化呢？

一、效用与幸福

1. 效用的概念

效用是指商品满足人的欲望的能力，或者说，效用是指消费者在消费商品时所感受到的满足程度。

可以从以下几点理解效用：

第一，效用是一个相对概念，只有在同一物品前后满足的程度之间相互比较时才有意义。

第二，效用有无或效用大小取决于个人主观心理评价。效用实际是个主观判断，同一物品有无效用或效用大小对不同的人来说是不同的。甚至，同一物品对同一个人来说，在不同的时间，效用也会不同。

第三，效用是一种正常人的心理感觉，不要用个别人的心理感觉去代替一般人的心理。

效用不等于商品使用价值。

第四，效用本身不具有伦理学的意义。一种商品是否具有效用要看它是否能满足人的欲望或需要，而不涉及这一欲望或需要的好坏。例如：吸毒从伦理上讲是坏欲望，但毒品能满足这种欲望，因此它具有这种效用。

第五，与效用概念相反的是负效用，是指某种东西所具有的引起人的不舒适感或痛苦的能力。如垃圾类的物品、失恋一类的打击等。

第六，同一物品对于不同的人的效用是不同的。因此，除非给出特殊的假定，否则，效用是不能在不同的人之间进行比较的。例如：辣椒对于四川人来说效用很大，而对于广东人来说就未必有效用。

小思考：一对情侣同去看一部电影得到的效用一样吗？为什么？

2. 欲望

欲望是指人们的需要，或指一种缺乏的感觉与求得满足的愿望，是一种心理现象。从该定义中可以看出，欲望是消费者心理上的不足之感和求足之愿的统一，缺一不可。

欲望具有无限性和层次性两个特点。

（1）欲望的无限性。指人们的欲望永远不可能完全满足，一种欲望满足之后又会产生其他欲望，即成语所说的“欲壑难填”。需要强调的是，欲望的无限性是欲望总体不能得到完全满足，而不是指每种欲望都永远不能满足。

（2）欲望的层次性。指人类的欲望总体尽管是无限的，但不同的欲望又有轻重缓急之分，可以划分为不同的层次。人们总是在满足了或部分满足了较低层次的欲望之后，才会产生较高层次的欲望。

关于欲望的层次性特征，目前最流行的是美国人本主义心理学家亚伯拉罕·马斯洛（Abraham Maslow）的需要层次理论，他把人的需要划分为五个层次。

第一，生理需要。是指人类对衣、食、住、行等基本生存条件的需要。这是人类维持自身生存的最基本要求。

第二，安全需要。主要指人类对现在与未来生活保障的需要，它是基本生理需要的延伸。

第三，社交需要。这是人类在友谊、爱情以及隶属关系等感情上的需求。

第四，尊重需要。包括自尊与来自别人的尊重。这是更高层次的社会需要。

第五，自我实现需要。这是最高层次的需要，是指实现个人理想、抱负，将个人的能力发挥到最大程度，完成与自己的能力相称的一切事情的需要。

马斯洛认为，人们的需要是按以上五个层次由低级向高级逐层发展的。当低层次的需要获得满足以后，人们就开始追求更高层的需要，这主要是由人们欲望的无限性推动的。

欲望虽然是无限的，但却可以有不同的满足程度。欲望的满足程度可以用效用大小来进行比较和计量。因此，研究消费者行为也就是研究效用问题。

3. 幸福方程式

美国经济学家萨缪尔森（Paul A. Samuelson）曾经提出一个幸福方程式：幸福＝效用/欲望。这个公式告诉我们，幸福程度与效用成正比，与欲望成反比。如果人的欲望是既定的，效用越大就会越幸福。效用是人从消费物品与劳务中获得的满足程度。效用也是一种心理感觉，有欲望而得到满足就是效用。

萨缪尔森提出的幸福方程式只是给了我们一种观点，一个人幸不幸福并没有绝对的标准。幸福只是一个人在生命历程中的一种感觉。一个人是不是幸福，主要从以下几个方面看：第一，是否有一个充满希望的追求目标。第二，是否有一份在目标激励下充满负荷的工作。第三，是否选择了一个合理的参照系，参照系越贫困，你越感觉幸福；参照系越富裕，你越感觉痛苦。第四，个人的精神与情感生活是否充实。

同步案例

是穷人幸福还是富人幸福

在社会生活中，对于幸福，不同的人有不同的理解，政治家把实现自己的理想和抱负作为最大的幸福；企业家把赚到更多钱当作最大的幸福；教师把学生喜欢听自己的课作为最大的幸福；老百姓往往觉得平平淡淡、衣食无忧是最大的幸福。幸福是一种感觉，自己认为幸福就是幸福。如果个人把拥有财富的多少看作衡量幸福的标准，那么他的欲望水平与实际水平之间的差距越大，就越痛苦。反之，就越幸福。

"幸福方程式"使人想起了"阿Q精神"。鲁迅笔下的阿Q形象，是用来唤醒中国老百姓的那种逆来顺受的劣根性而塑造的，而这里要说的是如果人生一点阿Q精神都没有，就会感到不幸福，因此"阿Q精神"在一定条件下是人生获取幸福的手段。市场经济发展到今天，贫富差距越来越大，如果穷人欲望过高，那只会给自己增加痛苦，倒不如用"知足常乐""阿Q精神"来降低自己的欲望，使自己虽穷却也活得幸福自在。富人比穷人更看重财富，他会追求更多财富，如果得不到他也会感到不幸福。

因此，"知足常乐""适可而止""随遇而安""退一步海阔天空""该阿Q时得阿Q"，这些说法有着深刻的经济含义，我们要为自己最大化的幸福做出理性的选择。

（资料来源：梁小民．微观经济学纵横谈［M］．北京：生活·读书·新知三联书店，2000）

二、效用理论

1. 基数效用论

基数效用论是早期研究消费者行为的一种理论。基数效用论者认为，效用和长度、重量等概念一样，可以具体衡量并加总求和，具体的效用量之间的比较是有意义的。效用的大小可以用基数（1、2、3……）来表示，计量效用大小的单位被称作效用单位。例如：对某一个人来说，吃一碗米饭和一份牛排的效用分别是5效用单位和10效用单位，则可以说这两种消费的效用之和为15效用单位，且后者的效用是前者效用的2倍。根据这种理论，可以用具体的数字来研究消费者效用最大化问题。

2. 序数效用论

序数效用论者认为，效用作为消费者的一种主观评价，会因人、因时、因地而不同，因此效用不能用具体的数值来度量。因此，序数效用论者认为，效用的大小是无法具体衡量的，不可能用基数准确地表示出来，效用之间的比较只能通过顺序或等级来表示。也就是说，效用只能用序数（第一，第二，第三……）来表示。例如：消费者消费一个面包与一瓶矿泉水，从中得到的效用无法度量，也无法加总求和，更不能用基数来表示。消费者可以回答哪一种消费的效用是第一，哪一种消费的效用是第二。如果他认为消费一瓶矿泉水所带来的效用大于一个面包所带来的效用，那么就可以说，一瓶矿泉水的效用是第一，一个面包的效用是第二。

在基数效用论和序数效用论的基础上分别形成了分析消费者行为的两种方法，即边际效用分析法和无差异曲线分析法。两种理论从思路、方法上看均不同，但二者的结论是一致的。这将在后面的两节中分别介绍。

原理应用

吃三个面包的感觉

罗斯福连任三届美国总统后，曾有记者问他有何感想，他一言不发，只是拿出一个面包让记者吃，这位记者不明白总统的用意，又不便问，只好吃了。接着总统拿出第二个，记者还是勉强吃了。紧接着总统拿出第三个，记者为了不撑破肚皮，赶紧婉言谢绝。这时，罗斯福总统微微一笑："现在你知道我连任三届总统的滋味了吧！"这个故事揭示了经济学中的一个重要原理——边际效用递减规律。记者不再吃第三个面包是因为再吃不仅不会增加效用，反而是负效用。

再比如，水是非常宝贵的，没有水，人们就会死亡，但是超过饮用的数量时，多余的水就没有什么用途了，再喝边际价值几乎为零，或是在零以下。

现在我们的生活富裕了，我们都有"天天吃着山珍海味也吃不出当年饺子的香味"的体验，这就是边际效用递减规律。

设想如果边际效用不是递减而是递增会是什么结果，吃一万个面包也不饱。吸毒就接近边际效用递增，毒吸得越多越上瘾。吸毒的人觉得吸毒带给他的享受超过了其他各种消费形式，所以吸毒的人会卖掉家产、抛妻弃子，宁可食不充饥、衣不遮体，也不能不吸毒。

所以说，幸亏我们生活在边际效用递减的世界里，在购买消费达到一定数量后，因边际效用递减就会停下来。

（资料来源：梁小民．微观经济学纵横谈［M］．北京：生活·读书·新知三联书店，2000）

任务二　基数效用及应用

案例导入

为什么吃第一个包子最香

试想一下，如果你已经两天没吃东西了，这时，朋友给了你一笼包子，会出现什么情况呢？你一定会狼吞虎咽地吃起来，并且觉得这包子是世界上最美味的东西。可是接着吃下去，你就会觉得刚开始时包子非常香，但越往后包子越没有味道了，到最后，甚至会觉得包子简直难以下咽。

请思考：你觉得是包子本身的味道不好，还是后来吃的包子出现了问题，还是别的什么原因呢？

一、边际效用分析

（一）总效用与边际效用

1. 总效用

总效用指消费者在一定时间内从一定数量的商品的消费中所得到的效用量的总和。假定消费者对一种商品的消费数量为 Q，则总效用函数为：

$$TU = f(Q)$$

2. 边际效用

边际效用指消费者在一定时间内每增加一单位商品的消费所得到的效用量的增量。边际的含义是增量，指自变量的增加所引起的因变量的增加。在边际效用中，自变量是某物品的消费量，而因变量则是满足程度或效用。消费量变动所引起的效用的变动即为边际效用。边际效用的函数为：

$$MU = \frac{\Delta TU(Q)}{\Delta Q}$$

3. 总效用和边际效用的关系

以消费巧克力为例，可以用表 3－1 来表示总效用与边际效用的关系。

表 3－1　巧克力的效用表

巧克力的消费量	总效用	边际效用
0	0	0
1	30	30
2	50	20
3	60	10
4	60	0
5	50	－10

从表中可以看出，当消费一单位巧克力时，总效用为 30 效用单位。由没有巧克力到消费一单位巧克力，消费量增加了一单位，效用增加了 30 效用单位，所以边际效用为 30 效用单位。当消费两单位巧克力时，总效用为 50 效用单位，由消费一单位巧克力到消费两单位巧克力，消费量增加了一单位，效用从 30 效用单位增加到 50 效用单位，所以边际效用为 20 效用单位。以此类推，当消费五单位巧克力时，总效用为 50 效用单位，而边际效用为－10 效用单位，即增加第五个单位巧克力的消费所带来的是负效应。由此可以看出，当边际效用为正数时，总效用是增加的；当边际效用为零时，总效用达到最大；当边际效用为负数时，总效用是减少的。

我们用图 3－1 来解释总效用和边际效用的关系。在图 3－1 中，MU 曲线因边际效用递减规律而向右下方倾斜，TU 曲线则随着 MU 的变动而呈现先上升后下降的特点。

总结 MU 与 TU 的关系为：

当 $MU>0$ 时，TU 上升；

当 $MU<0$ 时，TU 下降；

当 $MU=0$ 时，TU 达到极大值。

从数学意义上讲，如果效用曲线是连续的，则每一消费量上的边际效用值就是总效用曲

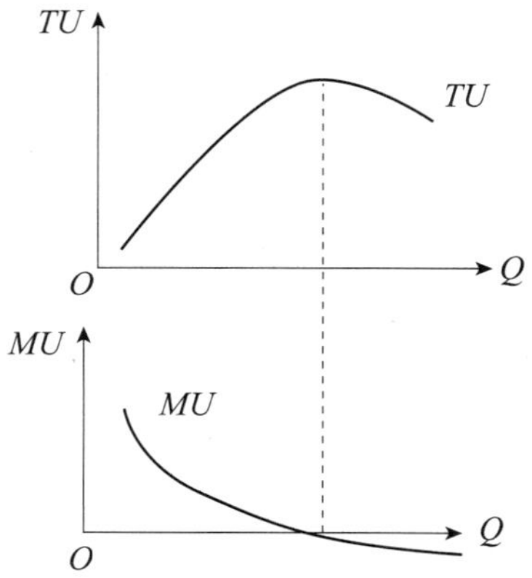

图 3-1　总效用和边际效用

线上相应的点的斜率。

（二）边际效用递减规律

当我们在消费某种物品时，随着消费量的增加，等量的消费品带来的满足感会越来越小——这种情况几乎存在于所有的消费品上，我们称之为边际效用递减规律。这一规律可以表述如下：随着消费者对某种物品消费量的增加，他从该物品连续增加的消费单位中所得到的边际效用是递减的。

边际效用递减规律可以用以下两个理由来解释：

第一，生理或心理原因。消费一种物品的数量越多，即某种刺激的反复，使人生理上的满足或心理上的反应减少，从而满足程度降低。我们在连续消费同一种物品，如连续吃巧克力时会有这种感觉；再如，偶尔去听一次演唱会，你会觉得很兴奋、很过瘾，但如果让你天天去听演唱会，你迟早会厌烦。

第二，物品本身用途的多样性。每一种物品都有多种用途，这些用途的重要性不同。消费者总是先把物品用于最重要的用途，而后用于次重要的用途。当他有若干这种物品时，把第一单位用于最重要的用途，其边际效用就大，把第二单位用于次重要的用途，其边际效用就小了。以此顺序用下去，用途越来越不重要，边际效用就递减了。例如：某消费者有三块巧克力，他把第一块用于最重要的充饥（满足生理需求），把第二块用于赠送朋友（满足爱的需求），把第三块用于赐舍（满足自我实现中对善的追求）。这三块巧克力用途的重要性是不同的，从而其边际效用也就不同。由此看来，边际效用递减规律是符合实际情况的。

小思考：你遇到过符合边际效用递减规律的事情吗？

在理解边际效用递减规律的时候，要注意以下几点：

第一，边际效用和总效用的区别。边际效用是指最后一单位的消费品带来的效用。它的递减并不意味着总效用的减少，只是说后一单位的消费品带来的效用比前一单位的消费品带来的效用要小。在边际效用减少的过程中，总效用依然可能增加，只不过增加的幅度在降低。在边际效用减少到零的时候，总效用停止增长，达到最大。而在边际效用变成负值的时候，继续消费就会使总效用减少。

第二，边际效用递减是在一定时间内进行消费产生的现象。它的前提是人的偏好没有改变，连续消费某物品。例如：你在吃一顿饭的过程中边际效用是递减的。但是过了半天，你饿了又去吃饭，就不能把这一顿饭的过程跟上一顿饭相比。

第三，在极少数情况下，有的消费是量越大越满足，但始终存在一个限度，超过这个限度以后必然会出现边际效用递减。例如：嗑瓜子时，刚开始你越嗑越想嗑，越吃越好吃，这一阶段边际效用是递增的，但当你嗑到最后，口干舌燥时就不想嗑了，此时就出现了边际效用递减。

同步案例

有用的经济学：边际效用递减

边际效用递减规律在经济学中意义重大。以农业为例，当我们增加劳动后，产出会大大增加。耕作田地更精细，灌溉沟渠更整齐，装束的稻草人更鲜艳。但是，增加的劳动带来的产出却越来越少。一天中的第三次除草和第四次给机器上油只能增加很少的产出。最后，当大量劳动力拥向农场，产出几乎不会再增加，而是过多的耕作者会毁坏农田。

边际收益递减规律是解释为什么亚洲许多国家如此贫穷的关键因素之一。在拥挤的印度，生活水平之所以低，是因为在每一英亩的土地上有太多的劳动力，而不是因为农民在经济激励面前无动于衷。

我们也可以使用学习中的例子来说明边际收益递减规律。你也许会发现一天中学习经济学的第一个小时的收效最大，你能轻松地学习新的定律和数据，增长新的见识和体会；第二个小时中你可能会稍微有些失神，学到的东西减少了；而在第三个小时中，边际收益递减规律以报复的形式出现，使你在第二天根本想不起在第三个小时中所学的任何东西。

（资料来源：殷建国．经济学原理与应用［M］．南京：南京大学出版社，2011）

（三）货币的边际效用

基数效用论者认为，货币如同商品一样，也具有效用。消费者用货币购买商品，就是用货币的效用去交换商品的效用。商品的边际效用递减规律对于货币也同样适用。对于一个消费者来说，随着货币收入量的不断增加，货币的边际效用是递减的。也就是说，随着某消费者货币收入增加，每增加单位货币给该消费者带来的边际效用是越来越小的。

但是，在分析消费者行为时，基数效用论者又通常假定货币的边际效用是不变的。据基数效用论者的解释，在一般情况下，单位商品的价格只占消费者总货币收入量中的很小部分，所以，当消费者对某种商品的购买量发生很小的变化时，所支出的货币的边际效用的变化是非常小的。对于这种微小的货币的边际效用的变化，可以忽略不计。这样，货币的边际效用便是一个不变的常数。

案例分析

一元钱的效用

边际效用就是增加 1 个单位的某种物品消费，给人带来的主观心理满足程度。1 元钱的边际效用对于不同的人是不同的：一个倚门托钵的乞丐，给他 1 元钱，他的满足程度可能是 100 个单位（假设心理满足程度可以这样量化）；而一个亿万富翁，多给他 1 元钱，他的满足程度也许就只有1个单位。也就是说，同样1元钱，如果给了穷人，社会总福利会增加100，而如果给了富人，社会总福利仅会增加1。从这个道理出发，社会收入分配应该偏向穷人而不是富人。

英国著名的福利经济学创始人阿瑟·塞西尔·庇古（Arthur Cecil Pigou）据此提出收入均等理论。该理论认为，增加社会总福利的方法之一就是将钱从富人手中转移。因为即使社会总收入未增加，从富人手中拿出1元钱，福利损失是1；而这1元钱到了穷人手里，增加的福利是100，两者相抵，社会总福利仍然增加99个单位。只有全体社会成员收入相等了，1元钱对于社会全体成员边际效用相等了，这种财富的转移才因为没有增加社会总福利而变得没有意义。

但是，事物的推理往往具有两面性，从1元钱对于穷人和富人的效用的不同，也可以得出与上述偏向于穷人结论完全相反的结论：一切都更应偏向于富人。

因为“人人生而平等”，人人都要追求个体的效用最大化，穷人和富人都有追求自己增加的效用最大化的权利。因为1元钱给穷人增加100个单位的效用，而给富人只增加了1个单位的效用，因此，穷人容易满足，富人的满足度要达到和穷人一样，收入必须是穷人的100倍才行，那么，结论就是给穷人每增加1元钱，就应该给富人增加100元钱。于是，一些经济学家认为，每个人都是平等的、利己的经济人，真要讲平等，应该是满足程度的平等。因此，富人本身就应该拥有比穷人更多的钱，而且也应该比穷人更在乎钱。

无论经济学家如何主张经济学对穷人与富人应该有区别，但社会却一日也不可不在穷人与富人之间进行选择，而社会上的穷人与富人之间的不同，也就是1万元对于富裕的城里人是一顿饭，而对于乡下人却是几年的辛苦劳作。

（资料来源：杨紫元，罗秉鑫．初级经济学［M］．上海：上海交通大学出版社，2013）

请讨论：一元钱的效用到底是多少？

教师点评：从效用的概念和特点分析货币的边际效用。

二、消费者均衡——效用最大化的原则

（一）消费者均衡的含义

消费者均衡，研究单个消费者如何把有限的货币收入分配在各种商品的购买中以获得最大的效用。这里的均衡，是指消费者实现最大效用时既不想再增加，也不想再减少任何商品购买数量的一种相对静止的状态。

（二）消费者均衡的条件

消费者均衡的条件是消费者用全部收入所购买的各种物品所带来的边际效用，与为购买这些物品所支付的价格的比例相等，或者说，每一单位货币所得到的边际效用都相等。

假定消费者用既定的收入I购买n种商品，P_1，P_2，…，P_n分别为n种商品的既定价格，λ为不变的货币边际效用，即每一单位货币的边际效用。X_1，X_2，…，X_n分别为那种商品的数量，MU_1，MU_2，…，MU_n分别为那种商品的边际效用，则消费者均衡的条件为：

$$P_1X_1+P_2X_2+\cdots+P_nX_n=I \quad \text{（限制条件）}$$

$$MU_1/P_1=MU_2/P_2=\cdots=MU_n/P_n=\lambda \quad \text{（均衡条件）}$$

也就是说，消费者应该使自己所购买的各种商品的边际效用与价格之比相等，或者使自己花费在各种商品购买上的最后一元钱所带来的边际效用相等。

（三）消费两种商品的消费者均衡

假设消费者的收入为 M，消费者购买并消费 x 与 y 两种物品，x 与 y 的价格为 P_x 和 P_y，所购买的 x 与 y 数量是 Q_x 与 Q_y，所带来的边际效用是 MU_x 与 MU_y，每一单位货币的边际效用为 λ。这样就可以把消费者均衡条件写为：

$P_xQ_x+P_yQ_y=M$　　　（限制条件）

$MU_x/P_x+MU_y/P_y=\lambda$　　（均衡条件）

限制条件，说明收入是既定的，购买 x 和 y 物品的支出不能超过收入，也不能小于收入。超过收入时购买无法实现，而小于收入时购买也达不到既定收入时的效用最大化。

消费者均衡的条件，即所购买物品所带来的边际效用与其价格之比相等，也就是说，每一单位货币不论用于购买 x 商品还是 y 商品，所得到的边际效用都相等。

举例说明：

某人有 100 元可供支出，将要购买苹果和梨两种商品，苹果价格是 P_x，为 20 元/千克，梨的价格是 P_y，为 10 元/千克，每千克苹果和每千克梨带来的边际效用 MU_x 和 MU_y 如表 3－2 所示：

表 3－2　消费不同数量的苹果和梨可以带来的边际效用

名称	1	2	3	4	5	6	7	8	9	10
苹果	200	170	140	110	80					
梨	100	88	80	70	55	40	30	25	12	5

购买苹果和梨的总支出等于 100 元的消费组合如表 3－3 所示：

表 3－3　购买苹果和梨的总支出等于 100 元的消费组合

总支出 100 元	$Q_x=5$kg $Q_y=0$kg	$Q_x=4$kg $Q_y=2$kg	$Q_x=3$kg $Q_y=4$kg	$Q_x=2$kg $Q_y=6$kg	$Q_x=1$kg $Q_y=8$kg	$Q_x=0$kg $Q_y=10$kg

再进行 MU_x/P_x 和 MU_y/P_y 的关系分析，如表 3－4 所示：

表 3－4　不同的消费组合获得的总效用对比

消费组合（kg）	MU_x/P_x 与 MU_y/P_y	总效用
$Q_x=5$，$Q_y=0$	$80/20=4>0/10=0$	700
$Q_x=4$，$Q_y=2$	$110/20=5.5<88/10=8.8$	808
$Q_x=3$，$Q_y=4$	$140/20=7=70/10=7$	848
$Q_x=2$，$Q_y=6$	$170/20=8.5>40/10=4$	803
$Q_x=1$，$Q_y=8$	$200/20=10>25/10=2.5$	688
$Q_x=0$，$Q_y=10$	$0/20=0<5/10=0.5$	550

从表中得知，在本例中，购买 3 千克苹果和 4 千克梨可以获得最大的效用。

当 $MU_x/P_x<MU_y/P_y$ 时，对于消费者来说，同样的 1 元钱购买的苹果所得到的边际效用小于购买梨所得到的边际效用。这样，理性的消费者就会调整两种商品的购买数量：减少对苹果的购买量，增加对梨的购买量。

当 $MU_x/P_x>MU_y/P_y$ 时，对于消费者来说，同样的 1 元钱购买的苹果所得到的边际效用大于购买梨所得到的边际效用。根据同样的道理，理性消费者会进行与前面相反的调整过程，即增加对苹果的购买量，减少对梨的购买量。

直到$MU_x/P_x=MU_y/P_y$时，即消费者将购买组合调整到同样的1元钱购买这两种商品所得到的边际效用相等时，他便得到了由减少苹果的购买量和增加梨的购买量所带来的总效用增加的全部好处，从而获得了最大的效用。

案例分析

水和钻石的价值悖论

水是生命中必不可少的物质，然而它的价格却很低。而对生命并非必不可少的钻石的价格却很高。这似乎是一个悖论，200年以前，这一悖论困扰着亚当·斯密。这到底是为什么呢？

回答这一问题，我们可以从成本和供给的角度去分析。因为钻石是十分稀缺的，得到一单位钻石的成本也是很高的，所以它的价格就很高；而相对于钻石而言，水资源却是相当丰富的，得到一单位水的成本很低，甚至在世界上的很多地方水资源都是可以免费获取的，因此它的价格就非常低了。回答这一问题，我们还可以从需求的角度去分析。我们对水的需求量大于钻石，水的总效用很大，但是，它的价格并不取决于总效用，而是取决于边际效用，也就是我们在消费水的时候最后一单位水的有用性。换句话说，容易得到的物品，总效用大，但边际效用小，所以价格就低；稀有的物品，总效用低，但边际效用高，价格就高。

请讨论：我们如何利用总效用和边际效用的关系原理分析“水和钻石的价值悖论”呢？谈谈具体的分析过程吧！

教师点评：考虑总效用和边际效用的关系，以及边际效用递减规律。

三、消费者剩余——边际效用理论的运用

（一）消费者剩余的含义

消费者剩余是指消费者愿意对某商品支付的价格与实际支付的价格之间的差额，或者说是消费者消费某种一定量的商品所得到的总效用与为此花费的货币的总效用的差额。

（二）消费者剩余的计算

消费者剩余的计算公式为：

消费者剩余＝消费者愿意支付的价格－消费者实际支付的价格

同步案例

计算消费者剩余

某种汉堡的市场价格是3元，某消费者在购买第一个汉堡时，根据这个汉堡的边际效用，他认为值得付5元去购买这个汉堡，即他愿意支付的价格是5元。于是他以市场价格3元去购买这个汉堡时，就创造了额外的2元（5元－3元）的消费者剩余。在以后的购买过程中，随着汉堡的边际效用递减，他为购买第二个、第三个、第四个汉堡所愿意支付的价格

分别为 4.5 元、4 元和 3.5 元。这样，他愿意为购买 4 个汉堡所支付的总数量为 5＋4.5＋4＋3.5＝17 元。但他实际按市场价格支付的总数量为 3×4＝12 元，两者的差额为 5 元（17 元－12 元），这个差额就是消费者剩余。也正是从这种感觉上，他认为购买 4 个汉堡是值得的，是能使自己的状况得到改善的。

如图 3-2 所示，AD 为某消费者对某商品的需求曲线，OP 为该商品的市场价格，对应于这一价格水平，消费者将购买 OQ 单位的商品，从图 3-2 上可以看出，消费者愿意为 OQ 单位商品支付的全部价格为 $OQEA$，而他支付的实际价格为 $OQEP$，二者的差额 $OQEA-OQEP=APE$ 就是消费者剩余。

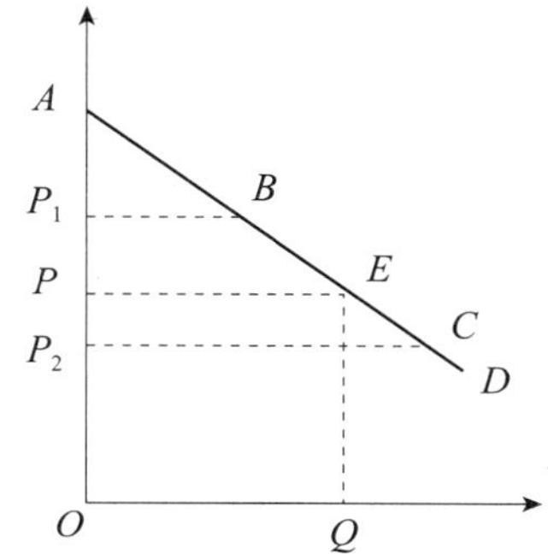

图 3-2　消费者剩余

3-1　如何利用消费者剩余

原理应用

手机为什么变化那么快

在通信市场上，各商家为了在竞争中取胜，以获得更大的市场占有率，不断增加手机的功能、更新款式、开发新型号。我们身边很多赶时尚的人，也经常变换手机。这背后蕴含着哪些经济学的原理呢?

当你刚买到手机时，你会尽可能去挖掘手机所拥有的功能，电话、短信、影音、拍照、游戏、娱乐等，会尽可能地满足自己的各项需求，因此在这一段时间内，手机给你带来的总效用最大。但使用了一段时间以后，手机的性能变差，外壳磨损，市场上手机的迅速更新换代，让你对这款手机的好感越来越少。尽管它仍然可以继续使用，总效用仍然增加，但边际效用已经开始递减。鉴于此，假如一个企业不进行创新，只生产一种型号的手机，那么它带给消费者的边际效用是不断降低的，消费者愿意支付的价格就越来越低。因此，为了获得竞争优势，企业要不断创新，创造出多样化的产品，满足消费者的需求，减少和阻碍边际效用递减。

（资料来源：http://openmedia.ouchn.cn/uploads/01587/file/web/unit/unit3/al5.html）

任务三 序数效用及应用

案例导入

墙内开花墙外香的肯德基

很多人都对街头随处可见的白胡子老爷爷的招牌不陌生，他们知道，肯德基快餐店到了。近年来，肯德基在亚洲各国的业务量都在不断增长，在中国、韩国，肯德基已经成为快餐业的老大。截至2018年12月31日，肯德基在中国的门店数量为5 910家，年营收近60亿美元，已经远远超过了同行麦当劳。然而在美国，肯德基的销量相对其他快餐业竞争者却在萎缩。

请思考：为什么肯德基在中国这么受欢迎?

基数效用论是建立在主观感受基础上的消费者行为理论。实际上，人的主观感受是无法准确地测量的。因此，大多数经济学家主张只能用第一、第二、第三等序数来表示消费者偏好的顺序，衡量效用的大小。序数效用论是为了弥补基数效用论的缺点而提出来的另一种研究消费者行为的理论。序数效用论者在分析考察消费者行为时是用无差异曲线的分析方法，利用无差异曲线和预算线的关系分析如何实现消费者均衡。

一、序数效用论的基本假设

序数效用论用消费者偏好的高低来表示满足程度的高低。该理论建立在以下假设之上。

消费者偏好的三种公理性假设：

(1) 完全性，指消费者可以比较和排列所给出的不同商品的组合。

(2) 传递性，即如果消费者认为产品组合A不比B差，B不比C差，那么A不比C差。

(3) 非饱和性，如果两个商品组合的区别在于其中一个商品的数量不同，那么，消费者总是倾向于含有数量较多的那个商品组合。

二、无差异曲线的含义及特点

(一) 无差异曲线的含义

无差异曲线，表示消费者偏好相同的两种商品的不同数量的各种组合。或者说，它是表示能给消费者带来同等效用水平或满足程度的两种商品的不同数量的各种组合，如图3－3所示。

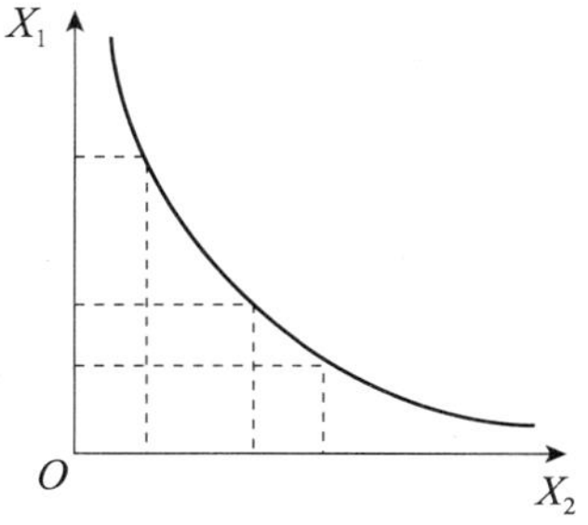

图3－3 无差异曲线

（二）无差异曲线的特点

（1）无数条无差异曲线覆盖整个坐标平面。

（2）离原点越远的无差异曲线代表的效用水平越高。

（3）在同一坐标平面上的任意两条无差异曲线不会相交。

（4）无差异曲线凸向原点。

三、商品的边际替代率及其递减规律

商品的边际替代率是无差异曲线分析中的最重要的内容，也是这里分析的难点。

（一）商品的边际替代率的含义

商品的边际替代率是指在维持效用水平不变的前提下，消费者增加一单位某种商品的消费数量时需要放弃的另一种商品的消费数量，被称为商品的边际替代率。商品 X 对商品 Y 的边际替代率的定义公式为：

$$MRS_{XY}=-\Delta Y/\Delta X$$

式中：ΔX 和/ΔY 分别为商品 X 和商品 Y 的变化量。由于 ΔX 是增加量，ΔY 是减少量，当一个消费者沿着一条既定的无差异曲线上下滑动的时候，两种商品的数量组合会不断地发生变化，而效用水平却保持不变。这说明，在维持效用水平不变的前提下，消费者在增加一种商品的消费数量的同时，必然会放弃一部分另一种商品的消费数量，即两种商品的消费数量之间存在替代关系。

（二）商品的边际替代率递减规律

在维持效用水平不变的前提下，随着一种商品的消费数量的连续增加，消费者为得到每一单位的这种商品所需要放弃的另一种商品的消费数量是递减的，这就是商品的边际替代率递减规律。

商品的边际替代率递减的原因在于：消费者对某一商品拥有量较少时，对其偏爱程度高；而拥有量较多时，对其偏爱程度较低。所以随着一种商品的消费数量的逐步增加，消费者想要获得更多的这种商品的愿望就会减少，从而他为了多获得一单位的这种商品而愿意放弃的另一种商品的数量就会越来越少（同时，商品边际效用具有递减规律，也能证明这一变化规律）。

商品的边际替代率递减，意味着无差异曲线的斜率的绝对值越来越小，因此该曲线必定凸向原点。

小思考：生活中有哪些现象体现了边际替代率递减规律呢？请举例说明。

四、预算线

（一）预算线的含义

预算线，又称预算约束线、消费可能线或价格线，表示在消费者收入和商品价格既定条件下，消费者的全部收入所能购买到的两种商品的不同数量的各种组合。如图 3－4 所示，I 表示消费者的既定收入，P_1 和 P_2 分别为已知的商品 1 和 2 的价格，X_1 和 X_2 分别为商品 1 和商品 2 的数量。消费者的全部收入购买商品 1 的数量为 I/P_1，是预算线在横轴的截距；

消费者的全部收入购买商品 2 的数量为 I/P_2，是预算线在纵轴的截距；$-P_1/P_2$ 为预算线斜率，即两种商品价格之比的负值。

（二）预算线的变动

消费者的收入 I 或商品的价格 P_1 和 P_2 变化时，会引起预算线的变动。

1. 两种商品的价格不变，消费者的收入发生变化

两种商品的价格不变，消费者的收入变化时，会引起预算线的截距变化，使预算线发生平移。如图 3－5 所示。

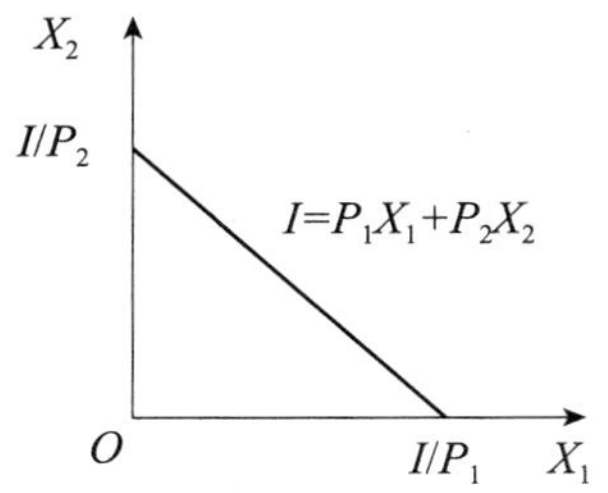

图 3－4　预算线

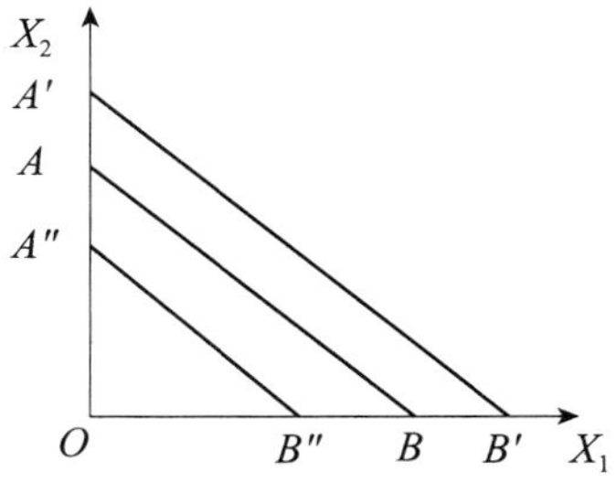

图 3－5　收入变化引起预算线平移

2. 收入不变，两种商品价格发生变化

消费者的收入不变，两种商品价格同比例同方向变化时，会引起预算线的截距发生变化，使预算线发生移动。

消费者的收入不变，一种商品的价格不变而另一种商品的价格变化时，会引起预算线的斜率及相应截距的变化。如图 3－6 所示。

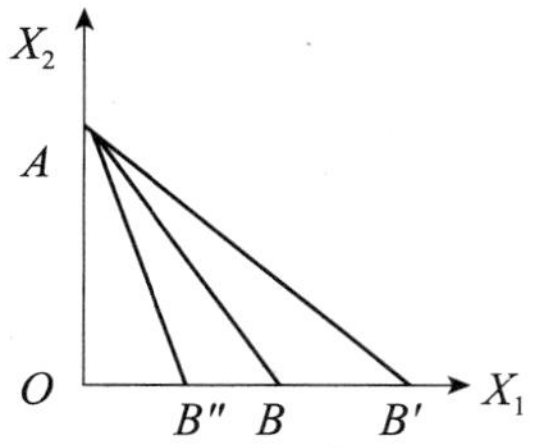

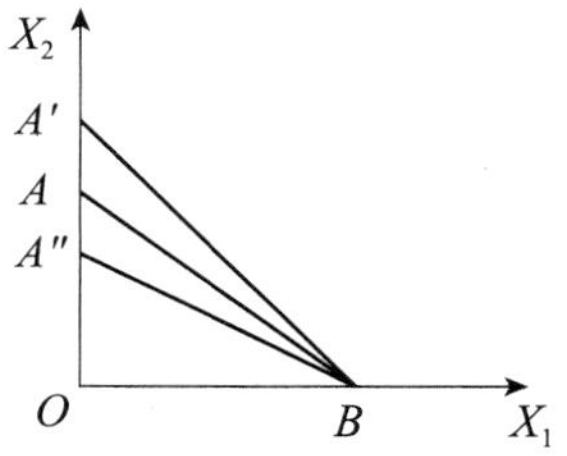

图 3－6　商品价格变化引起预算线的移动

五、消费者均衡

1. 消费者均衡的含义

消费者均衡是研究单个消费者在既定收入条件下实现效用最大化的均衡条件。消费者在既定收入和各种商品价格的限制下选购一定数量的各种商品，以达到最满意的程度，称为消费者均衡。消费者均衡是消费者行为理论的核心。

2. 消费者均衡的实现必须满足的两个条件

第一，最优的商品购买组合必须位于给定的预算线上，只有这样消费者才买得起。

第二，最优的商品购买组合必须是能够给消费者带来最大效用的商品组合，也就是说应该在离原点最远的无差异曲线上。具体而言，消费者均衡分析要回答的问题就是：消费者为了使他花费一定量货币 I，所获得的效用为极大值，买进商品 X 和 Y 的数量各为多少？

3. 分析消费者均衡的实现

这里我们的假设前提有两个：

（1）假设消费者的偏好给定。消费者偏好给定的假定，意味着给定了一个由该消费者的无数条平行的无差异曲线所构成的无差异曲线群。为了简化分析，我们从中取出三条，如图 3－7 中三条无差异曲线 U_1、U_2、U_3，（$U_1<U_2<U_3$）。

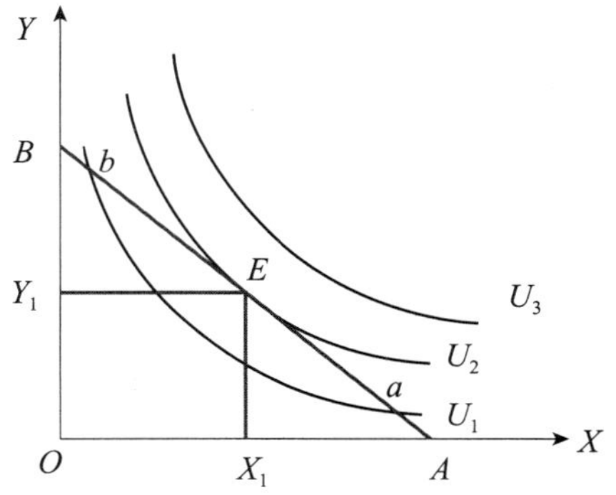

图 3－7　消费者的均衡

（2）消费者收入 I 和两种商品的价格给定。这意味着给定了该消费者的一条预算线，如图 3－7 中唯一的一条预算线 AB。

分析图中的一条预算线和三条无差异曲线，我们认为，预算线 AB 和无差异曲线 U_2 的切点 E 才是消费者在给定的预算约束下能够获得最大效用的均衡点。在均衡点 E，相应的最佳购买组合为（X_1，Y_1）。

为什么只有 E 点才能实现消费者均衡呢？

第一，无差异曲线 U_3 代表的效用水平高于无差异曲线 U_2，但它与既定的预算线 AB 既不相交也不相切。这说明消费者在既定的收入水平 I 下，不足以购买无差异曲线 U_3 上的任何一点的商品组合。

第二，无差异曲线 U_1 与既定的预算线 AB 相交于 a、b 两点，这表明消费者利用现有收入可以实现 a、b 两点的商品组合的购买。但是，这两点的效用水平低于无差异曲线 U_2，因此，追求效用最大化的消费者不会用全部收入去购买无差异曲线 U_1 上 a、b 两点的商品组合。事实上，就 a、b 两点来说，若消费者改变购买组合，选择 AB 线段上位于 a、b 两点之间的任何一点的商品组合，则都可以实现比 U_1 更高的无差异曲线，以获得比 a 点和 b 点更大的效用水平。这种沿着 AB 线段由 a 点向左和由 b 点向右的运动，最后必定在 E 点达到均衡。

第三，只有当既定的预算线 AB 和无差异曲线 U_2 相切于 E 点时，消费者才在既定的预算约束条件下获得最大的满足，故 E 点就是消费者实现效用最大化的均衡点。

4. 消费者均衡的实现条件

在切点 E，无差异曲线和预算线两者的斜率是相等的。我们已经知道，无差异曲线的斜率 $MRS_{XY}=-\Delta Y/\Delta X$，预算线的斜率可以用 $-P_X/P_Y$ 来表示。所以消费者均衡的实现条件可以表示成：

$$MRS_{XY}=P_X/P_Y$$

这就是消费者效用最大化的均衡条件，表示在一定的预算约束下，为了实现最大的效用，消费者应该选择最优的商品组合，使得两种商品的边际替代率等于两种商品的价格之比。

边际替代率也可以用两种商品的边际效用来表示。即：

$$MRS_{XY}=MU_X/MU_Y$$

因此，消费者的最优条件也可以表示为：

$$MRS_{XY}=MU_X/MU_Y=P_X/P_Y$$

这个结论也正是利用边际分析法所获得的均衡条件。这就证实了运用无差异曲线分析法和运用边际分析法分析消费者均衡的实现，其结论完全一致。

同步案例

把每一分钱都用在刀刃上

假定一元钱的边际效用是5个效用单位，一件上衣的边际效用是50个效用单位，消费者愿意用10元钱购买这件上衣，因为这时的一元钱的边际效用与用在一件上衣上的一元钱边际效用相等。此时消费者实现了消费者均衡，也可以说实现了消费（满足）的最大化。低于或大于10元钱，都没有实现消费者均衡。我们可以简单地说在你收入既定、商品价格既定的情况下，花钱最少、得到的满足程度最大就实现了消费者均衡。

通俗地说，假定你有稳定的职业收入，你银行存款有50万元，但你非常节俭，吃、穿、住都处于温饱水平。实际上这50万元足以使你实现小康生活。要想实现消费者均衡，你应该用这50万元的一部分去购房、一部分去买一些档次高的服装，银行也要有一些积蓄；相反，如果你没有积蓄，购物欲望非常强，见到新的服装款式，不惜借钱去买，买的服装很多，而效用降低，如遇到家庭风险，没有一点积蓄，会使生活陷入困境。

又如你在现有的收入和储蓄下是买房还是买车，你会做出合理的选择。你走进超市，见到琳琅满目的物品，你会选择你最需要的。你去买服装肯定不会买你已有的服装。所以说经济学是选择的经济学，而选择就是在你资源（货币）有限的情况下，实现消费满足的最大化，使每一分钱都用在刀刃上，这样就实现了消费者均衡。

消费者均衡就是消费者购买商品的边际效用与货币的边际效用相等。也就是说消费者的每一元钱的边际效用和用一元钱买到的商品边际效用相等。商品的连续消费边际效用递减，货币的边际效用也在递减。在收入既定的情况下，储存货币越多，购买物品就越少，这时货币的边际效用下降，而物品的边际效用在增加，明智的消费者就应该把一部分货币用于购物，增加总效用；反过来，消费者则卖出商品，增加货币的持有，也能提高总效用。经济学家的消费者均衡理论看似难懂，其实一个理性的消费者，他的消费行为已经遵循了消费者均衡的理论。

（资料来源：梁小民．微观经济学纵横谈［M］．北京：生活·读书·新知三联书店，2000）

六、收入效应和替代效应

当一种商品的价格发生变化时，会对消费者产生两种影响：一种是使消费者的实际收入水平发生变化，这种变化会引起消费者对商品需求量的变化，从而使消费者的效用水平发生变化，这被称为收入效应。另一种是使商品间的相对价格发生变化，进而由商品的相对价格变动引起商品需求量发生变化，但却不引起效用水平的变化，这被称为替代效应。

假设消费者消费两种商品 X 和 Y。当商品 X 价格下降时，对消费者来说，一种影响是使消费者现有的货币收入购买力增强，也就是说实际收入增加了。这会使消费者改变这两种商品的购买量，从而达到更高的效用水平，这就是收入效应。另一种影响是随着商品 X 价格的下降，商品 X 与商品 Y 的相对价格发生了变化，这会使消费者增加商品 X 的购买量而减少商品 Y 的购买量，这就是替代效应。

由上所述可知，一种商品价格的变动会引起收入效应和替代效应。

原理应用

生活中的收入效应和替代效应

收入效应和替代效应是经济学中的重要原理，但它们并不神秘，我们生活当中随处都有它们的具体体现。下面我们分别用三个实例来说明收入效应、替代效应和总效应在实际生活中的应用。

实例一：比如一个家庭，它的收入计划用来购买高清电视和真皮沙发两种商品，在价格未变动以前，全部收入购买的两种商品是以使它获得最大满足的方式组合的。现在假定高清电视的价格下降，若购买高清电视，家庭的收入将有所剩余。高清电视价格的下降等于增加了这个家庭的实际收入，这剩余的收入既可以用来购买高清电视，也可以用来购买真皮沙发，这就是收入效应。

实例二：鸡蛋价格每千克由 4 元降至 2 元，猪肉价格不变，这样猪肉价格就相对昂贵了。你家原来每月购买 10 千克鸡蛋，花费 40 元，现在仍然每月购买 10 千克鸡蛋，但现在只需花费 20 元，那你家就会实际增加收入 20 元。现在将这 20 元剔除。当 20 元被剔除后，你家里会继续保持原有的购买比例吗？你家里还会不会增加对于鸡蛋的购买量？答案显然是肯定的。在价格下降引起的增收部分被剔除后，你还增加对于鸡蛋购买的部分就是替代效应。

实例三：某单位为了使员工在五一假期得到很好的休闲，以便休假后能有良好的精神面貌投入工作，决定组织员工出去旅游。为了鼓励尽可能多的员工去旅游，现有两种方案可供选择：一是先发给每人一笔现金，然后再让大家报名；二是不发现金，将这笔钱补贴每人的旅游费用。哪个方案好呢？显然是第二个方案。因为第二个方案的总效应（包括收入效应和替代效应两部分）大于第一个方案的总效应（只有收入效应）。方案一的办法叫收入补贴（意味着收入增加），方案二的办法叫价格补贴（相当于你个人支付的旅游价格下降了）。

通过以上实例分析，我们可以看到：收入效应和替代效应是非常有用的理论，它说明，若想鼓励对某商品的消费，就应该采取对该商品进行价格补贴措施，而不是收入补贴；若鼓励对某商品节约消费，就应该采取对该商品征税或提价措施。这个道理换一个角度讲，若决策部门为了其他目的，对某商品提价（或征税），客观上也一定会导致消费者减少对该商品的消费。

启示：我们身边的许多制度和规章的出台，是为了实现各种美好的愿望（经济学中称为提高效率），但实施的结果往往产生了另一种更大的损失（即从总体上看反而降低了效率）。因此，一项政策出台的好与坏，不是看制定政策的理由有多足，而是要看实施的结果是利大还是弊大。

（资料来源：赵国明，曾伟国. 经济学基础 [M]. 东北财经大学出版社，2012）

课程思政

保姆赚“小费”的故事

一个朋友因为特别爱哭泣的小孩伤透了脑筋。为此两口子想了不少办法，但收效甚微，经过一段时间的摸索，最后总算找到了偏方：小孩特别爱吃一种小颗粒糖，也爱玩，所以每当小宝贝快要哭的时候，打破一两个欢乐球或吃几粒糖，小孩很快就会安静下来，若多些球或糖，小孩甚至还会高兴得手舞足蹈。要是不让宝贝哭，每周至少得破费 54 元，包括购买约 105 个单价为 0.25 元的欢乐球和约 280 粒单价为 0.1 元的糖。

有一天，他们雇了一个保姆专门照顾小孩，基本要求是不能让宝贝哭，当然每周的预算仍然是 54 元。在主人的帮助下，保姆很快学会了如何买球和糖以及对付小孩哭泣的其他招数。然而，一个多月以后，欢乐球降价了，由原来的 0.25 元降到 0.15 元。保姆当然很高兴，因为现在虽然买 280 粒糖仍需 28 元，但买 105 个欢乐球不需要 26 元了，而只需要 16 元，每周就可以省出 10 元。但保姆没有把省出的钱还给主人，而是装进了自己的腰包，算是赚点“小费”。就这样，降价后保姆每次花约 44 元买 105 个球和 280 粒糖，并赚了 10 元小费，主人全然不知。日复一日，循环往复，但保姆总琢磨着，既然球降价了，为什么不多买点球，而少买点糖。经过不断尝试，她觉得花约 44 元买 146 个球和 220 粒糖效果最好，不仅能制止小孩哭泣，有时还会看到小孩的笑脸。

一次周末，保姆利用每周给的一天假，到正在上经济系研究生的哥哥那里串门，并洋洋得意地把在主人家的故事一五一十讲给哥哥听。哥哥听后，觉得挺有意思，夸妹妹有心计，但仔细想想，心计还不够，因为让小孩高兴当然好，但这并不是妹妹的本职工作，她完全可以在不让小孩哭泣的前提下，更好地组合球与糖，省出更多的钱，赚更多的“小费”。经此点拨，妹妹觉得言之有理。回去之后，又经过不断尝试，她每次买 140 个球和 210 粒糖，花费 42 元，就能保证小孩不哭。结果，每次可赚约 12 元“小费”，比哥哥点拨前多赚 2 元。

转眼间春节临近，保姆打算回家过年，其间只能由主人替代去买东西和照顾小孩。她知道，如果主人去买东西，必使其赚“小费”之事暴露。为此，她以退为进，开始将每次能省出的 12 元分文不要，即把主人所给的 54 元全部购买球和糖。至于购买的数量，经尝试，最后觉得每周买 180 个球和 270 粒糖，能使小孩最高兴。见此情景，主人当然非常高兴，夸保姆很能干，而保姆就将球降价的事告诉主人，还得了个“诚实”的美名。

（资料来源：曲辰．保姆赚“小费”的故事［N］．经济学消息报，2001）

问题：生活中你有遇到过类似的案例吗？

分析提示：学习了消费者行为理论，我们要学会用有限的资源，进行最佳的组合，来实现自身效用的最大化。但无论在什么情况下，都应踏踏实实做事，老老实实做人，做一个诚实守信的公民。

项目小结

基数效用理论用总效用和边际效用概念来说明消费者行为，并且用边际效用概念和边际效用递减规律来解释消费者的需求和支付意愿。

消费者均衡是指在收入和价格既定时，消费者在购买多种商品时，要使每一种商品的边际效用与价格之比同其他商品的边际效用与价格之比相等，这样就能实现效用最大化。

边际效用虽然决定消费者的支付意愿，但消费者实际支付价格是由市场中买者之间、卖者之间、买卖之间的竞争决定的。消费者剩余是边际效用与市场价格的差额。

无差异曲线是表示两种物品的各种组合，这些组合对消费者产生的总满足程度（提供的效用）是相同的。

序数效用论用无差异曲线和预算线来说明消费者均衡。在消费者偏好不变的前提下，如果价格和收入发生变动，消费者的均衡点也随之发生变动。消费者行为理论为分析此类问题提供了帮助。

项目实训

一、实训内容

1. 知识运用能力

技能Ⅰ

名称：问题研讨。

规范与标准：能够根据项目的重点和核心知识点设置研讨题目，练习知识运用。

（1）钻石对人的用途很有限而价格昂贵，生命必不可少的水却很便宜。请运用所学经济学原理解释这一悖论。

（2）消费者剩余是如何形成的，请举例说明。

（3）基数效用论和序数效用论对消费者行为的分析到底哪种更科学呢？

（4）对穷人和富人来说，哪个的货币边际效用较高，为什么？这对政府的收入分配政策有何启示？

技能Ⅱ

名称：经济学在企业或社会生活中的运用。

规范与标准：请对本项目所学的知识点进行分析，每个知识点至少列举 5 个及以上在企业或社会生活中的应用，见表 3－5。

表 3－5　经济学在企业或生活中的运用

项目知识点	在企业或社会生活中的运用
边际效用递减规律	
消费者均衡	
消费者剩余	
收入效应和替代效应	

技能Ⅲ

名称：综合分析——某区政府准备在辖区建设新的公共停车场，现有两种方案：一是要求市政府为公共停车场提供款项；二是建议市政府为建设停车场项目支付一定的费用。如果两种方案支出的钱数是相同的，你认为哪一个方案在鼓励区政府对公共停车场项目建设上最有效？请用收入效应和替代效应原理进行分析。

规范与标准：

（1）小组讨论，对实际案例进行分析。

（2）小组派代表陈述对案例的分析结论。

（3）教师点评。

2. 情境设计

将学生分成若干实训组，布置案例内容，要求学生熟悉所学知识点，针对案例进行分析讨论，每个人分别阐述自己的观点，然后小组讨论碰撞，最后得出统一结论。安排一位同学上台阐述本组观点，在此基础上撰写《案例研讨分析报告》。

二、实训目标

经过讨论，加深对收入效应和替代效应理论的理解。

三、实训设施

教室。

四、实训过程

（1）根据班级人数将学生组成若干个实训组，每5～7位同学分成一组，每小组确定一人负责。

（2）对实训组进行实训要求和具体操作讲解。

（3）实训组各小组分别根据团队成员的兴趣爱好和性格进行分工，开始研讨与设计。

（4）实训组各小组根据实训内容和目标，在规定时间内完成各项实训任务。

（5）实训组各小组在实训分析与反思的基础上，撰写专项实训报告。

五、实训成果

《案例研讨分析报告》

《知识点应用表格》

六、注意事项

（1）每组每位同学都要充分参与讨论，阐述自己的分析和结论。

（2）每组代表在课堂上清晰、有条理地向大家阐述本组的观点，内容要有理有据。

项目习题

一、单选题

1. 以下（　　）项指的是边际效用。

A. 张某吃了第二个面包，满足程度从10个效用单位增加到了15个效用单位，增加了5个效用单位

B. 张某吃了两个面包，共获得满足15个效用单位

C. 张某吃了四个面包后再不想吃了

D. 张某吃了两个面包，平均每个面包带给张某的满足程度为7.5个效用单位

2. 若某消费者消费了两个单位某物品之后，得知边际效用为零，则此时（　　）。

A. 消费者获得了最大平均效用　　B. 消费者获得的总效用最大

C. 消费者获得的总效用最小　　D. 消费者获得的总效用为负

3. 预算线的位置和斜率取决于（　　）。

A. 消费者的收入　　B. 消费者的收入和商品的价格

C. 消费者的偏好　　　　　　　　　　D. 收入和商品的价格

4. 预算线绕着它与横轴的交点向外移动的原因是(　　)。

A. 商品 X 的价格下降了　　　　　　B. 商品 Y 的价格下降了

C. 消费者的收入增加了　　　　　　D. 商品 X 的价格上升了

5. 某消费者消费更多的某种商品时，则(　　)。

A. 消费者获得的总效用递增　　　　B. 消费者获得的总效用递减

C. 消费者获得的边际效用递增　　　D. 消费者获得的边际效用递减

二、多选题

1. 总效用达到最大时，下列说法错误的是(　　)。

A. 边际效用最大　　　　　　　　　B. 边际效用为零

C. 边际效用为正　　　　　　　　　D. 边际效用为负

2. 下列关于无差异曲线的说法正确的是(　　)。

A. 无差异曲线上的每一点代表两种商品不同数量的组合

B. 同一无差异曲线上的任一点所代表的偏好水平都相同

C. 消费者只能在一部分无差异曲线上选择商品组合

D. 一条无限长的无差异曲线通过商品区间的每一点

3. 对一位消费者来说，古典音乐光盘对流行音乐光盘的边际替代率是 1/3，下列说法不正确的是(　　)。

A. 古典音乐光盘的价格是流行音乐光盘价格的 3 倍，他可以获得最大的效用

B. 古典音乐光盘的价格与流行音乐光盘价格相等，他可以获得最大的效用

C. 古典音乐光盘的价格是流行音乐光盘价格的 1/3，他可以获得最大的效用

D. 他用三盘流行音乐光盘交换一盘古典音乐光盘，他可以获得最大的效用

4. 下列属于消费者均衡的条件的有(　　)。

A. 最优的商品组合必须位于给定的预算线上

B. 最优的商品组合必须是能给消费者带来最大效用的组合

C. 最优的商品组合一定花钱最少

D. 最优的商品组合只有一个

5. 消费者的无差异曲线具有(　　)的特点。

A. 正斜率

B. 斜率递减

C. 任意两条无差异曲线都不相交

D. 位于右上方的无差异曲线具有较高的效用水平

三、判断题

1. 效用是心理学的概念，某种物品或劳务是否有效用，以及效用大小，没有一个客观标准，因而无法准确测定。(　　)

2. 只要商品数量在增加，消费者得到的总效用就一定在增加。(　　)

3. 在同一条无差异曲线上，不同的消费者所得到的总效用是无差异的。(　　)

4. 在预算线上的任何一点，所有收入全部支出了。(　　)

5. 两种商品的价格按相同的比例上升，而收入不变，则预算线不发生变动。(　　)

四、名词解释

效用　　边际效用递减规律　　无差异曲线　　边际替代率　　基数效用论　　序数效用论　　预算约束线

五、问答题

1. 基数效用论和序数效用论有何区别？
2. 什么是边际替代率？边际替代率为什么呈现递减趋势？
3. 用图说明消费者剩余是如何形成的。
4. 试说明总效用和边际效用的变动规律。

项目四

厂商行为分析与应用

学习目标

知识目标：了解生产函数，理解短期内一种变动投入下的生产函数、产量规律及边际收益规律；掌握长期中生产要素的最优组合及规模收益。

能力目标：能够运用产量规律、成本规律、利润最大化原则分析厂商行为，并注重成本收益分析在企业中的运用。

实训目标：学会按照特定的知识点对现实企业运营行为进行分析；能运用所学的产量、成本知识对企业现状做出分析判断；能综合运用所学的知识进行企业行为分析，做出企业最佳盈利的策划方案。

上大学值吗?

上大学是要花钱的，这就是上大学的成本。从目前来看，一个大学生上大学四年的学费、书费和生活费是会计成本，按照现行价格标准，一个普通家庭培养一个大学生的这三项费用之和不会低于 4 万元。

上大学的代价绝不仅是这种显性的会计成本，上大学放弃的工作机会和工资收入就是上大学的机会成本。大学生如果不上大学，会找份工作，按照现行劳动力价格标准假如也是 40 万元，也就是说一个大学生上大学四年的机会成本是 40 万元。大学生上大学在经济学概念上的成本就是 48 万元。这还没算上在未进大学校门前，家长为了让孩子接受最好的教育从小学到中学的择校费用。

上大学成本如此之高，为什么家长还选择让孩子上大学?

下面我们进行一下上大学的成本与收益分析。不上大学 18 岁工作，工作到 60 岁，共 42 年，平均每年收入是 10 万元，共 420 万元。上大学 22 岁工作，工作到 60 岁，共 38 年，平均收入是 20 万元，共 760 万元，减去上大学的经济学成本 48 万元，剩下 712 万元。与不上大学的收入相比，上大学多得到的收入是 292 万元。这还没考虑学历高所带来的名誉、地位等其他效应。

但对一些特殊的人，情况就不是这样了。比如一个有足球天分的青年……当你了解机会成本后就知道为什么有些年轻人不上大学了。

请分析：

1. 为什么家长舍得把大把的钱花在子女教育上?
2. 厂商为了实现利润最大化，需要了解哪些规律?

这个案例中，大学生上学的成本有两种：一是实际发生的成本，即会计成本；另一个是机会成本。教育是一种投资行为，投资之后会产生增值，上大学成本虽高，但也为孩子的一生带来不菲的收益，家长选择让孩子上学，是符合经济学理论收益最大化原则的。成本是企业做出生产和定价决策所必须关注的东西，是评价投资效率的依据。

任务一 厂商的生产活动分析：投入与产出

案例导入

可口可乐的奥运营销牌传统如何平衡投入产出

“我们看待赞助奥运火炬接力的效益，不是带着算盘看的”，可口可乐公司全球奥运火炬接力总监、曾任可口可乐中国饮料公司副总裁的鲁大卫告诉《财经时报》的记者，“选择这种或那种方式的营销，要看是否符合这个公司的长远战略和目标。”

当营销进入“整合”时代，公益营销、体育营销、事件营销等都将成为可供企业选择的营销工具，关键在于用哪一种工具解决哪一种问题最有效。整合营销的效果是最好的，未来的营销趋势不会只做其一。对企业来说，无论是公益营销还是体育营销，如何去平衡这其中的投入与产出关系？应当怎么看待这个回报？就某个项目而言，似乎很难算出直接收益。以奥运营销为例，认为它的巨大回报在这几方面：销量增长，在日本1998长野冬季奥运会后，可口可乐销量全年增长甚至比预计的高出3%；与顾客的关系，可口可乐是家消费品公司，通过各种活动可以加强跟顾客的关系，拉近顾客与可口可乐的距离；最重要的是品牌力量的增强，2000年悉尼奥运会后，可口可乐的品牌价值和品牌喜爱度达到了有史以来的最高水平。

可口可乐公司利用奥运会进行一系列营销已有70多年历史，这已成为它的一种传统。而且可口可乐也在用整合行销的方式传播它的“与民共享”的哲学。如果企业找到一个赞助的机会，但不能够把你的商品或你的服务跟赞助活动和你的目标消费者连在一起，这可能不是一个很好的赞助机会。企业要看关联性，判断预期效果能不能达到，然后用最好的办法来执行，这才是一个最理想的赞助方法。

（资料来源：https://doc.mbalib.com/view/86dd518 891be0f41527fc902c9 973 756.html）

请思考：可口可乐是如何进行奥运营销投入的？为什么这样投入？

一、生产函数

厂商的生产活动是对各种生产要素进行组合的产出行为，生产要素是指生产中所使用的各种资源，即土地、资本、劳动和企业家才能。厂商是组合各种生产要素进行生产的组织。经济学中用生产函数描述厂商的生产活动，生产函数反映的是厂商投入与产出之间的对应关系。假定产量为Q，投入的要素分别为资本K、劳动L、土地N、企业家才能N_e，则生产函数可表示为：

$$Q = f(K, L, N, N_e)$$

同步案例

生产函数的表示

(1) 一个农学家有一本关于农业生产函数方面的书，该书说明了能够生产出不同数量的玉米的土地和劳动的各种组合。其中一页上有生产100蒲式耳玉米所需要的土地和劳动的各种组合，另一页上列出了生产200蒲式耳玉米所需要的投入组合等。

(2) 通过输油管传送的原油量。工程师知道，产出量取决于油管的直径、抽油机的马力和地形等因素。所列出不同的管道直径、抽油机的马力和其他因素，以及与之相应的石油产出的表格，代表了输油量的生产函数。

(3) 已知某企业的生产函数为：$Q=5+5L+2L^2$。求：平均产量 AP 和边际产量 MP。

解：$AP=TP/L=Q/L=(5+5L+2L^2)/L=5/L+5+2L$；$MP=\mathrm{d}TP/\mathrm{d}L=\mathrm{d}Q/\mathrm{d}L=5+4L$。

世界上有成千上万个不同的生产函数，每个生产函数对应一种产品，尽管它们并没有被记在人工手册上。生产函数描述了一个企业如何能够生产出它的产品组合，同时，生产函数也是决定企业的成本曲线的重要因素。

小思考：请你以某个企业产品生产为例，试着写出它的生产函数。

二、短期生产函数：总产量、平均产量和边际产量

在经济学分析中，根据生产中要素投入变动情况，把生产分为长期和短期。短期的定义为，在一个时期内，企业能够通过改变可变要素（如原料和劳动），但不能改变固定要素（如机器设备）来调整生产，或者说至少有一种要素投入不能变的周期。长期的定义为，生产者可以调整全部生产要素的数量的时间为周期。

从企业的生产函数中，我们可以得到三个重要产量概念：总产量、平均产量和边际产量。如表4-1所示。

表4-1 总产量、边际产量和平均产量表

(1) L 劳动单位	(2) TP 总产量	(3) MP 边际产量	(4) AP 平均产量
0	0	—	—
1	2 000	2 000	2 000
2	3 000	1 000	1 500
3	3 500	500	1 167
4	3 800	300	950
5	3 900	100	780

从表4-1可以看出，随着劳动单位投入量的增加，总产量的增长幅度越来越小。平均产量（AP）是总产量除以总投入的平均数。边际产量（MP）是指在其他投入不变时，增加某一种投入所增加的产量或额外产出量。例如：我们保持土地、机器和其他投入不变，劳动的边际产量就是从增加1单位的劳动中得到的额外产量。

案例分析

投入产出分析

1. 假设你要开一个面包店，除了租赁房屋、注册资金、购买设备和面粉外，就要开始雇用劳动力。问题在于员工是不是越多越好？

2. 假设外旅系 2019 级全年级 CET－6 平均成绩为 70 分。现转入 1 名新同学，CET－6 成绩为 78 分，外旅系 CET－6 平均成绩 AP 会随之变化；如果转入的 1 名新同学，CET－6 成绩为 50 分，外旅系 CET－6 平均成绩 AP 同样要发生变化。

请讨论：

1. 你自己忙不过来的时候到底需要几个员工？

2. 外旅系 CET－6 平均成绩 AP 在两种情况下将发生怎样的变化？为什么？

教师点评：

1. 边际产量递减规律。

2. 边际产量 MP 和平均产量 AP 的关系。

在表 4－1 中，第 1 个单位劳动，劳动的边际产量为 2 000；第 5 个单位劳动，劳动的边际产量为 100，边际产量呈阶梯式递减。如使增长阶段变光滑就可绘出边际产量递减曲线。总产量的变化受限于边际产量的变动，边际产量递减决定了总产量以越来越小的阶梯式增长。当边际产量为负值时，理性的厂商会停止劳动投入，并且调整劳动投入量，直到 $MP \geqslant 0$，使总产量最高。

一种可变投入的生产函数的产量变化曲线可用图 4－1 表示，图形上可以看出总产量、平均产量和边际产量之间的关系。

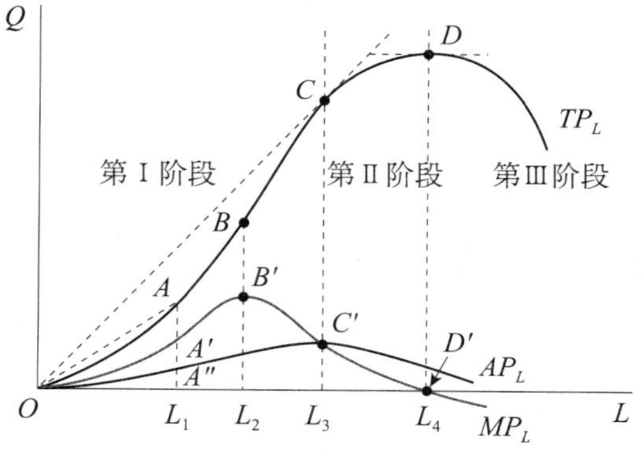

图 4－1　一种可变投入的生产函数的产量变化曲线

三、短期生产中的一般规律：边际收益（产量）递减规律

边际收益（产量）递减规律，是指在保持技术不变和其他投入不变时，连续增加同一单位的某一种投入所增加的产量迟早会逐步减少，从而引起边际收益（产量）减少。

为什么生产函数通常遵守收益递减规律呢？其原因在于：随着某一种要素（如劳动）不断投入固定数量的土地、机器和其他要素上，土地会变得更加拥挤，机器会超负荷运转，所投入的劳动使所增加的产量越来越少，从而引起收益递减。

例如：在农作物生产中，对于水的投入而言，收益递减是很容易理解的。第一单位的水关系到作物的生命，以后的几单位水保持作物健康、快速地生长，但是，随着水的增加量越来越多，土地被淹没，大多数作物实际上会死亡。边际收益递减规律只是一条广泛观察到的经验性规律，而不是像地球引力规律那样的自然规律。

原理应用

杨格与边际产量递减规律

早在 1771 年，英国农学家杨格就用若干相同的地块上施以不同量肥料的实验，证明了肥料施用量与产量增加之间存在着边际产量递减关系。假如农民在一亩地上撒一把化肥能增产 1 千克，撒两把化肥增产 3 千克，但之后再撒化肥的增产效果会越来越差，过量的施肥甚至导致土壤板结、粮食减产。边际产量递减规律是从社会生产实践和科学实验中总结出来的，在现实生活的绝大多数生产过程中都是适用的。

用两种（或两种以上）生产要素相结合生产一种产品时，如果其中一种生产要素是可以变动的，那么，在其他条件不变的情况下，随着这一可变要素连续等量地增加，其边际产量会开始出现递增的现象，但在达到一定数量后，会呈现递减现象。这就是经济学中著名的边际产量递减规律。边际产量递减规律提示我们，在一定的条件下，高投入未必带来高产出，因此要注意投入的合理限度，寻找最佳的投入数量。在现实生活中边际产量递减应用很多，目前我国的就业压力很大，也是这个规律的作用结果，如果边际产量递增我们就不会有失业问题了。

（资料来源：https://wenku.baidu.com/view/caf7dbe1ed3a87c24028915f804d2b160a4e860e.html）

任务二　厂商最佳投入与规模经济

案例导入

淝水之战

淝水之战，发生于公元 383 年，前秦苻坚统帅百万大军南下与东晋谢安的八万北府军展开殊死搏战，这场原本实力悬殊的较量，结果让人大跌眼镜：兵力处于弱势的东晋取得了全面胜利，而前秦却因此一蹶不振，土崩瓦解，苻坚本人也在两年后兵败被杀。这是东晋时期北方的统一政权前秦向南方东晋发起的侵略吞并的一系列战役中的决定性战役，战后北方各民族纷纷脱离了前秦的统治，而东晋则趁此北伐，把边界线推进到了黄河，并且此后数十年间东晋再无外族侵略。

（资料来源：https://baike.baidu.com/item/淝水之战/408354?fr=aladdin）

请思考：为什么东晋能够以少胜多？

一、规模收益

一种可变要素投入的结果是边际收益（产量）发生变化（递减），所有可变要素投入的结果是规模收益发生变化。

规模收益是指所有生产要素同时同比例增加的投入与产出的关系。例如：如果土地、劳动、水和其他投入都增加相同的比例，小麦产量会发生何种变化呢？或者，如果劳动、计算机、橡胶、钢和厂房的空间都增加1倍，汽车产量会有何种变化呢？这些问题都涉及规模收益，即投入的规模扩大对收益或产量的影响。当所有投入同比例增加时，总产量有三种反应。

1. 规模收益递增

规模收益递增表示所有投入的增加比例小于产出增加比例。例如：一位正在设计一个小规模化工厂的工程师发现，把劳动、资本和原料增加20%，会引起总产出30%的增长，即规模增加的幅度小于收益增加的幅度。管理工程研究发现，那些达到当今最大规模的工厂的许多制造过程享有适度的规模收益递增效益。

2. 规模收益不变

规模收益不变表示所有投入的增加比例导致相同的产出的增加比例。例如：如果劳动、资本和其他投入增加20%，那么，在规模收益不变的情况下，产出也增加20%，即规模增加的幅度等于收益增加的幅度。许多手工业（如在发展中国家使用的手织机）表现为规模收益不变。

3. 规模收益递减

规模收益递减表示所有投入的增加比例大于产出增加比例。例如：一个农民的玉米地，种子、劳动和机器都增加了20%，如果总产出仅仅增加了15%，这种情况表现为规模收益递减，即规模增加的幅度大于收益增加的幅度。许多涉及自然资源的生产活动，如种植酿酒的葡萄或栽培树林等，都表现为规模收益递减。

同步案例

大企业的低价

在现实经济中，有许多大大小小的企业，而且每一天都有无数小企业像雨后春笋般诞生，但是小企业并不是适合于任何行业和任何门类的。在市场中，大企业具有绝对的价格优势。比如，湖南一家“老百姓大药房”，开业时对外宣传，5 000多种药品的价格将比国家核定的零售价低45%，有的降价竟达到60%以上。一般的小药店能和他们比吗？同样的，在很多大型超市里，出售的商品甚至比其他一些商家的进货价格还要低。

为什么小企业在价格上竞争不过大企业呢？这个就是规模效益的问题了。大企业生产规模大，原材料可以集中招标采购，所以原材料的采购成本相对较低；且大企业生产规模大，其产品的生产成本尤其是可变成本随生产规模的扩大而降低；同时，大企业的品牌知名度较高，市场覆盖较广，其市场推广费用有时候很低（不包括大量的广告投入时）；原材料成本、纯生产成本和市场营销费用三个方面较小企业更有优势。

二、最优投入组合

不同生产要素投入的比例和组合实际上是不同的，带来的产出量也是不同的。理性的生产者会选择最优投入组合进行生产。确定最优投入组合需要运用等产量线和等成本线。

1. 等产量线

等产量线是指在技术水平一定的条件下生产同一产量的两种生产要素投入量的各种不同组合所形成的曲线。以 Q 表示既定产量水平，L 表示可变要素劳动的投入量，K 表示可变要素资本的投入量，则与等产量线相对应的生产函数为：

$$Q=f(L,K)$$

等产量线如图 4－2 所示，图中三条等产量线，它们分别表示可以生产出 50 单位、100 单位和 150 单位产量的各种生产要素的组合。以产量为 50 单位的等产量线为例，50 单位的产量可使用 A 点的要素组合生产出来，也可使用 B 点或 C 点的要素组合生产出来。

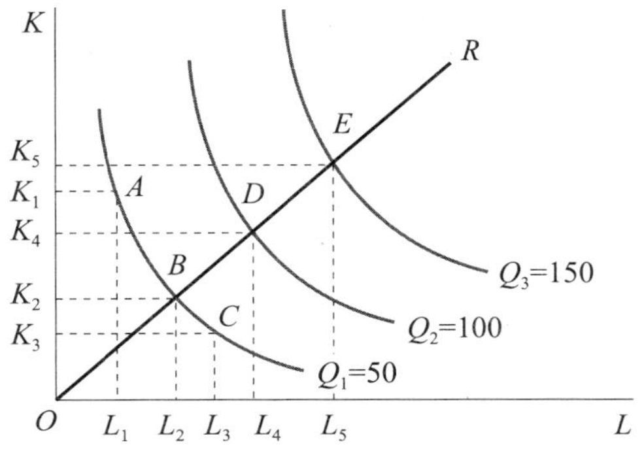

图 4－2　等产量线

与无差异曲线相似，等产量线与坐标原点的距离的远近表示产量水平的高低：离原点越近的等产量线代表的产量水平越低；离原点越远的等产量线代表的产量水平越高。同一平面坐标上的任意两条等产量线不会相交。等产量线是凸向原点的。

案例分析

企业的选择

某企业要增加产量，有两种方法（假定两种方法所消耗的原材料一样）：方法一是增加 1 台设备；方法二是增加 3 个工人。

请讨论： 中国企业应该选择哪种方法，为什么？如果是美国企业呢？

教师点评：

1. 中美两国生产要素价格比较与成本预算。
2. 等产量线的应用。

2. 边际技术替代率及其递减

等产量线表示生产者可以通过对两种要素之间的相互替代，来维持一个既定产量水平。例如：为了生产 50 单位的某种产品，生产者可以使用较多的劳动和较少的资本，也可以使用较少的劳动和较多的资本，比如上图 4－2 中从 C 点到 A 点。这可以看成是资本对劳动的替代。

由两种要素之间这种相互替代的关系，可以得到边际技术替代率的概念。在维持产量水平不变的条件下，增加一个单位的某种要素投入量时所减少的另一种要素的投入量，被称为边际技术替代率。以 $MRST$ 表示边际技术替代率，劳动对资本的边际技术替代率的公式为：

$$MRTS_{LK}=-\frac{\Delta K}{\Delta L}=\frac{MP_L}{MP_K}$$

在两种生产要素相互替代的过程中，存在一种变动趋势，即在维持产量不变的前提下，当一种生产要素的投入量不断增加时，每一单位的这种生产要素所能替代的另一种生产要素的数量是递减的，这一趋势被称为边际技术替代率递减规律。边际技术替代率递减的原因是：随着劳动对资本的不断替代，劳动的边际产量逐渐下降，而资本的边际产量不断上升。因此，随着劳动对资本的不断替代，作为逐渐下降的劳动的边际产量与逐步上升的资本的边际产量之比的边际技术替代率趋于递减。

小思考： 边际技术替代率递减在我们生活中有哪些应用？

3. 等成本线

等成本线是在既定的成本和既定的要素价格条件下生产者可以购买的两种要素的各种不同的最大数量组合的轨迹。

假设既定的成本为 C，已知的劳动（L）的价格即工资率为 W，已知的资本（K）的价格即利息率为 r，据此我们可以得到成本方程为：$C=WL+rK$。由于成本方程式是线性的，所以等成本线必是一条直线。图 4－3 中横轴上的点 C/W 表示既定的全部成本都购买劳动时的数量，纵轴上的点 C/r 表示既定的全部成本都购买资本时的数量，连接这两点的线段就是等成本线。它表示既定的全部成本所能购买到的劳动和资本的各种组合。

等成本线以内区域中的任何一点（如 A 点），表示既定的全部成本都用来购买该点的劳动和资本的组合以后还有剩余。等成本线以外的区域中的任何一点（如 B 点），表示用既定的全部成本购买该点的劳动和资本的组合都不够。唯有等成本线上的任何一点，才表示用既定的全部成本刚好能购买到的劳动和资本的组合。

4. 最优投入组合

把企业的等产量线和相应的等成本线画在同一个平面坐标系中，就可确定企业在既定成本下实现最大产量的最优要素投入组合点，即生产均衡点，如图 4－4 所示。

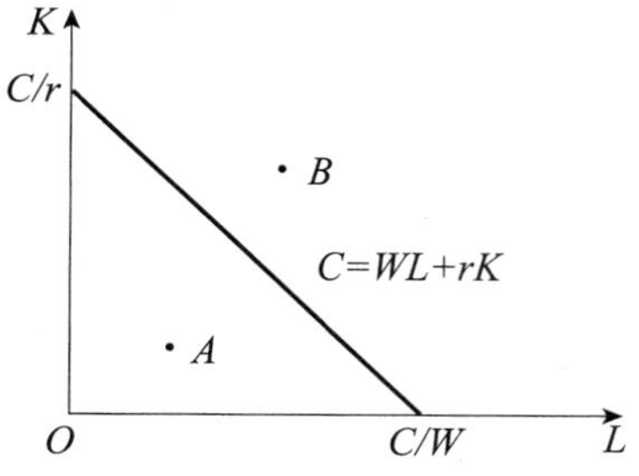

图 4－3　等成本线

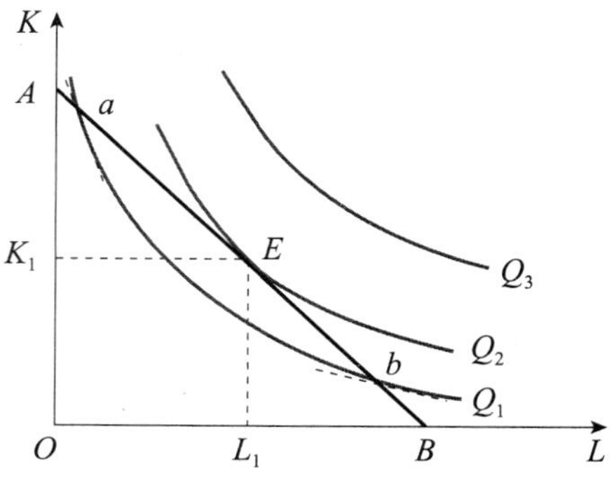

图 4－4　最优要素投入组合

在图 4－4 中等产量线与等成本线的切点 E 是生产要素最优投入组合点。因为等产量线 Q_3 代表的产量虽然高于等产量线 Q_2，但唯一的等成本线 AB 与等产量线 Q_3 既无交点又无切点，这表明等产量线 Q_3 所代表的产量是企业无法实现的产量，因为企业利用既定成本只能购买到位于等成本线 AB 上或等成本线 AB 以内区域的要素组合。等产量线 Q_1 虽

然与等成本线 AB 相交于 a、b 两点，但等产量线 Q_1 所代表的产量是比较低的。所以，只有唯一的等成本线 AB 和等产量线 Q_2 的切点 E，才是实现既定成本条件下的最大产量的要素组合。

确定生产要素最优投入还有另外一种方法，即在既定产量下当所花费成本最小时的要素组合为最优投入组合。其道理类似于成本既定时产量最大的要素组合。

原理应用

行业规模经济

假设 10 家彩电企业分别生产彩电，每家企业都得有一套管理人员、一套设计开发人员、一套营销人员、一套保安人员、一套完整的生产设备及厂房等。另外再假设还有一家彩电生产企业的生产规模与上述 10 家企业的总规模相同，但它却只有一套管理人员、一套设计开发人员。显然，这家大企业的平均生产成本比那 10 家企业要低得多，收益也就要高得多。1996 年，在我国彩电市场上由长虹彩电率先发起的降价竞争中，许多中小彩电生产厂家纷纷破产，因为它们缺乏规模经济效应，成本较高，价格下降空间十分有限，技术上又处劣势。

同样，汽车行业也是对规模经济要求较高的行业。我国众多省市都把汽车产业当作地方经济发展的支柱产业，目前的轿车生产厂家遍地开花，多达几十家。由于经济发展水平和各种其他因素的制约，居民对汽车的需求量并不是很高，导致各汽车厂产量并不大。而产量远高于我国的美国，轿车生产厂家并不多。这说明我国的轿车生产严重缺乏规模经济效应，在国际竞争中处于相当不利的地位。国内外市场上一再掀起的企业兼并浪潮，虽然其动机是多种多样的，但企业追求规模经济效应是其中一个十分重要的动机。

（资料来源：陈承明，凌宗诠，邓继光．简明西方经济学［M］．上海：上海财经大学出版社，2006）

任务三　成本分析

案例导入

淳于髡出使
——有付出才会有回报

淳于髡是齐国的大臣，能言善辩。齐威王时，楚国大举进犯齐国。齐威王派淳于髡去赵国搬救兵，并为淳于髡准备好了送给赵王的礼物：百两黄金，驷马车十辆。淳于髡听到这样的安排，仰天大笑，把系帽子的带子都给笑断了。齐威王问淳于髡为什么笑，他回答说：“我从东方来的时候，看见路旁有个向神灵祈祷丰收的人。他提着一只猪蹄子，端着一杯酒，祷告说，‘请神灵保佑，让我的山坡地能收到满笼粮食。五谷丰登，让我家的粮食堆积得满满的’！我看他奉献的东西太少，而要得到的东西却很多，所以我笑他。”

于是齐威王就把礼物增加到黄金千镒（每镒为二十两）、白璧十对、驷马车百辆。淳于髡告辞，立刻出行，来到赵国。赵王拨给他十万精兵，一千辆包有皮革的战车。楚国听到这个消息，连夜退兵。

（资料来源：黄晓林．寓言故事中的经济学［M］．北京：石油工业出版社，2012）

请思考：淳于髡用什么办法解决了齐国的危机？这给我们哪些启示？

一、成本的概念

成本是经济学中最基本的概念之一。从一般意义上说，成本是一种生产经营活动的代价，是为了达成某种目的或获得某种商品所付出的代价。经济分析中所使用的经济成本概念，比财务分析中所使用的会计成本概念有着更广泛的含义。

1. 显性成本

显性成本是指在形式上必须由厂商付给生产要素所有者的报酬所构成的成本。它是厂商的会计账目中作为成本项目列出的费用，包括工人的工资、借入资本的利息、原材料等的支付费用。显性成本即会计成本，在生产经营活动中容易被厂商注意到。

2. 隐性成本

隐性成本是指本应计算为成本但却未在形式上作货币支出的厂商本身所拥有的生产要素的报酬。如厂商自己投入资金应该获得的利息、自己劳动应该获得的报酬、自己的房子投入生产而失去的本可以获得的租金都属于隐性成本。隐性成本容易被厂商忽略或者不能被厂商准确地估算，往往可能导致厂商决策失误。

对许多小规模工商企业来说，隐性成本所占比重很高，因为厂商自己投入要素的比例大。而对现代大型企业来说，厂商自己拥有的生产要素比例较低，相应的隐性成本所占比重也较低。

小思考：请调查回答会计师和经济师分别注重什么成本。

3. 机会成本

机会成本是指由于使用某些资源所放弃的其他用途的最高代价。机会成本的概念实际上的应用比企业使用不付报酬的要素的例子要广泛得多。机会成本关注的是实际经济成本或稀缺世界中做出决策的后果。

案例分析

美容院的成本

某人用自己的一间临街房子开了一个美容院。当然他也可以开一间小商店，每月会有纯收入 1 000 元；如果出租这间房子，每月的租金为 900 元，除此之外别无其他用途。那么这间房子用于开设美容店的经济成本中应包括 1 000 元的机会成本，但这 1 000 元不算到他开美容店的会计成本中去，因为他自己不用支付自己的租金。当然，此人开设美容院的经济成本还包括其他成本项目。

请讨论：此人开设美容院的成本总共包括哪些？

教师点评：

1. 关注隐性成本。
2. 如何进行成本核算在经济上是合理的。

有了经济成本的概念，我们就可以进一步了解经济利润的概念。但由于成本概念不同，得到的利润概念也不同，即经济利润和会计利润。

4－1　利润在经济学家与会计师眼中是不同的

二、短期成本分析

（一）短期成本的分类

1. 总成本

总成本（TC）是指一定水平产量所需要的成本总额，它随产量的上升而上升。总成本等于固定成本加可变成本。

2. 固定成本

固定成本（FC）是指不随产量变动而变动的成本，是即使产量为零也必须支付的总额，也称“经常开支”或“沉积成本”。固定成本包括许多项目，如契约规定的建筑物和设备租金、装修支出、债务的利息支付、长期工作人员的薪水等。

3. 可变成本

可变成本（VC）是指随着产出（产量）水平变化而变动的开支。它包括原材料、工资和燃料，包括不属于固定成本的所有成本。可变成本随着产量增加而增加。

固定成本、可变成本和总成本三者关系如表 4－2 所示。

表 4－2　固定成本、可变成本和总成本三者关系

产量/Q	(1) 固定成本/FC	(2) 可变成本/VC	(3) ＝ (1) ＋ (2) 总成本/TC
0	55	0	55
1	55	30	85
2	55	55	110
3	55	75	130
4	55	105	160
5	55	155	210

4. 边际成本

边际成本（MC）是成本概念中最重要的概念。边际成本是指生产增加一单位产出所增加的成本。例如：一个企业生产 1 000 张硬盘的总成本为 10 000 元。如果生产 1 001 张硬盘的总成本为 10 015 元，那么，生产第 1 001 张硬盘的边际成本为 15 元。

同步案例

该不该让乘客上车

从杭州开往南京的长途车即将出发。无论哪个公司的车，票价均为 50 元。一个匆匆赶来的乘客见一家国有公司的车上尚有空位，要求以 30 元上车，被拒绝了。他又找到一家也有空位的私人公司的车，售票员二话没说，收了 30 元允许他上车了。哪家公司的行为更理性呢？乍一看，私人公司允许这名乘客用 30 元享受 50 元的运输服务，当然亏了。但如果用边际分析法分析，私人公司的确比国有公司更精明。

在这个例子中，增加这一名乘客，汽车的磨损、汽油费、工作人员工资和过路费等都无须增加，对汽车来说多拉一个人少拉一个人都一样，也就是说边际成本基本为零，但增加这一名乘客增加收入 30 元，边际收益就是 30 元。

（资料来源：https://wenku.baidu.com/view/fb6bb900eff9aef8941e0667.html）

（二）短期成本之间的关系

总成本等于总固定成本和总可变成本之和，即：

$$TC=TVC+TFC$$

平均成本（AC）是总成本除以总产量所形成的成本。平均成本也称单位成本。用公式表示为：

$$AC=\frac{TC}{Q}=AVC+AFC$$

平均可变成本（AVC）是总可变成本除以产出量所形成的成本。其公式是：

$$AVC=\frac{TVC}{Q}$$

平均固定成本（AFC）是总固定成本除以产出量的成本。其公式为：

$$AFC=\frac{TFC}{Q}$$

原理应用

门庭冷落的保龄球场为什么不停业？

在现实中，我们经常会看到一些保龄球场门庭冷落，但仍然在营业。这时打保龄球的价格相当低，甚至低于成本，他们为什么这样做呢？对企业短期成本的分析有助于解释这一现象，同时也可以说明短期成本分析对企业短期经营决策的意义。

在短期中，保龄球场经营的成本包括固定成本与可变成本。保龄球场的场地、设备、管理人员是短期无法改变的固定投入，用于场地租金、设备折旧和管理人员工资的支出是固定成本。固定成本已经支出无法收回，也称为沉没成本。保龄球场营业所支出的各种费用是可变成本，如电费、服务员的工资等。如果不营业，这种成本就不存在，营业量增加，这种成本就会增加。

由于固定成本已经支出，无法收回，所以，保龄球场在决定短期内是否营业时，考虑的是可变成本。

假设每场保龄球的平均成本为 20 元，其中固定成本为 15 元，可变成本为 5 元。当每场保龄球价格为 20 元以上时，收益大于平均成本，经营当然有利。当价格为 20 元时，收益等于成本，这时称为收支相抵点，仍然可以经营。当价格低于 20 元时，收益低于成本。乍一看，保龄球场应该停止营业，但当我们知道短期的成本有不可收回的固定成本和可变成本时，决策就不同了。

假设现在每场保龄球价格为 10 元，是否应该经营呢？可变成本为 5 元，当价格为 10 元时，在弥补可变成本 5 元之后，仍可剩下 5 元，这 5 元可用于弥补固定成本。固定成本 15 元是无论经营与否都要支出的，能弥补 5 元，当然比一点也弥补不了好。因此，这时仍然要坚持营业。这时企业考虑的不是利润最大化，而是损失最小化——能弥补多少固定成本算多少。

当价格下降到与可变成本相等的 5 元时，保龄球场经营不经营是一样的。经营正好弥补可变成本，不经营这笔可变成本不用支出。因此，价格等于平均可变成本之点称为停止营业点，意思是在这一点时，经营与不经营是一样的。在这一点之上，只要价格高于平均可变成本就要经营，在这一点之下，价格低于平均可变成本，无论如何不能经营。

门庭冷落的保龄球场仍在营业，说明这时价格仍高于平均可变成本。有许多行业是固定成本高而可变成本低，如旅游、饭店、游乐场所等。所以，在现实中这些行业的价格可以降得相当低。但这种低价格实际上仍然高于平均可变成本。因此，经营仍然比不经营有利——至少可以弥补部分固定成本，实现损失最小化。

（资料来源：http://www.360doc.com/content/07/1014/07/43414_809261.shtml）

课程思政

成功源于敬业

一个中国留学生在日本东京一家餐馆打工，老板要求洗盘子时刷 6 遍。一开始他还能按照要求去做，刷着刷着，发现少刷一遍也挺干净，于是只刷 5 遍，后来发现再少刷一遍还是挺干净，于是又减少了一遍，只刷 4 遍。他暗中留意另一个打工的日本人，发现他还是老老实实地刷 6 遍，速度自然要比自己慢许多。出于好心，他悄悄地告诉那个日本人说，可以少刷一遍，看不出来的。谁知那个日本人竟惊讶地说：“规定要刷 6 遍，就该刷 6 遍，怎么能少刷一遍呢？”

问题：这个案例有什么启示意义？

分析提示：这个案例告诉我们在职场中要有诚信意识和精益求精的追求，不管是否有双眼睛盯着我们，为了保证质量和满意度，都要按照规则办事，自觉遵守公司规章制度和游戏规则，不投机、不欺骗，认认真真完成自己的工作职责。

项目小结

生产函数，就是反映生产者投入产出关系的一个函数。在技术不变的前提下，假设生产过程中所投入的要素，只有一种要素的投入量不断增加，而其他要素投入量一定，那么这种要素增加到一定数量后，所得到的产品增量便会逐渐递减。经济学把这一现象称为边际收益递减规律。

对于生产者来说，追求利润最大化的行为表现为要素的最优投入组合，即产量为一定时，成本最小；成本为一定时，产量最大。经济学通过等产量线和等成本线的组合模型，来表现要素的最优投入组合。

在一定的技术条件下，一定的要素同时同比例投入会形成一定的产出规模，而一定的产出规模又和一定的收益联系在一起。在技术一定的前提下，当要素投入规模的扩大引起收益更大幅度增加时，就形成了规模收益递增；如果要素投入规模扩大的幅度小于收益增加的幅度，就出现了规模收益递减。两者的过渡阶段，为规模收益不变。

经济学讲的成本是指厂商生产产品或劳务时对所使用的生产要素所做的支付，包括显性成本、隐性成本和机会成本。经济成本一般会大于会计成本，因为会计成本是指显性成本。由此，可以计算出经济利润和会计利润。短期成本指厂商只调整某些生产要素时所发生的成本。在短期，企业成本分为总成本、固定成本、可变成本、平均成本、平均固定成本、平均可变成本和边际成本七大成本。

项目实训

一、实训内容

1. 知识运用能力

技能Ⅰ

名称：问题研讨。

规范与标准：能够根据项目的重点和核心知识点设置研讨题目，练习知识运用。

（1）什么是规模收益递减、规模收益不变和规模收益递增？预计这些情况分别会在什么时候出现？

（2）A 企业第一年规模扩大 40%后，其收益增加了 60%，第二年继续扩大 40%，随之收益增加了 30%，A 企业计划在第三年继续扩大规模。试对 A 企业扩大规模的行为做出经济分析。

（3）某小零售店女店主自己做账，如何计算她的各项成本？

（4）某公司支付 1 名会计员 10 000 元的年薪，这笔费用是显性成本还是隐性成本？

（5）假定从甲地到乙地，飞机票价 100 元，飞行时间为 1 小时；公共汽车票价 50 元，需要 6 小时，考虑下列情况最经济的旅行方法：1）一个企业家，每小时的时间成本是 40 元；2）你自己如何？

技能Ⅱ

名称：经济学在企业或社会生活中的运用。

规范与标准：请对本项目所学的知识点进行分析，每个知识点至少列举 5 个及以上在企业或社会生活中的应用，见表 4-3。

表 4-3　厂商理论在企业或社会生活中的运用

项目知识点	在企业或社会生活中的运用
投入与产出	
边际收益递减	
生产三阶段划分	
成本分析	

技能Ⅲ

名称：综合分析——高职学生毕业后是应该选择直接就业，还是继续进行学历提升考专升本？

规范与标准：

（1）小组讨论高职学生毕业后应该直接就业还是应该专升本。

（2）小组派代表陈述对问题的解释。

（3）教师点评。

2. 情境设计

将学生分成若干实训组，每组组建一个企业，根据对所选择产品的生产和市场行情分析，设计该产品的生产投入方案、市场投放方案。并用CEO诊断的方法，对方案和设计进行现场点评和改进。各实训组要进行产品生产过程分析、产品上市策划，完成本实训的各项实训任务，在此基础上撰写《××产品生产投入方案》《××产品市场投放方案》。

二、实训目标

对本项目知识点进行全方位的分析应用。

三、实训设施

教室。

四、实训过程

（1）根据班级人数将学生组成若干个实训组，每5～7位同学分成一组，每小组确定一人负责。

（2）对实训组进行实训要求和具体操作讲解。

（3）实训组各小组分别根据团队成员的兴趣爱好和性格，进行分工，开始研讨与设计。

（4）实训组各小组根据实训内容和目标，在规定时间内完成各项实训任务。

（5）实训组各小组在实训分析与反思的基础上，撰写专项实训报告。

五、实训成果

《问题研讨分析报告》

《知识点应用表格》

《××产品生产投入方案》《××产品市场投放方案》

六、注意事项

（1）每组每位同学合理分工，认真做好实际调查工作，确切理解知识信息准备工作的内容和要求。

（2）每组同学认真准备符合要求的文字材料。

（3）每组代表在课堂上清晰、有条理地向大家阐述自己的方案，突出重点和亮点。

项目习题

一、单选题

1. 当平均产量达到最大时，（　　）。

A. 总产量也达到最大　　B. 边际产量等于平均产量

C. 边际产量为零　　D. 平均产量大于边际产量

2. 边际技术替代率表示的是（　　）。

A. 要素之间的替代关系　　B. 消费品之间的替代关系

C. 产品之间的替代关系　　D. 以上都不对

3. 如果连续地增加某种生产要素，在总产量达到最大值时，边际产量曲线与（　　）相交。

A. 平均产量曲线　　B. 纵轴

C. 横轴　　D. 总产量曲线

4. 在下列生产要素中，构成厂商隐性成本的是(　　)。

A. 原材料费用　　B. 水电费

C. 自有资本成本　　D. 工人工资

5. 假如总产量从 1 000 单位增加到 1 002 单位，总成本从 2 000 美元上升到 2 020 美元，那么边际成本等于(　　)。

A. 10 美元　　B. 20 美元　　C. 2 020 美元　　D. 2 000 美元

二、多选题

1. 随着产量的增加，厂商的平均固定成本(　　)。

A. 始终大于零　　B. 等于 0　　C. 不变　　D. 越来越小

E. 趋向于零

2. 引起内在经济的原因有(　　)。

A. 使用更先进的技术　　B. 厂商之间的合作

C. 综合利用　　D. 行业扶植

E. 管理水平提高

3. 根据生产要素最适合组合原理，厂商利润最大化的途径是(　　)。

A. 成本既定下的产量最大　　B. 产量最大

C. 成本最小　　D. 产量既定下的成本最小

E. 价格最高

4. 引起外在经济的原因有(　　)。

A. 行业有竞争激烈的市场　　B. 行业提供更便利的交通条件

C. 行业提供更丰富的信息　　D. 行业提供更优秀的人才

E. 企业积累了有效的管理经验

5. 下列体现边际产量和平均产量关系的有(　　)。

A. 边际产量相交于平均产量曲线的最高点

B. 相交前，边际产量小于平均产量

C. 相交前，平均产量小于边际产量

D. 相交后，平均产量大于边际产量

E. 相交前，边际产量已达到最大

三、判断题

1. 一年以内的时间是短期，一年以上的时间可看作长期。(　　)

2. 只要边际产量减少，总产量一定也减少。(　　)

3. 在任何一种产品的短期生产中，随着一种可变要素投入量的增加，边际产量最终必然会呈现递减的特征。(　　)

4. 等产量线与等成本线相交，说明要保持原有的产出水平不变，应当减少成本开支。(　　)

5. 生产函数与投入的价格变化没有直接的关系。(　　)

四、名词解释

边际产量　　边际收益递减规律　　等产量线　　规模经济　　机会成本

五、问答题

1. “大跃进”中曾提倡密植，结果粮食减产，请用边际产量递减规律解释这种现象。

2. 请分析为什么有些企业在多元化经营的扩张中失败了。

3. “企业的产量越多，利润越多，越能实现利润最大化。”这句话对吗？为什么？

4. 设某厂商品总产量函数为：$TP=72L+15L^2-L^3$。求：当 $L=7$ 时，边际产量 MP 是多少？

5. 假定一成本函数为 $TC=Q^3-10Q^2+17Q+66$，写出相应的成本函数：TVC、AC、AVC、AFC、MC。

项目五
市场结构分析与应用

学习目标

知识目标：通过本章学习使学生认识市场，了解四种市场结构的类型及特点。分析并掌握不同市场条件下厂商短期均衡和长期均衡的条件以及决策规律。

能力目标：了解不同市场条件下经济效率的差异，学会在不同的竞争条件下采用不同的厂商定价方法。

实训目标：学会按照某一特定的知识点找到企业或经济生活中的对接点；能运用所学的知识对经济现象和规律进行分析，看到经济本质；能综合运用所学的知识分析市场结构，结合市场实际为企业生产经营决策提供方案。

中国"最赚钱"的央企，年收入上万亿元

在中国谁最挣钱呢？除了中国烟草，恐怕再也排不出第二家了。

中国烟草是最不差钱的公司，2017 年光缴纳的税都超过 1 万亿元，利税总额最新的数据是 11 145.1 亿元，这是什么概念？其净利润就相当于 20 个阿里巴巴，利税总额相当于 BAT＋工行＋建行＋农行当年的利润总额，所以说中国烟草是一个名副其实的巨无霸。

现在这个巨无霸要上市，上市的主体是中烟国际，这是一个负责中国烟草国际业务和外贸的子公司。2017 年，中烟国际的收入是 78.07 亿港元，净利润是 3.48 亿港元，相当于人民币 3.05 亿元。根据同花顺数据显示，该公司的年利润可能在上市公司中排到 1 100 名左右，它的上市地点是在香港。

中国的烟草市场大家都知道非常大，烟民占比在 22%左右，也就是说 14 亿人口中有 3 亿左右的烟民，每年消耗的卷烟大概是 5 000 万箱，占全世界烟草数量的 44%。

不差钱，为何上市？

中国烟草在国际上占比也就 30%左右，其他 70%的市场基本上为其他四家烟草公司——菲莫国际、英美烟草、日本烟草和帝国品牌垄断。它们的收入也都不低，2017 年基本上在 383 亿美元到 781 亿美元之间，利税规模在 218 亿美元到 550 多亿美元之间。

中国烟草在国际上的外贸依存度相对来讲偏低，比重只有 3%左右，换句话来讲，其国际竞争力是有限的。近两年，随着国内禁烟力度逐渐加大，中国烟民的实际数量逐渐减少，烟草销量也逐渐下降，所以中国烟草总公司

最近也在发力促销。这两个因素结合在一起，就能理解这个不差钱的公司为什么要跑到香港去融资了。

作为香港市场 2018 年最后收官的 IPO，中国烟草的看点还是很多，中国烟草上市之后的走势也是很值得期待的。总的来讲，中国烟草上市，看似不差钱的巨无霸，其实也是在补自己的短板，希望提高自己的国际竞争力。

（资料来源：李勇．中国“最赚钱”的央企，年收入上万亿，居然也要上市了！[N]．华夏时报，2019-01-09）

请分析：

1. 中国烟草为何是中国“最赚钱”的企业？
2. 中烟国际上市将会为中国烟草带来什么好处？

从这个案例中，我们了解到中国烟草其实是中国最大的“垄断企业”，而我国具有数量庞大的烟民群体，每年对烟草的消耗量巨大，所以中国烟草的利润高是毋庸置疑的。而作为负责中国烟草国际业务和外贸业务的子公司，中烟国际在国际市场上的竞争力并不强，此次上市融资，其实是想借此寻找机会，补自己的短板，从而提高国际竞争力。

任务一　企业和市场分析

案例导入

钻石恒久远，一颗永流传

世界最大的钻石公司戴比尔斯控制了世界 80%左右的钻石生产。虽然这家企业的市场份额不是 100%，但也大到足以对世界钻石价格产生重大影响。

戴比尔斯拥有多大的市场势力呢？这大部分取决于有没有这种产品的相近替代品。如果人们认为翡翠、红宝石和蓝宝石都是钻石的良好替代品，那么戴比尔斯的市场势力就较小了。在这种情况下，戴比尔斯任何一种想提高钻石价格的努力都会使人们转向其他宝石。但是，如果人们认为其他石头都与钻石非常不同，那么，戴比尔斯就可以在相当大程度上决定自己产品的价格。

戴比尔斯支付了大量广告费。乍一看，这种决策似乎有点奇怪。如果垄断者是一种产品的唯一卖者，为什么它还需要广告呢？戴比尔斯广告的一个目的是在消费者心目中把钻石与其他宝石区分开来。当戴比尔斯用口号告诉你“钻石恒久远，一颗永流传”时，你马上会想到翡翠、红宝石和蓝宝石并不是这样。而且，要注意的是，这个口号适用于所有钻石，而不仅仅是戴比尔斯的钻石（戴比尔斯垄断地位的象征）。如果广告是成功的，消费者就会认为钻石是独特的，不是许多宝石中的一种，这就使戴比尔斯有更大的市场势力。

请思考：戴比尔斯公司维护市场势力的奥秘是什么？

一、市场与市场结构

在市场上，根据理性人假设，厂商生产的目的是实现利润最大化。厂商的利润取决于厂商的收益和成本，而其成本取决于生产的技术水平、厂商的行为、使用的不同生产要素的数量以及这些生产要素的市场价格。厂商的收益则取决于市场上消费者对产品的需求状况。在不同的市场条件下，厂商所面临的需求状况是有差异的，这直接影响厂商的利润水平。因此，有必要先区分不同类型的市场和厂商。

市场是指从事某一种商品买卖的交易场所或接触点，它由消费者和生产者构成。市场可以是一个有形的买卖商品的场所，也可以是一个无形的利用现代通信工具进行商品交易的接触点。市场结构是指一个行业内部买方和卖方的数量及其规模分布、产品差别的程度和新企业进入该行业的难易程度的综合状态，也可以说是某一市场中各种要素之间的内在联系及其特征，包括市场供给者之间（包括替代品）、需求者之间、供给者和需求者之间以及市场上现有的供给者、需求者与正在进入该市场的供给者、需求者之间的关系。

二、市场的四种类型

经济学中，按照市场竞争激烈程度不同，将市场分为完全竞争市场、垄断竞争市场、寡头垄断市场和完全垄断市场四种类型。各类市场的竞争程度不同，对厂商的经济行为和决策模式会产生不同的影响。四种市场类型中，完全竞争市场竞争最充分，完全垄断市场不存在竞争，垄断竞争市场和寡头垄断市场具有竞争但竞争又不充分。具体的划分依据有：

第一，本行业内部的生产者数目或企业数目。如果本行业只有一家企业，那就可以划分为完全垄断市场；如果只有少数几家大企业，那就属于寡头垄断市场；如果企业数目很多，则可以划入完全竞争市场或垄断竞争市场。一个行业内企业数目越多，其竞争程度就越激烈；反之，一个行业内企业数目越少，其垄断程度就越高。

第二，本行业内各企业生产者的产品差别程度。产品的异质性程度越低，竞争就越激烈；反之，产品的异质性越高，则竞争越不激烈。这是区分垄断竞争市场和完全竞争市场的主要方式。

第三，单个厂商对价格的控制程度。如果单个厂商对自身产品的价格控制程度越高，其垄断程度就高；反之，单个厂商对价格的控制程度越低，市场的竞争程度越高。

第四，进入或退出障碍的大小。进入或退出障碍是指一个企业要进入或退出某一行业所遇到的阻力，也可以说是资源流动的难易程度。一个行业的进入或退出障碍越小，其竞争程度越高；反之，一个行业的进入或退出障碍越大，其垄断程度就越高。

四种市场类型和相应的特点可以用表 5－1 来说明。

表 5－1　市场的四种类型

市场结构	厂商数目	产品差异程度	个别厂商控制价格程度	厂商进入/退出难易程度	现实中接近的行业
完全竞争	很多	无差别	没有	完全自由	农业
垄断竞争	较多	有些差异	有一些	比较自由	零售业
寡头垄断	较少	有或无差别	相当有	进退困难	钢铁、汽车业等
完全垄断	一个	无替代品	很大	不能	公用事业

小思考： 观察身边的市场，你能发现哪些市场结构呢？

任务二　完全竞争市场分析

案例导入

鸡蛋销售商该如何赚钱

在日常生活中，每个地方都少不了鸡蛋销售商的身影。无论是大型超市还是小卖部，甚至是地摊上，很多人都会销售鸡蛋。同时，消费者的日常生活也离不开鸡蛋，对于大部分家庭而言，鸡蛋是必不可少的消费品。那么，对于类似鸡蛋销售这样的市场（既存在大量的厂商，又有大量的消费者，并且产品基本没有太大差别，其他厂商进出该行业非常容易），厂商在生产和销售商品时，应该如何抉择才能实现自身利润最大呢？

请思考：列举一些你觉得合适的市场策略。

一、完全竞争市场的含义和特征

完全竞争市场，又叫纯粹竞争市场，是指竞争充分而不受任何阻碍和干扰的一种市场结构。在这种市场类型中，买卖人数众多，买者和卖者是价格的接受者，资源可自由流动，市场完全由“看不见的手”进行调节，政府对市场不做任何干预，只起维护社会安定和抵御外来侵略的作用，承担的只是“守夜人”的角色。具体特征如下：

第一，市场上有无数的买者和卖者。由于市场上有为数众多的商品的需求者和供给者，他们中的每一个人的购买份额或销售份额，相对于整个市场的总购买量或总销售量来说都是微不足道的，好比是一桶水中的一滴水。他们中的任何一个买与不买，或卖与不卖，都不会对整个商品市场的价格水平产生任何影响。所以，在这种情况下，每一个消费者或每一个厂商都是市场价格的被动接受者，对市场价格没有任何控制的力量。

第二，同一行业中的每一个厂商生产的产品是完全无差别的。这里的完全无差别的商品，不仅指商品之间的质量完全一样，还包括在销售条件、商标、包装等方面是完全相同的。因此，对消费者来说，购买哪一家厂商的商品都是一样的。如果有一个厂商提价，他的商品就会完全卖不出去。当然，单个厂商也没有必要降价。因为，在一般情况下，单个厂商总是可以按照既定的市场价格实现自己的那一份相对来说很小的销售份额。

第三，厂商进入或退出一个行业是完全自由的。厂商进出一个行业不存在任何障碍，所有的资源都可以在各行业之间自由流动。厂商总是能够及时地向获利的行业运动，及时地退出亏损的行业。在这样的过程中，缺乏效益的企业会被市场淘汰，取而代之的是有效益的企业。

第四，市场中的每一个买者和卖者都掌握着与自己的经济决策有关的商品和市场的全部信息。这样，市场上的每一个消费者或生产者都可以根据自己所掌握的信息确定自己的最优购买量或最优生产量，从而获得最大的经济利益。而且，这样也排除了由于市场信息不畅通可能产生的一个市场同时存在几种价格的情况。

符合以上四个假定条件的市场被称为完全竞争市场。由以上分析可见：理论分析上所假设的完全竞争市场的条件是非常苛刻的。西方学者承认，在现实的经济生活中，完全竞争的市场是不存在的，通常只是将某些农产品市场，如大米市场、小麦市场等，看成是比较接近完全竞争的市场。尽管如此，完全竞争性仍然是经济学家分析市场的起点。只有从具体事物中进行抽象，才能了解事物变化的一般规律。

> **小思考：** 既然严格意义上的完全竞争市场并不存在，为什么还要研究完全竞争市场呢？

二、完全竞争市场厂商的需求曲线和收益曲线

（一）完全竞争市场厂商的需求曲线

在任何一个商品市场中，消费者对整个行业所生产的产品的需求量称为行业所面临的需求量，相应的需求曲线称为行业所面临的需求曲线。消费者对单个厂商所生产的商品的需求量，称为厂商所面临的需求量，相应的需求曲线称为厂商所面临的需求曲线。

由于行业所面临的需求量就是整个市场上全部消费者的需求总量，因此行业所面临的需求曲线就是市场的需求曲线。在完全竞争市场，对整个行业来说，需求曲线 D 是一条向右下方倾斜的曲线，供给曲线 S 是一条向右上方倾斜的曲线。众多的生产者和消费者决定了这两条曲线，整个行业的需求和供给决定了市场价格 P_0，如图 5－1（a）所示。

但是，对单独一个厂商来说，情况就不同了。由于完全竞争市场有众多生产者，单独一个厂商无法左右市场的价格和供求关系，所有的生产者和消费者的共同作用决定了一个市场价格，个别的厂商只能接受这个价格。不管它选择什么样的产量，这个产量相对于整个市场来说太小，不足以影响市场价格。这样一来，商品的市场价格既定，任何买者与卖者都只能是价格的接受者，只能根据价格行事，而无法对市场价格施加任何看得见的影响。也就是说，在完全竞争市场上，每个买者与卖者都只能按照既定的市场价格买进或卖出自己所需或提供的任何数量的商品。因此，在完全竞争市场中，单个厂商的需求曲线 d 是一条在市场价格水平的与横轴平行的直线，如图 5－1（b）所示。

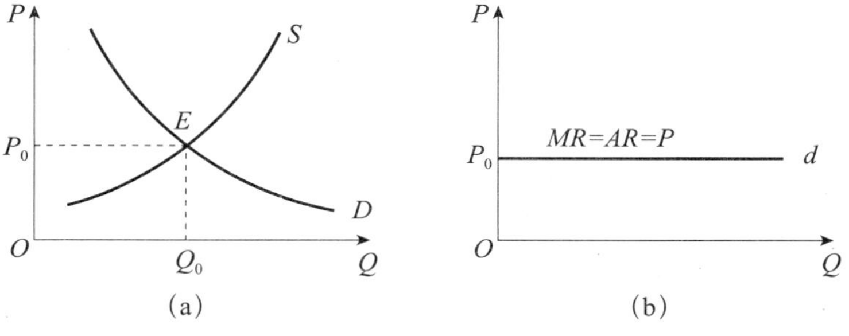

图 5－1　完全竞争市场中行业的需求曲线和厂商的需求曲线

需要注意的是，在完全竞争市场中，单个消费者和单个厂商无力影响市场价格，他们中的每一个人都是被动地接受既定的市场价格，但这些并不意味着完全竞争市场的价格是固定不变的。在其他一些因素的影响下，如经济中消费者收入水平的普遍提高，经济中先进技术的推广，或者政府有关政策的作用，等等。众多消费者的需求量和众多生产者的供给量发生变动时，供求曲线的位置就有可能发生移动，从而形成市场新的均衡价格。在这种情况下，我们就会得到由新的均衡价格水平出发的一条水平线。

（二）完全竞争市场厂商的收益曲线

厂商的收益分为总收益、平均收益和边际收益，其英文缩写依次为 TR、AR 和 MR。

总收益是指厂商出售商品后所获得的总的货币收入。用公式可以表示为：

$$TR = P \cdot Q$$

由于完全竞争市场中厂商是价格的既定接受者，因此价格 P 为一固定值。总收益曲线表现为一条从原点出发、斜率为价格的射线。如图 5－2 所示。

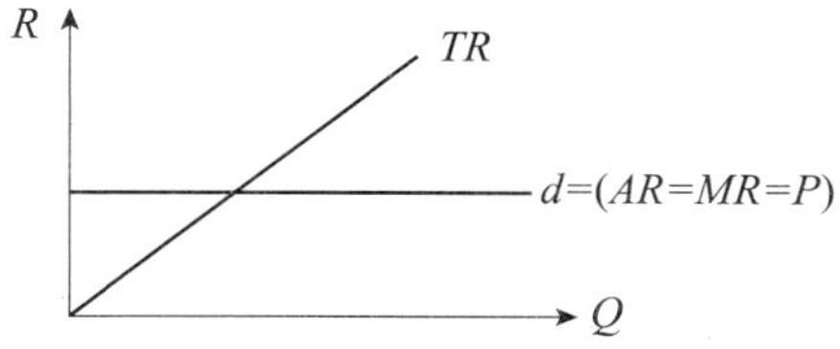

图 5－2　完全竞争市场厂商的收益曲线

平均收益指厂商在平均每一单位产品销售上所获得的收入，企业按既定的市场价格出售产品，每单位产品的售价也就是单位产品的平均收益。所以价格等于平均收益。用公式表示为：

$$AR(q_s) = \frac{TR(q_s)}{q_s} = \frac{P \cdot q_s}{q_s} = P$$

由于价格为一定值，因此平均收益等于价格。平均收益曲线为一条既定的价格水平线。

边际收益指厂商增加一单位产品销售所获得的总收益的增加量。在完全竞争市场上，无论一个企业产量增加多少，价格都是不变的，所以边际收益也就等于价格。其公式推导过程为：

$$MR(q_s) = \frac{\Delta TR(q_s)}{\Delta q_s} = \frac{P \cdot \Delta q_s}{\Delta q_s} = P$$

当产品销量的增加量趋近于无穷小时，边际收益的公式还可以写为：

$$MR(q_s) = \lim_{\Delta q \to 0} \frac{\Delta TR(q_s)}{\Delta q_s} = \frac{dTR(q_s)}{dq_s} = \frac{P \cdot dq_s}{dq_s} = P$$

完全竞争市场上，由于在厂商的每一个销售水平都有边际收益等于平均收益等于价格，因此，完全竞争厂商的平均收益曲线 AR、边际收益曲线 MR 和需求曲线 d 重叠，它们都用同一条由既定价格水平出发的水平线来表示。如图 5－2 所示。

小思考： 完全竞争厂商的总收益主要取决于什么因素？

三、完全竞争市场厂商的短期均衡

（一）完全竞争市场厂商实现利润最大化的均衡条件

在完全竞争市场条件下的短期生产中，不仅产品市场的价格是既定的，而且生产中的不变要素投入量也是无法改变的，即厂商只能用既定的生产规模进行生产。所以，对于厂商来讲，如何通过调整产量来实现利润最大化，是厂商在生产经营中应首要解决的问题。厂商利润最大化所要遵循的原则可以表述为：在其他条件不变的情况下，厂商应该选择的最优产量，使得最后一单位产品所带来的边际收益等于所付出的边际成本。或者简单地说，厂商实现最大利润的均衡条件是边际收益等于边际成本，即 $MR=SMC$。

为什么只有当 $MR=SMC$ 时，厂商才能实现利润最大化呢？下面利用图 5－3 加以说明。

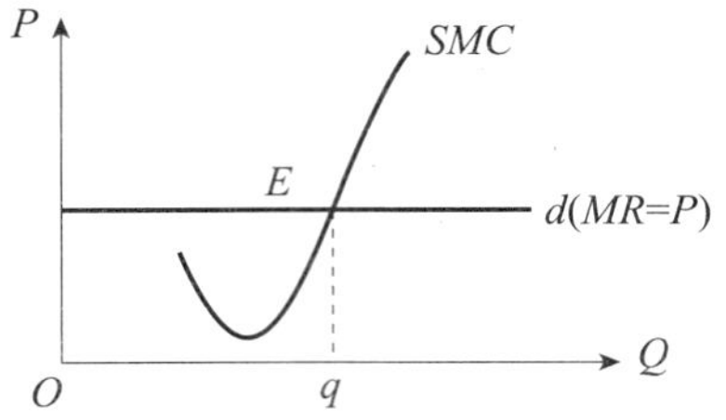

图 5－3　利润最大化的均衡条件

图 5－3 中的横轴代表单个厂商的产量 Q，纵轴代表价格 P，边际成本曲线是一条先下降后上升的 U 形曲线，而边际收益曲线是一条平行于横轴的线。根据均衡条件，边际成本曲线与边际收益曲线的交点 E 便是厂商实现最大利润的均衡点，相应的最优产量为 q。

如果厂商选择的产量是在小于 q 的产量范围内，那么厂商便处于 $MR>SMC$ 的阶段。这表明厂商此时每增加一单位产量所得到的收益增量大于所付出的成本增量。权衡得失的增量，厂商会在这一阶段上继续增加产量，以增加利润。

相反，如果厂商选择的产量是在任何大于 q 的产量水平上，那么厂商便处于 $MR<SMC$ 的阶段，这意味着厂商此时每增加一单位产量所得到的收益增量小于所付出的成本增量。在这一阶段上，厂商会不断地减少产量，以增加利润。

由于在低于 q 的产量水平上，提高产量能使利润增加，在达到 q 水平后，进一步增加产量会使利润下降，所以 q 就是使利润实现最大化的产量。

由此可见，不管是增加产量，还是减少产量，厂商都是在寻找一个最优的产量点。只要厂商实现了这一最优的产量点，便必然能够从产量的调整过程中，既得到可能的利润增加的全部好处，又避免可能的利润减少的全部损失。这个最优的产量点只能是使 $MR=SMC$ 的均衡产量点。所以，$MR=SMC$ 是厂商实现利润最大化的均衡产量点。

这里需要强调的一点是，尽管在上述分析中，厂商在 $MR=SMC$ 的均衡点上获得了最大利润，但并不意味着在任何情况下，只要实现了利润最大化的均衡条件 $MR=SMC$，厂商就一定能获得正的利润。对 $MR=SMC$ 的全面理解应该是：在 $MR=SMC$ 的均衡点上，厂商可能是盈利的，也可能是亏损的。如果厂商是盈利的，那么，此时的利润就一定是相对最大的利润；如果厂商是亏损的，那么，此时的亏损就一定是相对最小的亏损。总之，在 $MR=SMC$ 的均衡点上，不管是盈利还是亏损，厂商都处在既定的收益曲线和成本曲线所能产生的最好的结果之中。因此，$MR=SMC$ 的均衡条件有时也被称为利润最大或亏损最小的均衡条件。

（二）完全竞争市场厂商的短期均衡

在完全竞争市场条件下的短期生产中，不仅产品市场的价格是既定的，而且生产中的不变要素投入量也是无法改变的，即厂商只能用既定的生产规模进行生产。所以，厂商只有通过对产量的调整来实现 $MR=SMC$ 这个利润最大化的均衡条件。下面将分别分析在五种市场价格水平下，对于既定的生产规模的厂商在短期均衡时的盈亏状况。

第一种情况：平均收益大于平均总成本，即 $AR>SAC$，厂商获得经济利润。

当市场价格较高为 P_1 时，厂商所面临的需求曲线为 d_1，根据 $MR=SMC$ 的利润最大化的均衡条件，厂商利润最大化的均衡点为 MR 曲线和 SMC 曲线的交点 E_1，相应的均衡产量为 q_1。当厂商的产量为 q_1 时，平均收益为 E_1q_1，平均成本为 F_1q_1，厂商在单位商品上获得的平均利润为 E_1F_1，利润总量为 $E_1F_1 \cdot H_1P_1$，相当于图 5－4 中矩形 $E_1F_1H_1P_1$ 的面积。

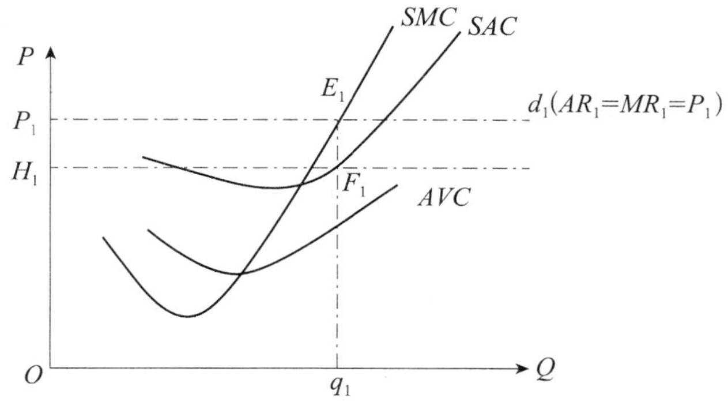

图 5－4　有超额利润的完全竞争厂商的短期均衡

第二种情况：平均收益等于平均总成本，即 $AR=SAC$，厂商收支相抵。

当市场价格由 P_1 下降到 P_2 时，厂商所面临的需求曲线相应向下平移到 d_2，d_2 恰好与短期平均总成本曲线 SAC 相切于后者的最低点，切点为 E_2。

根据短期边际成本曲线与短期平均成本曲线的关系，短期边际成本曲线与短期平均成本曲线相交于短期平均成本曲线的最低点，所以，短期边际成本曲线 SMC 也经过 E_2 点。

在 E_2 点，$SMC=MR$，所以，相应的均衡产量 q_2 就是厂商的均衡产量。如图 5－5 所示。

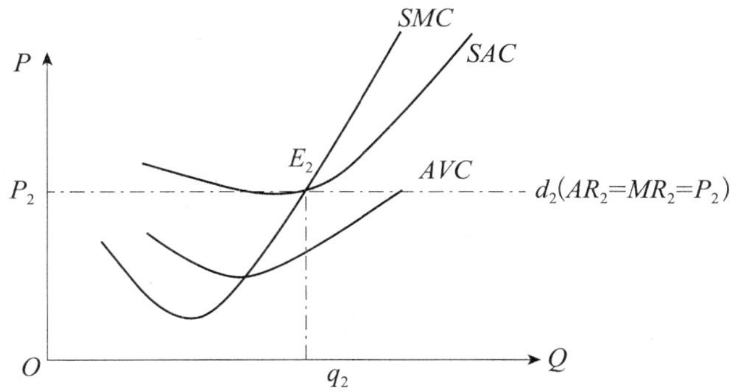

图 5－5　盈亏平衡的完全竞争厂商的短期均衡

当产量为 q_2 时，平均收益为 E_2q_2，平均成本也为 E_2q_2。平均收益等于平均成本，厂商的经济利润为 0，但厂商的正常利润全部都实现了。由于在这一点上，厂商既无利润，也无亏损，所以 SMC 曲线和 SAC 曲线的交点 E_2 也被称为厂商的收支相抵点。

小思考：是不是企业只要一亏损就应该马上停止生产呢？

第三种情况：平均收益小于平均总成本，但大于平均可变成本，即 $AVC<AR<SAC$，厂商亏损，但继续生产。

当市场价格继续下降为 P_3，相应的厂商所面临的需求曲线为 d_3 时，$SMC=MR$ 相交所决定的短期均衡点为 E_3，均衡产量为 q_3。在 q_3 的产量水平，平均收益为 E_3q_3，平均成本为 F_3q_3，平均收益小于平均总成本，厂商是亏损的。单位产品的亏损额为 E_3F_3，总亏损额为 $F_3E_3 \cdot P_3H_3$，对应图 5－6 中 $E_3F_3P_3H_3$ 的面积。

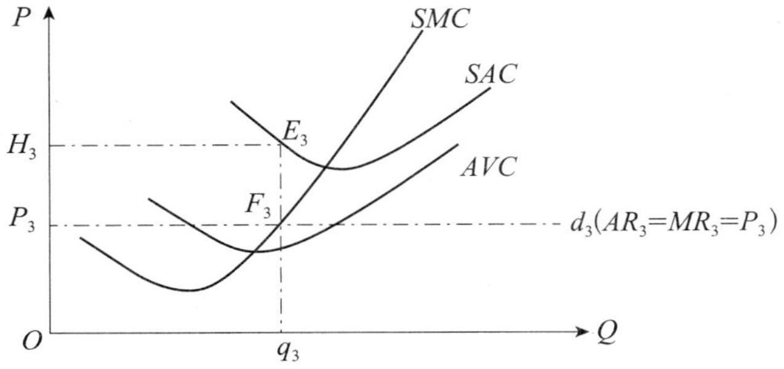

图 5－6　亏损仍继续生产的完全竞争厂商的短期均衡

在这种情况下，企业处于亏损当中，那么厂商还会继续生产吗？

在短期内，不变成本不随产量的变化而变化，所以，即使厂商停止生产，那么厂商的成本也不等于零，而是等于总不变成本。

在产量等于 q_3 时，虽然平均收益小于平均成本，但是平均收益却大于平均可变成本。这说明总收益在补偿总可变成本之后还有剩余，这部分剩余就可以用来补偿总不变成本，从而使厂商的亏损额小于总不变成本。

所以，当价格小于平均成本、大于平均可变成本时，厂商虽然亏损，但仍继续生产，因为只有这样，厂商才能在用全部收益弥补全部可变成本之后，还能弥补在短期内总是存在的不变成本的一部分。

案例分析

文具厂商该做何选择

在完全竞争的市场上，有一个生产中性笔的文具厂商，已知某段时间该厂商的产量是 5 000 单位，总收益是 5 000 美元。而这一时期它的总成本是 8 000 美元，固定成本是 4 000 美元，边际成本是 1 美元，按照利润最大化的原则，结合该文具厂商的收支情况分析，你觉得该文具厂商该做何选择呢？

请讨论：此时该文具厂商是应该增加产量还是减少产量，或者停止生产呢？

教师点评：结合完全竞争厂商短期均衡的几种情况进行分析。

第四种情况：平均收益等于平均可变成本，即 $AR=AVC$，厂商亏损，处于生产与不生产的临界点。

当市场价格进一步下降为 P_4，相应的厂商所面临的需求曲线为 d_4，而且 d_4 曲线与 AVC 曲线恰好相切于后者的最低点 E_4，边际成本曲线与平均可变成本曲线相交于平均可变成本的最低点，在该点，$MR=SMC$，符合利润最大化的条件，E_4 点就是短期均衡点。相应的产量 q_4 就是均衡产量。

如图 5－7 所示，当产量为 q_4 时，平均收益小于平均成本，厂商是亏损的。同时，平均收益和平均可变成本相等，都为 E_4q_4，单位产品的亏损额为 F_4E_4，总亏损额为 $F_4E_4 \cdot P_4H_4$，对应图 5-7 中 $F_4E_4P_4H_4$ 的面积，即总收益在弥补总可变成本之后没有剩余。此时，厂商若继续生产，其全部收益也只够弥补全部的可变成本，而不能弥补任何的不变成本。若不生产，厂商虽不必支付可变成本，但不变成本仍然是存在的，因此，生产和不生产的结果对厂商来说都是一样的。所以，SMC 曲线与 AVC 曲线的交点 E_4 是厂商生产和不生产的临界点，通常称该点为厂商的停止营业点或关闭点。

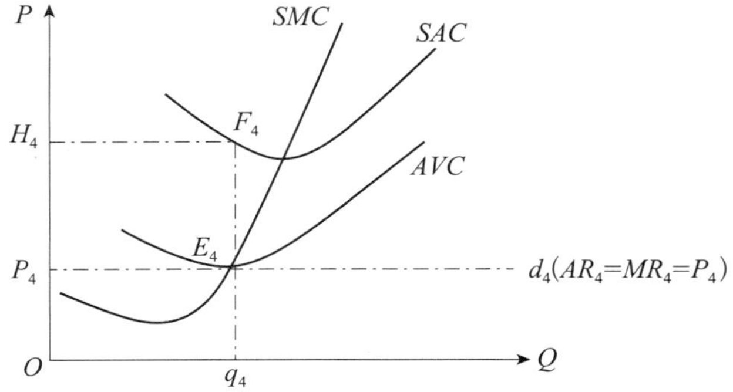

图 5-7　停止营业点的完全竞争厂商的短期均衡

第五种情况：平均收益小于平均可变成本，即 $AR<AVC$，厂商亏损，停止生产。

当市场价格下降为更低的 P_5 时，相应的厂商所面临的需求曲线为 d_5，根据 $MR=SMC$ 的均衡原则，短期均衡点为 E_5，均衡产量为 q_5。这时，平均收益小于平均可变成本，厂商亏损，单位产品的亏损额为 F_5E_5，总亏损额为 $F_5E_5 \cdot P_5H_5$，对应图 5-8 中 $F_5E_5P_5H_5$ 的面积，此时，厂商应停止生产。因为，倘若厂商继续生产，其全部收益连可变成本都无法全部弥补，就更谈不上对不变成本的弥补了。而事实上，厂商只要停止生产，可变成本就降为零。显然，此时不生产要比生产强。

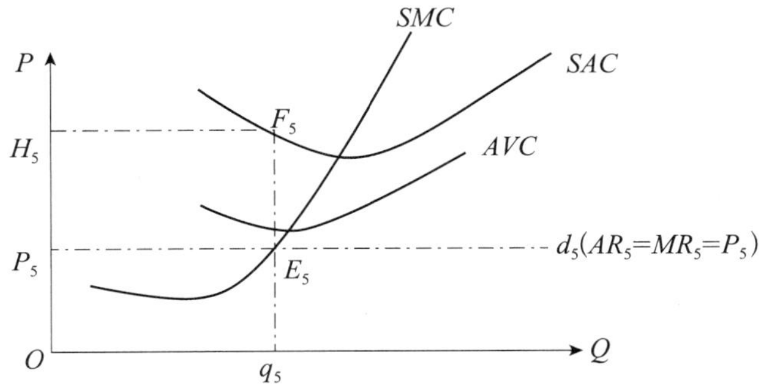

图 5-8　停止生产的完全竞争厂商的短期均衡

同步案例

泛美航空公司的终结

1991 年 12 月 4 日是一个值得注意的日子，世界著名的泛美国际航空公司寿终正寝。这家公司自 1927 年投入飞行以来，数十年中一直保持国际航空巨子的骄人业绩。有人甚至认为，泛美公司的白底蓝字徽记可能是世界上最广为人知的企业标志。但是对于了解内情的人来说，这个巨人的死亡算不上令人吃惊的新闻。

1980—1991 年，除其中一年外，泛美公司年年亏损，总额接近 20 亿美元。1991 年 1 月，该公司正式宣布破产。在 1980 年出现首次亏损后，这家公司为什么不马上停止业务，又是什么因素使这家公司得以连续亏损经营长达 12 年之久?

从经济学角度看，这是以市场供求曲线为基础的企业进出（市场）模式作用的结果。可变成本是随生产规模变化而变化的成本，按照企业进出模式，只要企业能够提出一个高于平均可变成本的价格并为顾客所接受，那么不管该价格是否低于市场平均价格导致企业亏损，这个企业的经营就算是有经济意义的，也可以继续存在。

当然，企业要想在亏损情况下继续经营，必须通过出售其原有资产来维持。泛美公司在几十年的成功经营中积累了巨大的资产财富，足够它出售一段时间。自 20 世纪 80 年代起，这家公司先后卖掉了不少大型资产，包括以 4 亿美元将泛美大厦卖给美国大都会人寿保险公司，以 5 亿美元出售国际饭店子公司，向美国联合航空公司出售太平洋和伦敦航线，还把位于日本东京的房地产转手。到 1991 年末，泛美公司已准备将自己缩减为以迈阿密为基地的小型航空公司，主要经营拉美地区的航线，而把其余全部航线卖给达美航空公司，换言之，在整个 80 年代，尽管泛美公司仍然坚持飞行，但同时已开始逐步撤出国际航空市场。

（资料来源：斯蒂格利茨．《经济学》小品和案例 [M]. 北京：中国人民大学出版社，2002）

四、完全竞争厂商的短期供给曲线

在完全竞争厂商的短期均衡分析中，可以得到完全竞争厂商的短期供给曲线。完全竞争厂商为了获得短期的最大利润，应该选择最优的产量，使得边际收益与边际成本相等。在完全竞争市场当中，厂商的边际收益就是市场价格，而边际成本是厂商供给量的函数，这就是说，在每一个短期均衡点上，在厂商的产量与商品的价格之间都存在一种对应的关系。随着市场价格的升高，厂商的产量增加，市场价格和单个厂商供给量之间呈同方向变动。市场价格和单个厂商供给量的组合点都落在短期边际成本曲线上，如图 5－9 中的 E_1、E_2、E_3、E_4点。

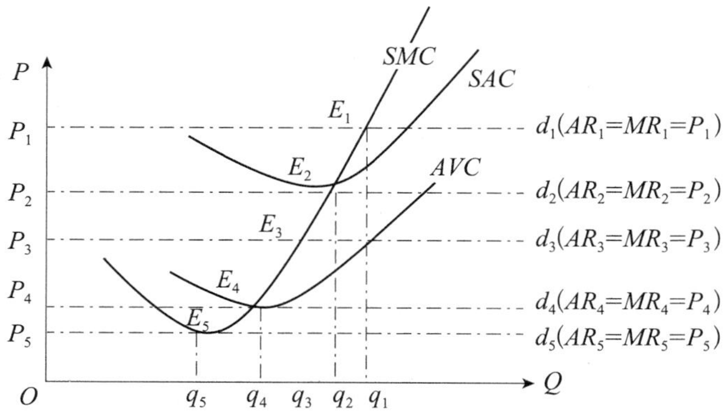

图 5－9　完全竞争厂商的短期供给曲线

但必须注意到，厂商只有在 P 大于 AVC 时，才会进行生产，而在 P 小于 AVC 时，厂商会停止生产。所以，完全竞争厂商的短期边际成本 SMC 曲线上等于和高于平均可变成本最低点的部分，就是完全竞争厂商的短期供给曲线。

从对完全竞争厂商短期供给曲线的推导过程中，可以清楚地看到供给曲线背后的生产者追求最大利润的经济行为。供给曲线不仅表示在其他条件不变的情况下，生产者在每一价格水平愿意而且能够提供的产品的数量，更重要的是，生产者所提供的产品数量是在既定价格水平下能够给他带来最大利润或最小亏损的产品数量。

5-1　完全竞争厂商的长期均衡

经济学家认为，完全竞争是一种最优的市场类型。因为在完全竞争市场，价格像一只“看不见的手”指挥着整个社会的生产。通过价格机制的调节，每个企业都可以把生产规模调整到平均成本的最低点，从而使资源得到最有效的配置。同时，平均成本最低决定了产品的价格也是最低的，对于消费者来说，有限的收入获得了最大的利益，也实现了社会福利的最大化。

原理应用

近乎完全竞争的小麦市场

对照完全竞争的四个条件，可以说，小麦市场是一个比较接近完全竞争的市场。因为这个市场有众多买者和卖者，并且没有谁能够影响小麦的价格。相对于市场规模，每个小麦买者的购买量很小，以致无法影响价格，也就是说，他不可能因为自己的购买量较大，而以比别人低的价格购买，因为对于他来说再大的购买量，对于市场规模来说仍然微乎其微；对于卖者来说，提供的几乎是同质的小麦产品，而且任何一个卖者所提供的小麦数量，对于市场规模来说都微不足道，因此，每个卖者都可以在现行价格水平上卖出他想卖的所有产量，他没有什么理由收取较低价格。如果他收取高价格，买者则会到其他地方购买。因此，在小麦市场上，小麦的价格由众多的买者和卖者的需求和供给共同决定。买者和卖者都是价格的接受者，他们必须接受市场供求所决定的价格，按照市场价格买卖。

与此同时，对于一个种植小麦的农民来说，是决定继续种植小麦还是改种蔬菜、水果甚至挖鱼塘养鱼，主要取决于种植小麦的成本收益比较及小麦种植业与其他种植业和养殖业的净收益比较。如果种小麦有利可图，那么总有农民愿意继续种植小麦，甚至有更多的农民加入种植小麦的行列中；如果种植小麦是亏损的，或者种植小麦的净收益比种其他作物的净收益要小，农民就会改种其他作物。在农民决定继续种植小麦还是改种其他作物时，他们的选择基本是自由的，也就是说农民进入或退出小麦种植业的障碍很小。

略微不足的是，小麦市场上无法满足信息完全的假定条件。这是大多数农产品市场化过程中存在的通病。当众多的小生产者与大市场对接时，由于单个小生产者无法及时准确地把握决策所需要的所有信息，而只能在有限的信息条件下做出决策。如像蛛网模型假定的那样，以上一时期的价格作为本期产量的决策依据。这样决策的结果很可能导致其决策与整体市场的实际运行情况相反，从而遭遇价格波动所带来的市场风险。小麦等农产品市场经常出现“去年买粮难，今年卖粮难”的现象，就是信息不完全所致。

（资料来源：https://wenku.baidu.com/view/934ab64b2b160b4e767fcf1e.html）

任务三 完全垄断市场分析

案例导入

电信业的垄断经营

如果某一个城市有几个电话公司，每个电话公司都要花费巨额投资建设一个通信网络，而且各个公司的电话通信网络都因有其自己的技术特性而很难相互连接，每个电话用户则只能利用一个公司的通信网络，因而在几家电话公司分散经营的条件下，要花费巨额投资进行重复建设。如果一个电话公司垄断经营，既能保证技术的统一性，又能避免重复建设，资本的投资效率和利用效率都能得到提高。在自然垄断性行业发展初期，这种状况是垄断市场形成的一个重要原因。但是，随着现代科学技术的飞速发展，通信业网络相互利用的技术性障碍已不复存在，电信业已不能再实行高度垄断经营，必须引进适度的竞争才能促进其健康发展。现代社会条件下，电信业的高度垄断经营，只能损害消费者和社会的利益，阻碍电信业自身的健康发展。

（资料来源：杨紫元，罗秉鑫．初级经济学［M］．上海：上海交通大学出版社，2013）

请思考：现在的电信业属于哪种市场类型呢？

一、完全垄断市场的含义、特征及成因

（一）完全垄断市场的含义和特征

完全垄断市场，是一种与完全竞争市场相对立的极端形式的市场类型。完全垄断市场也叫作纯粹垄断市场，一般简称垄断市场。垄断一词出自希腊语，意思是“一个销售者”，也就是指某一个人控制了一个产品的全部市场供给。因而，完全垄断市场，就是指只有唯一一个供给者，不存在丝毫竞争因素的市场结构。具体说，完全垄断市场需具备以下几个条件：

第一，市场上只有唯一一个销售者，企业就是行业；

第二，该厂商所售的商品没有任何相近的替代品；

第三，新厂商不能进入该市场。

在这样的市场中，排除了任何竞争因素，独家垄断厂商控制了整个行业的生产和市场的销售，所以，垄断厂商可以控制和操纵市场价格。

（二）形成垄断的原因

垄断市场形成的原因很多，最根本的一个原因就是为了建立和维护一个合法的或经济的壁垒，从而阻止其他企业进入该市场，以便巩固垄断企业的垄断地位。垄断企业作为市场唯一的供给者，很容易控制市场某一种产品的数量及其市场价格，从而可连续获得垄断利润。具体地说，垄断市场形成的主要原因有以下几个：

1．关键资源由一家企业拥有

当某个生产者拥有并且控制了生产所必需的某种或某几种生产要素的供给来源时，就形成了垄断。这种垄断形成以后，其他任何生产者都难以参与此类要素的市场供给，从而就自然地限制或阻止了其他生产者的进入，这样，就维护了这个生产者的垄断地位及其垄断利益。

2. 规模经济的要求

有些行业的生产需要投入大量的固定资产和资金，如果充分发挥这些固定资产和资金的作用，则这个行业只需要一个企业进行生产就能满足整个市场的产品供给，这样的企业适合于进行大规模的生产。具有这种规模的生产就具有经济性，低于这种规模的生产则是不经济的。这样来看，规模经济就成为垄断形成的重要原因。同时，大量的固定资产和资金作用的充分发挥，使企业具有了进行大规模生产的能力和优势，因而这个企业能够以低于其他企业的生产成本或低于几个企业共同生产的成本、价格，向市场提供全部供给。那么，在这个行业中，只有这个企业才能够生存下来，其他企业都不具备这种生存能力。

例如：钢铁、汽车和重型机械等重工业的生产，就要求通过集中大量的资产和资金，进行大规模的生产才具有较佳的经济性。虽然在这些行业中，中小企业的繁荣使其竞争力不断增强，但是，在这些行业的现代发展趋势中，垄断特征的表现仍然明显而突出。

3. 自然垄断

有些行业具有向规模经济、范围经济发展的内在趋势，而在整个市场中，随着企业生产规模的扩大和范围的扩展，单位成本递减，效益增加，这些行业具有自然垄断性。通常情况下，这些具有自然垄断性的行业是由政府来经营的，如电力、电话、自来水、天然气以及公共运输等行业就是如此。这些具有自然垄断性行业的发展必然要求实行垄断经营。

4. 政府制造的垄断

许多情况下，垄断的产生是因为政府给予一个人或者一个企业排他性地出售某种物品或劳务的权利。

专利法和著作权法是政府为公共利益创造垄断的一个例子。专利是政府授予发明者的某些权利。这些权利一般是指在一定时期内对专利对象的制作、利用和处理的排他性独占权，从而使发明者获得应有的收益。某项产品、技术或劳务的发明者拥有专利权以后，在专利保护的有效期内形成了对这种产品、技术和劳务的垄断。专利创造了一种保护发明者的产权，在专利的有效保护期内，其他任何生产者都不得进行这种产品、技术和劳务的生产与使用，或模仿这些发明进行生产。同样，当一个作家写完一本书时，他就拥有了这本书的著作权。著作权是一种法律的保证，它保证没有一个人可以在没有得到作者同意时出版这本著作。著作权使这个作家成为他的作品出版销售的一个垄断者。

同步案例

减价与提价

保罗和彼得在同一条河上经营航运。他们各自拥有一个航运公司，整日在河上运送货物和旅客。保罗想，如果河上只有我一家航运公司，生意该更红火了。保罗共有 20 条大船，彼得只有 10 条，保罗比彼得资本雄厚得多。而且，彼得还欠了银行一大笔债务。于是，保罗降低了票价，打起了价格战。彼得没办法，只得跟着降价。保罗再次降价，彼得再次跟上，如此反复交锋，乘客大占便宜，两位老板都受到了重大损失。保罗亏损巨大，彼得更是负债累累、行将破产。最后，彼得不得不将所有船只都出售给了保罗。保罗获胜了，成了河上唯一的航运公司。保罗逐步提高票价，很快成了当地首富。来往的乘客一面抱怨着票价太高，一面却只得坐他的船，让自己的血汗钱填满了保罗的口袋。

（资料来源：https://wenku.baidu.com/view/aebc9bba8ad63186bceb19e8b8f67c1cfad6eea8.html）

二、完全垄断市场厂商的需求曲线和收益曲线

（一）完全垄断市场厂商的需求曲线

由于垄断市场中只有一个厂商，因此市场的需求曲线就是垄断厂商面临的需求曲线，它是一条向右下方倾斜的曲线，如图 5－10 所示。

（二）完全垄断市场厂商的收益曲线

垄断厂商的需求曲线不同于完全竞争市场的需求曲线，所以垄断厂商的平均收益曲线 AR、边际收益曲线 MR 和总收益曲线 TR 也不同于完全竞争市场。

1. 平均收益曲线

$$AR=TR/Q=P$$

由于厂商的平均收益 AR 总是等于商品的价格，因此垄断厂商的平均收益曲线和需求曲线重叠，是同一条向右下方倾斜的曲线，如图 5－11 所示，表明在每一个销售量上平均收益 AR 等于价格 P。

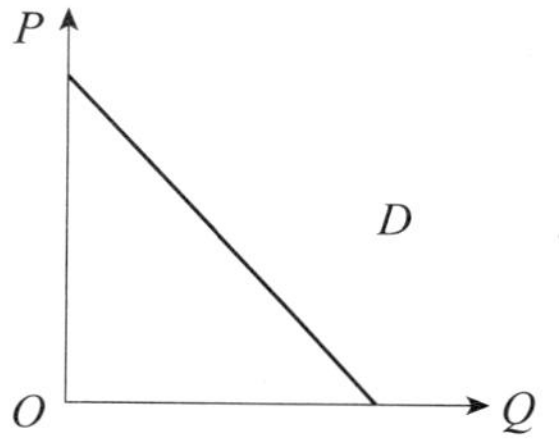

图 5－10　完全垄断厂商的需求曲线

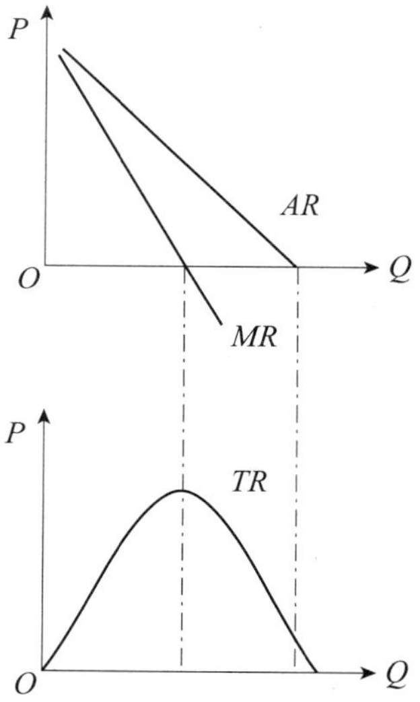

图 5－11　垄断厂商的总收益、平均收益

2. 边际收益曲线

由于 AR 曲线是向右下方倾斜的，则根据平均量和边际量之间的相互关系可以推知，垄断厂商的边际收益曲线 MR 总是小于平均收益曲线 AR。因此，完全垄断厂商的边际收益曲线 MR 位于平均收益曲线 AR 的左下方，且 MR 曲线也是向右下方倾斜的曲线，如图 5－11 所示。

3. 总收益曲线

由边际收益公式可知，边际收益 MR 是总收益 TR 的导数。所以 TR 曲线可以由边际收益曲线 MR 推导而来，如图 5－11 所示，当 $MR>0$ 时，TR 曲线单调增；当 $MR<0$ 时，TR 曲线单调减；当 $MR=0$ 时，TR 曲线达到最大值，TR 曲线是一条先增后减的曲线。

小思考： 完全垄断厂商如何才能获得最大收益呢？

三、完全垄断市场厂商的短期均衡

在完全垄断市场上，厂商为了获得最大利润，也必须遵循 $MR=SMC$ 的原则。在短期内，垄断厂商无法改变不变要素的投入量，也就是说垄断市场也只能在既定的生产规模下通过对产量和价格的同时调整来实现利润最大或亏损最小。

在完全垄断市场上，厂商实现短期均衡也有三种情况，分别是实现盈亏平衡、获得超额利润、亏损。

（一）实现盈亏平衡厂商的短期均衡

图 5－12 中给出了某个垄断企业的需求曲线 $D(D=AR)$ 和短期平均成本曲线 SAC，在完全垄断市场上，厂商实现均衡的条件也是 $MR=SMC$，这时的产品销售量为 Q_0。根据边际收益等于边际成本的基本原则，厂商向市场提供的产品销售量为 Q_0，与市场需求相切于 M 点，消费者可以接受的成交价格为 $P_0(P_0=SAC)$。由于该厂商的 SAC 等于产品市场销售价格 P_0，所以在产品销售量为 Q_0 时，产品销售总收入等于总成本，厂商实现了盈亏平衡，由此决定的均衡价格为 P_0，均衡数量为 Q_0。

（二）获得超额利润厂商的短期均衡

在图 5－13 中，某垄断企业的边际收益曲线 MR 和短期边际成本曲线 SMC 在产品销售量为 Q_0 时相交，Q_0 与市场需求曲线 $D(D=AR)$ 垂直相交于 M 点，消费者可以接受的成交价格为 P_0（$P_0>SAC$）。由于该厂商的 SAC 小于产品市场销售价格 P_0，所以在产品销售量为 Q_0 时，产品销售总收入大于总成本（因为：$TR=P_0\cdot Q_0$，$TC=SAC\cdot Q_0$，$TR>TC$），厂商可以获得超额利润。由此可见厂商获得最大利润时的销售价格为 P_0，销售数量为 Q_0。厂商获得的超额利润为图 5－13 中 P_0MNP_1 的面积。

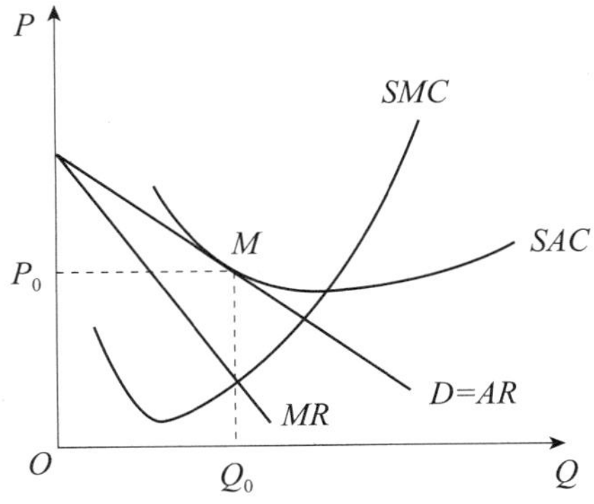

图 5－12　实现盈亏平衡厂商的短期均衡

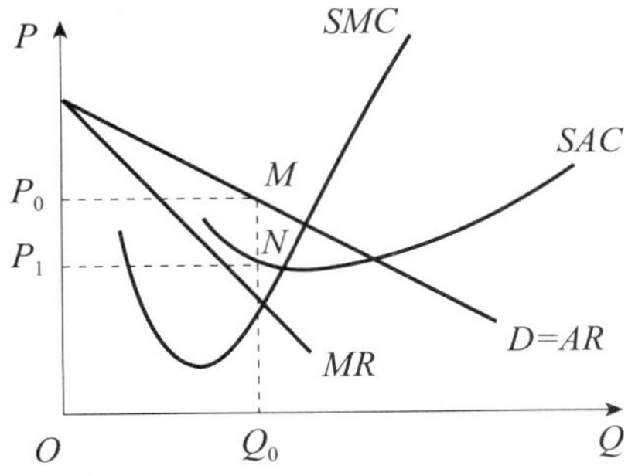

图 5－13　获得超额利润厂商的短期均衡

（三）亏损厂商的短期均衡

图 5－14 中给出的是某个垄断厂商产品销售价格小于平均成本时的市场均衡状态。由于在完全垄断市场上，厂商实现均衡的条件也是 $MR=SMC$，这时的产品销售量为 Q_0。厂商的短期平均成本曲线 SAC 在需求曲线 $D(D=AR)$ 上方。根据边际收益等于边际成本的基本原则，厂商向市场提供的产品销售量为 Q_0，与市场需求相交于 M 点，消费者可以接受的成交价格为 $P_0(P_0<SAC)$。由于该厂商的 SAC 大于产品市场销售价格 P_0，所以在产品销售量为 Q_0 时，产品销售总收入小于总成本，厂商经营出现了亏损，由此决定的均衡价格为

P_0，均衡数量为 Q_0。厂商在销售量为 Q_0 的亏损额为图 5－14 中 P_0MNP_1 的面积。

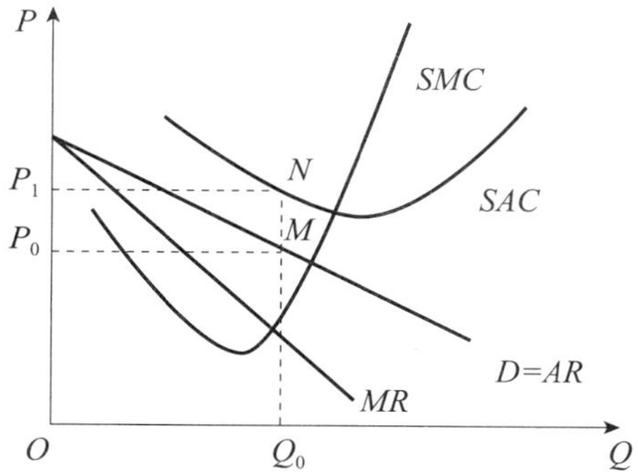

图 5－14　亏损厂商短期均衡

由此可见，垄断厂商在 $MR=SMC$ 的短期均衡点上，可以获得最大利润，可以利润为零，也可以蒙受最小损失。

案例分析

供热公司为啥亏损

我国目前供热价格定价机制决定了供热价格是由政府定价，而政府部门在定价时必须考虑到用户的承受能力，因此在一定程度上来说，供热价格在制定时是带有公益性质的，有些地区居民的供热费十几年、几十年都没有变过。但是对供热企业的运营来说，人员工资、煤价、一次热价、设备购置、维修等经营成本价格又是市场价，水涨船高，企业只能自己消化，而企业用水、用电等却享受不到公益性行业的优惠，因此，从政策角度来说，供热企业盈利困难。

此外，供热的成本占比也在逐年攀升，尤其是国家基于环保和安全生产管理的要求，关闭和淘汰了一些小型煤矿，煤炭价格近些年上涨让部分供热企业一直在亏损。另外，在对热源环保排放要求提高的同时，也增加了供热企业相关投入成本。

而受收费条件限制和用户配合程度低、用户报停比例较高、供热效果欠佳（前端用户过热、末端用户不热）等因素影响，部分供热企业收费率较低，不能全额收回供热费，这使得单位面积供热成本大于单位面积采暖费收入，供热越多，亏损越大。

（资料来源：https://www.sohu.com/a/328533010_100140408）

请讨论：供热企业亏损的主要原因是什么？

教师点评：结合垄断厂商短期均衡的几种情况进行分析。

5－2　完全垄断厂商的长期均衡

小思考：有人说，垄断利润才是真正的暴利，你是怎么理解这句话的？

四、完全垄断厂商的价格歧视

（一）价格歧视的含义

完全垄断厂商可以决定其产量和价格，因而为获得最大可能的垄断利润，可以通过歧视价格来增加其总收益。歧视价格是指垄断者在同一时间内对同一成本的产品向不同的购买者收取不同的价格，或是对不同成本的产品向不同的购买者收取相同的价格。这种取价的方法不可能出现在完全竞争的市场，因为完全竞争市场的个别厂商的行为不能影响价格，而垄断者却可以做到。

（二）实行价格歧视的条件

实行价格歧视是为了获得垄断利润，要使歧视价格得以实行，一般要具备三个条件：

第一，市场存在不完善性。当市场不存在竞争，市场信息流动不畅，或者因为各种原因存在许多分割时，垄断者就可以利用这种方便条件进行价格歧视。

第二，各个市场对同种产品的价格弹性不同。这样垄断者就可以对需求弹性小的市场实行较高的价格，以获得垄断利润。

第三，不同市场可以相互分离。价格歧视能否实现，主要取决于垄断厂商能否使它们面临的市场相互分离。如果市场是一体化的，当垄断者对同一商品收取不同的价格时，以低价购买商品的消费者就可能会转卖给高价消费者，这样价格歧视就难以实现。比如航空公司对于旅游公司和公务人员索取不同的票价来增加收入。但要做到这一点，必须能够正确区分旅游人员和公务人员，如利用身份证明等。相对而言，汽车和家用电器等制造业的产品由于转卖比较容易因而很难实行价格歧视，而劳务等不易转卖的商品则比较容易实行价格歧视。

（三）价格歧视的类型

价格歧视有三种具体类型，现分别进行介绍。

1. 一级价格歧视

一级价格歧视也称为完全价格歧视，是指完全垄断厂商在销售其产品时，每个产品均以不同的价格出售以获得最大可能性收入。根据效用理论，商品的价格是按边际效用的大小来确定的，对边际效用高的商品，消费者愿意支付的价格则高，反之则低。一级价格歧视是假定完全垄断厂商能够做到根据每一个产品对每一个消费者所产生的效用大小来取价，即对第一个单位的产品索取价格是 7 元，第二个单位的产品价格是 6 元……第 6 个单位的产品价格是 2 元。在差别价格下没有消费者剩余，在图 5－15 中所表示的空白部分不复存在。

在实际生活中，采取一级价格歧视的取价方法非常罕见，只有在两种情况下才有可能出现：一种情况是完全垄断厂商的产品销售对象数量很少；另一种情况是完全垄断厂商能够精确地知道每个消费者愿意接受的最高价格。这种价格歧视的典型事例是乡村的一个医生，根据不同求医人的能力和愿意支付的最高价格，对于相同的治疗收取不同的治疗费用。

2. 二级价格歧视

二级价格歧视是指垄断者对某个特定消费者，按其购买数量的不同制定不同的价格，以获得较大收益的一种方法。如图 5－16，垄断企业为了鼓励顾客多消费，它规定购买量为 Q_1

时，每单位产品价格为 P_1；购买量扩大为 Q_2 时，单位价格可降到 P_2；购买量增加到 Q_3 时，价格还可降到 P_3。这种定价方式与在 Q_3 处实行单一价格 P_3 相比，垄断者的利润会因此而增加。二级价格歧视在实际生活中比较常见。如在水、电、煤气、邮政、电信等社会公用事业中，多采用这种定价方法。比如电信公司根据每天 24 小时中不同时间，按不同标准收取电话费用，邮政局根据邮件的数量和重量不同所收取的邮资也不同。

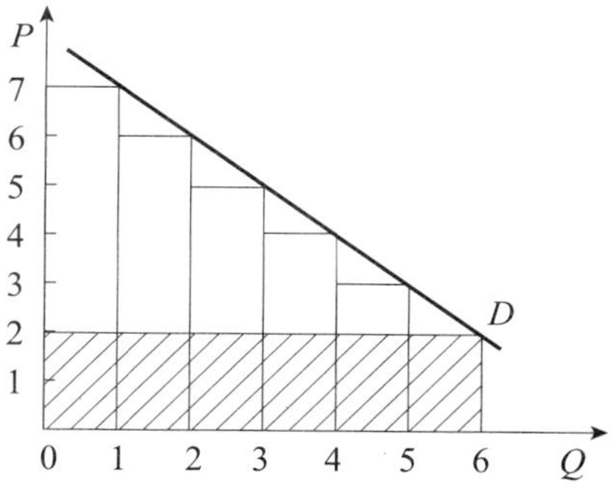

图 5－15　一级价格歧视示意图

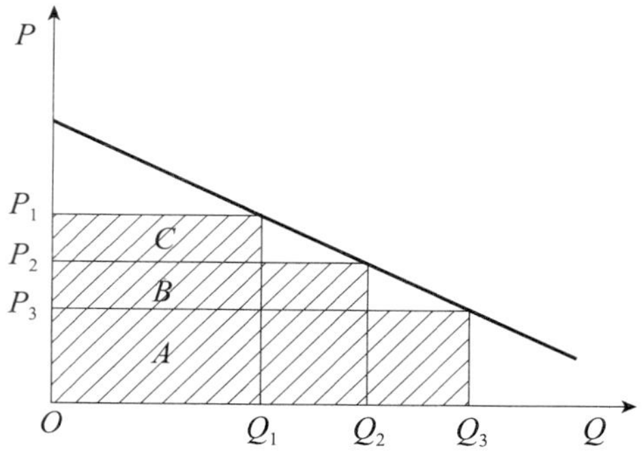

图 5－16　二级价格歧视示意图

3. 三级价格歧视

三级价格歧视又称市场分割的差别价格，是指垄断者对同样的产品在不同的市场取不同的价格，而所售出的最后一个单位产品所获得的边际收益相同。实行三级价格歧视，垄断厂商把消费者划分为两种或两种以上的类别或阶层，对每一阶层收取不同的价格。这里，每一个阶层就是一个单独的市场。这个市场，不仅指不同的地理区域或市场，而且指由于消费者的偏好、收入不同等原因形成的市场。如电力公司对普通家庭用电和工业用电这两个不同的市场分别采取不同的收费标准。再如在国际贸易方面，销售同一产品时，对本国市场与别国市场分别制定不同的价格。一般来说，外国市场价格偏低，而本国市场价格偏高，这是因为外国市场的需求价格弹性通常高于国内市场。

原理应用

生活中的价格歧视真不少

经济中，企业使用各种旨在对不同顾客收取不同价格的经营策略。既然我们已经懂了价格歧视的经济学，那么我们现在来考虑一些例子。

电影票。许多电影院对儿童和老年人收取低于其他观众的价格。在竞争市场上很难解释这个事实。在竞争市场上，价格等于边际成本，为儿童和老年人提供一个座位的边际成本与为其他人提供一个座位的边际成本相同。但如果电影院有某种地区性垄断力量，而且，如果儿童与老年人对电影票的支付意愿较低，就很容易解释差异化定价这个事实了。在这种情况下，电影院通过价格歧视增加了利润。

飞机票。飞机上的座位许多以不同的价格出售。许多航空公司对在两个城市间往返，但周六在对方城市住一个晚上的旅客收取低价格。乍一看，这有点令人费解。为什么乘客周六是否停留一个晚上与航空公司有关呢？原因是这条规定是区别公务乘客与休闲乘客的一种方法。公务乘客支付意愿高，而且很可能不想在周六停留一个晚上。因此，航空公司可以通过对周六停留一晚的乘客收取低价格而成功地实行价格歧视。

折扣券。许多公司在报纸和杂志上向公众提供折扣券。买者为了得到下次购买时 0.5 美元的折扣而剪下折扣券。为什么公司提供这些折扣券，为什么它们不直接把产品价格降低 0.5 美元？答案是折扣券使公司可以实行价格歧视。公司知道，并不是所有顾客都愿意花时间剪下折扣券。此外，剪折扣券的意愿与顾客对物品的支付意愿是相关的。富裕而繁忙的高层管理人员不大可能花时间从报纸上剪下折扣券，而且，他们也许愿意为许多物品支付较高的价格。一个失业者更可能剪下折扣券并且支付意愿较低。因此，通过只对这些剪下折扣券的顾客收取较低价格，企业就可以成功地实行价格歧视。

助学金。许多大学对贫困学生提供助学金。可以认为这种政策是一种价格歧视。富有的学生钱多，因此支付意愿比穷人高。通过收取高额学费并有选择地提供助学金，学校实际上是根据学生对上学的评价来收取价格。这种行为与任何一个价格歧视垄断者的行为相似。

数量折扣。到现在为止，在我们价格歧视的例子中，垄断者对不同顾客收取不同的价格。但是，有时垄断者也通过对购买不同数量的同一顾客收取不同价格来实行价格歧视。例如：许多企业对购买量大的顾客提供低价格。面包店可能对每个面包收取 0.5 美元的价格，但对一打面包收取 5 美元的价格。这之所以是一种价格歧视，是因为顾客对购买的第一个单位付出的价格高于第二个单位。数量折扣通常是一种成功的价格歧视方法，因为随着购买量的增加，顾客对增加的一个单位的支付意愿减少了。

（资料来源：https://baijiahao.baidu.com/s?id=1569641139861855&wfr=spider&for=pc）

任务四　垄断竞争市场分析

案例导入

宝洁与联合利华的竞争

产品差异化是垄断竞争市场上的一种常见现象。不同企业生产的产品，或多或少存在相互的替代关系，但是它们之间又存在差异，并非完全可以替代，所以垄断竞争厂商除了通过调整销售价格，即采取价格竞争策略来实现利润最大，还可以通过开展品质竞争和广告竞争等非价格竞争手段来谋取更多的利润。宝洁公司和联合利华公司一直是洗化用品市场上两个强有力的竞争对手，它们除了价格竞争之外，往往也会采用非价格竞争的策略展开激烈的市场争夺。比如广告战。宝洁公司每年的广告费超过 50 亿美元，联合利华则有 60 多亿美元。宝洁公司广告宣传突出品牌个性，而联合利华则突出品牌的本土化。再比如研发战。宝洁公司每年将销售额的 4%用于研发，在全球范围内宝洁公司拥有 24 000 多个专利，并以每年 3 800 个专利的速度增长。联合利华每年研发费用占全年营业额的 2%左右。两个公司不仅研发投入巨大，而且在研发速度上竞争，如宝洁的汰渍洗衣粉在美国市场占 40%，针对汰渍洗衣粉，联合利华推出“WISK 双效片”块状洗衣剂作为应对手段，于是宝洁迅速推出有类似功效的“汰渍速效片”。

请思考：垄断竞争市场上的厂商主要通过什么方式开展竞争呢？

一、垄断竞争市场的含义和特征

（一）垄断竞争市场的含义

完全竞争市场和完全垄断市场是理论分析中的两种极端的市场组织。在现实经济生活中，通常存在的是垄断竞争市场和寡头市场。

垄断竞争市场是指一种既有垄断又有竞争，既不是完全竞争又不是完全垄断的市场，是处于完全竞争和完全垄断之间的一种市场。

（二）垄断竞争市场的特征

具体地说，垄断竞争市场的特征主要有以下三点：

第一，市场中存在较多数目的厂商，彼此之间存在较为激烈的竞争。由于每个厂商都认为自己的产量在整个市场中只占有一个很小的比例，因而会认为自己改变产量和价格，不会招致其竞争对手们相应行动的报复。

第二，厂商所生产的产品是有差别的，或称“异质商品”。在这里，产品差别是指同一产品在价格、外观、性能、质量、构造、颜色、包装、形象、品牌、服务及商标广告等方面的差别以及以消费者想象为基础的虚幻的差别。由于存在这些差别，产品成了带有自身特点的“唯一”产品，也使得消费者有了选择的必然，厂商对自己独特产品的生产销售量和价格具有控制力，即具有一定的垄断能力，而垄断能力的大小则取决于它的产品区别于其他厂商的程度。一般来说，产品的差别越大，厂商的垄断程度也就越高。

在经济学中，这一特点是决定垄断竞争市场中存在垄断性的重要原因，因为产品的差异造成了无穷多的独特的产品市场，企业在其独具的市场中具有控制能力，形成对各个独特产品市场的垄断。

第三，厂商进入或退出该行业都比较容易，资源流动性较强。垄断竞争市场是常见的一种市场结构，如肥皂、洗发水、毛巾、服装、布匹等日用品市场，餐馆、旅馆、商店等服务业市场，牛奶、火腿等食品类市场，书籍、药品等市场大都属于此类。

由此可见，在垄断竞争的市场上，竞争与垄断并存。一方面，每个企业生产的产品与其他企业生产的产品有差别，每个企业都垄断了一个品牌、一个商标、一种生产技术。因此，每个企业者都可以看作一个垄断者。但另一方面，由于市场上存在众多的同类产品，产品之间存在替代性，市场竞争也是非常激烈的，就这点而言，垄断竞争又接近完全竞争。

案例分析

大学校园里的饭店

现在的大学校园规模越来越大，内容越来越丰富，甚至形成了一定的商业区来满足大学生们的日常生活。假设校园里的一家饭店，它周围有许多竞争对手，而它们几乎都出售相同种类的饭菜，所以生意都差别不大。突然有一天，这家饭店提供了一种称为“味鲜”的秘方，并且开始广告宣传“饭菜有味鲜，幸福乐翻天”，其他饭店都没有掌握这种秘方。于是，这家饭店一时间吸引了许多同学前来就餐，生意也越来越红火。

请讨论：这家饭店生意好起来的原因是什么呢？你觉得其他竞争对手看到这种情况会怎么做呢？

教师点评：结合垄断竞争市场的含义和特征进行分析。

二、垄断竞争市场的需求曲线和收益曲线

由于垄断竞争厂商可以在一定程度上控制自己产品的价格，即通过改变自己所生产的有差别的产品的销售量来影响产品的价格，所以，如同垄断厂商一样，垄断竞争厂商所面临的需求也是向右下方倾斜的。不同的是，由于各垄断竞争厂商的产品相互之间都是很接近的替代品，市场中的竞争因素又使得垄断竞争厂商的需求曲线具有较大的弹性。因此，垄断竞争厂商向右下方倾斜的需求曲线是比较平坦的，相对比较接近完全竞争厂商的水平形状需求曲线。

垄断竞争厂商所面临的需求曲线有两种，它们通常被区分为主观需求曲线 d 和比例需求曲线 D。

主观需求曲线 d 表示：在垄断竞争生产集团中的某个厂商改变产品价格，而其他厂商的产品价格都保持不变时，该厂商的产品价格和销售量之间的关系。在图 5－17 中，假定某垄断竞争厂商开始时处于价格为 P_1 和产量为 Q_1 的 A 点上，它想通过降价来增加自己产品的销售量。因为该厂商认为，它降价以后不仅能增加自己产品的原有买者的购买量，而且还能把买者从生产集团内的其他厂商那里吸引过来。该垄断竞争厂商相信其他厂商不会对它的降价行为做出反应。随着它的商品价格由 P_1 下降为 P_2，它的销售量会沿着 d_1 需求曲线由 Q_1 增加为 Q_2。因此，它预期自己的生产可以沿着 d_1 需求曲线由 A 点运动到 B 点。可见，垄断竞争市场的主观需求曲线是富有弹性的。由于垄断竞争厂商可以在一定程度上控制自己产品的价格，所以，如图与完全垄断厂商一样，垄断竞争厂商所面临的需求曲线也是向右下方倾斜的。所不同的是，各垄断竞争厂商的产品相互之间都是很接近的替代品，市场中的竞争因素使得垄断竞争厂商的需求曲线具有较大的弹性，因此，垄断竞争厂商的需求曲线是比较平坦的，相对来说，比较接近完全竞争厂商的水平形状的需求曲线。

比例需求曲线 D 表示：在垄断竞争生产集团的某个厂商改变产品价格，而且集团内的其他所有厂商业使产品价格发生相同变化时，该厂商的产品价格和销售量之间的关系。在图 5－17 中，如果某垄断竞争厂商将价格由 P_1 下降为 P_2，集团内其他所有厂商也都将价格由 P_1 下降为 P_2，于是，该垄断竞争厂商的实际销售量是 D 需求曲线上的 Q_3，Q_3 小于它的预期销售量即 d_1 需求曲线上的 Q_2。这是因为集团内其他厂商的买者没有被该厂商吸引过来。每个厂商的销售量增加仅来自整个市场的价格水平的下降。所以，该垄断竞争厂商降价的结果是使自己的销售量沿着 D 需求曲线由 A 点运动到 H 点。同时，d_1 需求曲线也相应地从 A 点沿着 D 需求曲线平移到 H 点，即平移到 d_2 需求曲线的位置。d_2 需求曲线表示当整个生产集团将价格固定在新的价格水平 P_2 以后，该垄断竞争厂商单独变动价格时在各个价格下的预期销售量。

下面用图 5－17 分别说明这两种需求曲线。

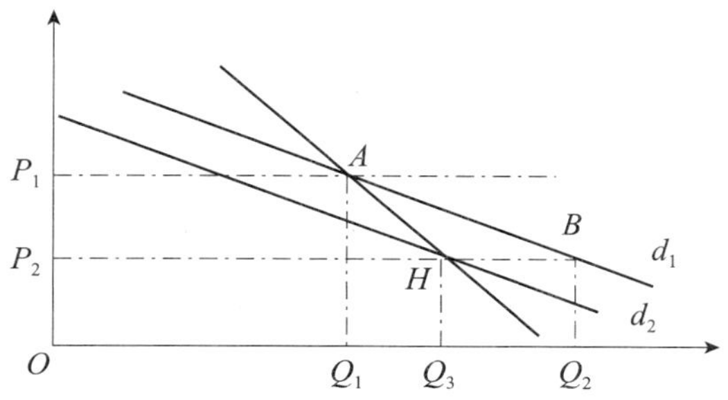

图 5－17　垄断竞争厂商需求曲线

所以，关于 D 需求曲线，还可以说，它是表示垄断竞争生产集团内的单个厂商能够在每一市场价格水平的实际销售份额。若生产集团内有 n 个垄断竞争厂商，不管全体厂商将市场价格调整到何种水平，D 需求曲线总是表示每个厂商的实际销售份额为市场总销售量的 $1/n$。

小思考： 垄断竞争厂商应该如何实现利润最大化呢？

三、垄断竞争厂商的短期均衡

在垄断竞争生产集团中，各个厂商的产品是有差别的，厂商们相互之间的成本曲线和需求曲线未必相同。但是在垄断竞争市场模型中，西方学者总是假定生产集团内的所有的厂商都具有相同的成本曲线和需求曲线，并以代表性厂商进行分析。这一假定能使分析得以简化，而又不影响结论的实质。

（一）垄断竞争厂商短期均衡的形成过程分析

在短期内，垄断竞争厂商是在现有的生产规模下通过对产量和价格的调整，来实现 $MR=SMC$ 的均衡条件。现用图 5－18 来分析垄断竞争厂商短期均衡的形成过程。

在图 5－18 中，假定开始的时候，厂商的主观需求曲线为 d_1，边际收益曲线为 MR_1，市场实际需求曲线为 d_2。在图 5－18 中，d_1 与 D 的交点 A 所对应的产量和价格分别为 Q_1 和 P_1。在这个价格和产量水平上，市场达到了均衡。因为这一价格和产量既在 d_1 上，表明符合该厂商的主观需求，又在 D 上，从而符合市场的实际需求。然而，这个价格与产量却不能为厂商带来最大利润，因为此时，厂商的边际成本 MC 不等于边际收益 MR_1。说明还没有达到利润最大化。就该企业在 A 点的价格和产量而言，与实现最大利润的 $MR_1=SMC$ 的均衡点 F 所要求的产量 Q_2 和价格 P_2 相差很远。于是，该厂商决定将生产由 A 点沿着 d_1 需求曲线调整到 B 点，即将价格降低为 P_2，将产量增加为 Q_2。在 B 点，该厂商满足 $MR_1=SMC$ 的均衡条件，实现利润最大化。然而，此时同行业的替代品的竞争者们也会降低产品价格，结果使得该厂商的需求曲线 d_1 沿着 D 这条需求曲线向下移动，当移动至 d_2 时，与 D 相交于 E 点，此时，该厂商的边际成本曲线 SMC 和边际收益曲线 MR_2 相交于 C 点，E、C 处于同一垂线上。这时 $MR=SMC$，E 点所对应的产量 Q_3 和价格 P_3 即为该厂商的均衡产量和均衡价格。

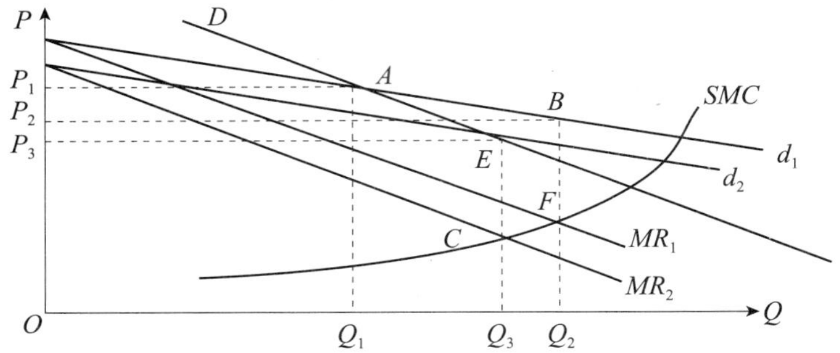

图 5－18　垄断竞争厂商的短期均衡

上述情况表明，垄断竞争厂商的短期均衡条件有：

（1）边际收益曲线和边际成本曲线相交，即 $MR=SMC$，这也是厂商利润最大化的条件。

（2）厂商的主观需求曲线和比例需求曲线 D 相交，这两个交点位于坐标横轴的同一垂线上，所对应的产量水平和价格水平即为均衡产量和均衡价格。

（二）垄断竞争厂商短期均衡利润状况

在短期均衡中，垄断竞争厂商可能获得超额利润，也可能只得到正常利润或发生亏损。也就是说，垄断竞争厂商实现短期均衡，并不表明此时它一定获得了经济利润。垄断竞争厂商获得经济利润的状况如何，取决于该厂商在均衡产量下的平均成本与均衡价格的比较。以下就分别对垄断竞争厂商短期均衡时的利润情况进行分析。

1. 垄断竞争企业存在超额利润的情形

如图 5－19 所示，当企业的平均收益曲线高于平均成本曲线时，垄断竞争的企业获得超额利润。根据边际成本等于边际收益的原则，此时该市场的均衡点在 E 点，E 点所对应的价格（OA）和产量（OF）分别为均衡价格和均衡产量。此时，总收益 TR 等于平均收益乘以产量，为矩形 $OFCA$ 的面积，总成本等于平均成本乘以产量，为矩形 $OFDB$ 的面积。两者之差为企业获得的超额利润，即图中矩形 $ABDC$ 的面积。

2. 垄断竞争企业存在亏损的情形

在图 5－20 中，当垄断竞争企业的平均收益曲线低于平均成本曲线时，该企业会产生亏损。与第一种情况相同，边际成本等于边际收益时的产量是企业利润最大时的产量，故利润最大化时的产量为 OF_1。当产量为 OF_1 时，企业获得的平均收益为 OB_1，总收益等于平均收益乘以产量，为矩形 $OF_1C_1B_1$ 的面积。此时平均成本为 OA_1，总成本等于平均成本乘以产量，为矩形 $OF_1D_1A_1$ 的面积。总利润等于总收益减去总成本，在图中为负的 $B_1C_1D_1A_1$ 的面积，该面积即为企业亏损的数量。

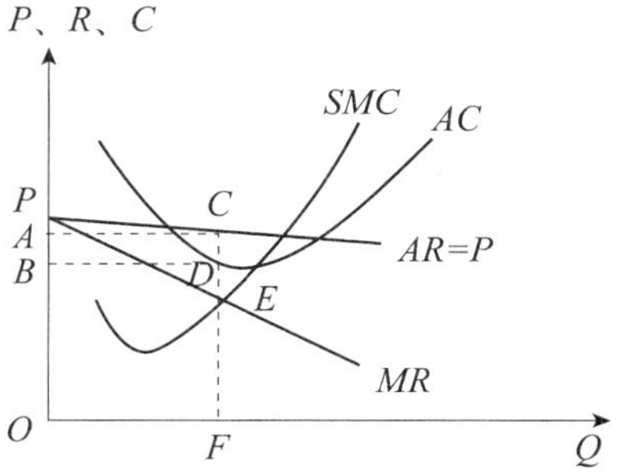

图 5－19　垄断竞争企业存在超额利润的情形

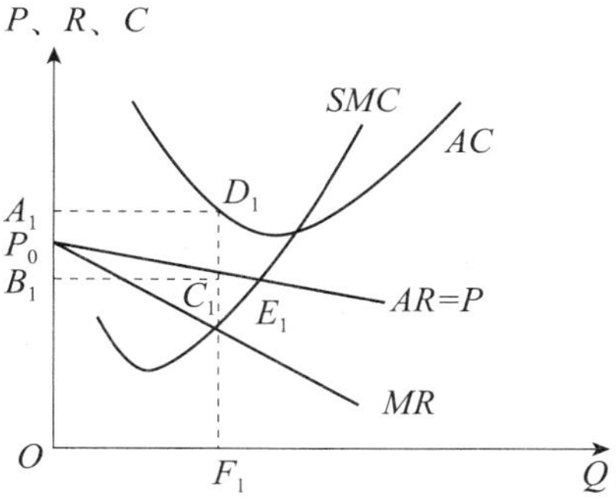

图 5－20　垄断竞争企业存在亏损的情形

3. 垄断竞争企业既不存在超额利润，也不存在亏损的情况

如图 5－21 所示，当企业的平均收益曲线与平均成本曲线相切于 B_2 时，企业既不存在亏损，也不存在超额利润，根据边际成本等于边际收益，企业确定的产量为 OF_2，此时企业获得最大利润。当产量为 OF_2 时，企业的平均成本为 F_2B_2，总成本等于平均成本乘以产量，为长方形 $OF_2B_2A_2$ 的面积。平均收益为 OA_2，总收益等于平均收益乘以产量，为长方形 $OF_2B_2A_2$ 的面积。总利润等于总收益减去总成本，等于零。

四、垄断竞争厂商的长期均衡

长期来看，一方面企业内部可以调整任何生产要素，变动短期内不能变动的固定成本，因此企业是根据长期成本进行决策的。假定企业面临的需求曲线不变，企业将根据边际收益等于边际成本的条件决定产出的数量，并且只有当企业存在利润时（包括超额利润或正常利润）才供给产品。

另一方面，新的资本可以进入，而行业中原有的资本也可以退出。与完全竞争的长期均衡一样，如果某垄断竞争的行业存在超额利润，新资本便会越过进入的障碍，进入该行业以分享该行业的超额利润。随着外来资本的进入，将会造成产品供求关系的变化，从而使价格下跌，利润减少，超额利润逐渐消失。同样，当垄断竞争的行业出现亏损时，销售价格低于平均成本，此时，就会有一部分企业退出，随着企业的逐渐退出，产品供给减少，价格提高，亏损减少并逐渐消失。正是由于资本的这种进退，使企业面临的需求曲线（$AR=P$）的位置发生变动，从而影响企业所获得的收益数量。这是垄断与垄断竞争的重要区别，也是垄断竞争企业长期决策和短期决策的重要区别。

因此，综合考虑这种情况。垄断竞争在长期也只有一种情况，即超额利润为零的情况。如图 5－22 所示。

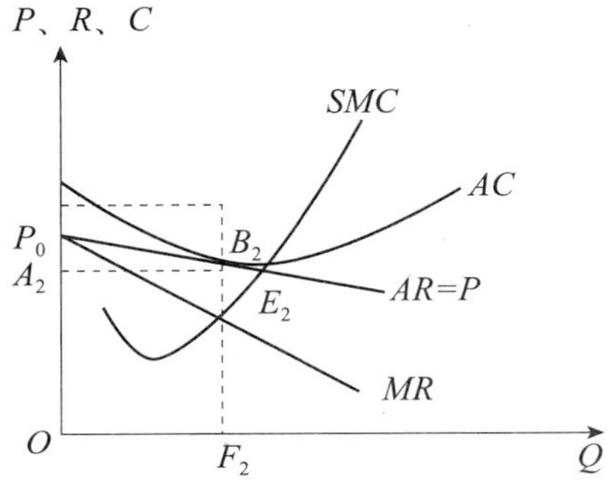

图 5－21　垄断竞争企业不亏不盈的均衡

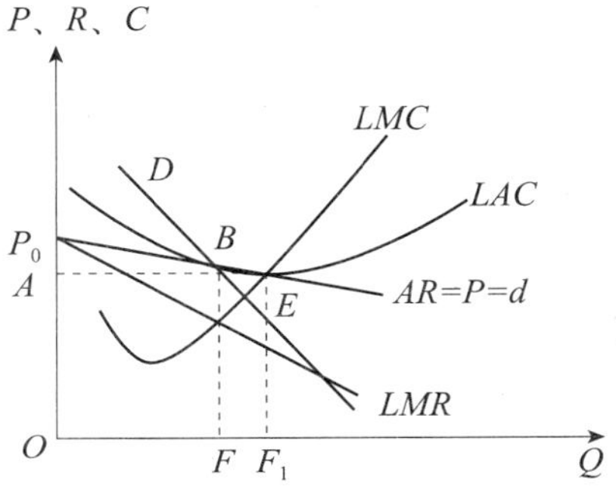

图 5－22　垄断竞争企业的长期均衡

由图 5－22 可以看出，垄断竞争厂商在长期均衡时，厂商的主观需求曲线 d 与长期平均成本曲线 LAC 相切于 B 点，比例需求曲线 D 也与 d 和 LAC 曲线相交于 B 点，此时，均衡的产量为 OF，均衡价格为 OA。垄断竞争厂商的长期均衡条件为：$MR=LMC=SMC$，$AR=LAC=SAC$，即边际收益等于边际成本，平均收益等于平均成本。

小思考：在垄断竞争的市场上，你觉得身边的哪些企业做得不错呢？

五、垄断竞争厂商的非价格竞争

在完全竞争市场上，同行业厂商提供的是完全相同的产品，所以，要实现利润最大化只有一个办法，就是通过产量调整使边际成本与产品价格相等。但是垄断竞争市场与之不同，在垄断竞争市场上，各厂商的产品又有一定的差别，因此，为了实现利润最大化，垄断竞争厂商除了可以调整产品价格以改变其销售量之外，还可以通过改变产品特征以及销售费用等方式来调整销售量。这种不是通过降低价格而是通过增加产品其他特征的优势进行竞争的方式，就是非价格竞争。

非价格竞争的主要手段有：

（一）产品差别

在垄断竞争市场上，厂商在一定程度上能够控制价格，这种控制能力，或者说市场支配能力，主要是通过产品差别来实现的。这些差别可能是产品本身的差别，如产品的品质、性能、设计、颜色、商标不同，也可能与销售条件有关，如销售地点、经营方式等。这种产品的差别导致了相关厂商在一定程度上的垄断力量。垄断力量的大小取决于产品的差别程度。产品差别越大，垄断力量就越强；产品差别越小，垄断力量就越弱。因此，垄断竞争厂商为了在竞争中取胜，增强产品差别就成了增强垄断能力的重要手段。只要产品有差别且难以模仿，垄断竞争厂商就有可能在不降低价格的情况下吸引更多的消费者，以获取更高的利润。

（二）产品创新

由于垄断竞争市场上各厂商的产品之间存在可替代性，各厂商之间仍存在竞争，这种竞争的存在又成为强化产品差别的动力。产品差别可以获得一定程度的垄断力量，但它不可能实现完全垄断。为了使这种垄断地位长久保持，厂商必须创新。这些创新可以是对产品本身进行一些质的改变，如原料、设计、技术性能、式样、颜色、包装等方面的改变，也可以是销售条件的改变，如改变经营方式、提高服务质量等。通过这些创新措施可以进一步强化消费者对企业的认同感，从而提高企业的竞争力。

（三）产品服务竞争策略

美国著名市场营销学家西奥多·莱维特（Theodore Levitt）曾说过："未来企业竞争的焦点不再是企业能为消费者生产出具有什么使用价值的产品，而是企业能为消费者提供什么样的附加价值——即服务。"美国《哈佛商业杂志》发表的一项研究报告指出："再次光顾的顾客比初次登门的人可能为公司带来25%～85%的利润，而吸引他们再来的因素，首先是服务质量的好坏，其次是产品质量，最后才是价格。"据有关研究表明，企业的服务质量提高1%，经济效益可提高10%。由此可见，服务在为企业创造顾客忠诚的同时也让企业获得了持久利润的源泉。因此，企业必须实施销售服务竞争策略。

同步案例

海尔集团的12345服务法则

海尔集团"12345"服务法则承诺：1证件——上门服务出示"上岗资格证"；2公开——公开出示海尔"统一收费标准"，并只按标准收费，公开出示维修或安装记录单，服务完毕用户签意见；3到位——服务后清理现场到位、通电试机演示到位、向用户讲解使用知识到位；4不准——不准喝用户的水、不准抽用户的烟、不准吃用户的饭、不准要用户的礼品；5个一——递一张名片、自带一副拖鞋、自带一块垫布、自带一块抹布、赠送一份小礼品。这个"12345"法则吸引了很多用户心甘情愿掏腰包购买"海尔"的产品。

（资料来源：http://www.yuxinews.com 2010-09-21）

（四）广告策略

对于已经生产出来的、具有差别化的产品，要增加其销售量，厂商还可以采取的措施就是增加销售费用来影响消费者的需求，从而实现扩大销售量、增加销售利润的目的。厂商的销售费用主要包括各种促销活动的成本，如推销人员的工资、广告推广的费用、对中间商的补贴等。这其中所占比例最大的是广告费用支出。产生广告这种促销形式的直接原因在于产品存在差别。我们不能想象在完全竞争市场上能够用广告来扩大产品的销量。因为在完全竞争市场上，各个同行业厂商提供的是完全同质的产品，它们之间没有丝毫不同。而垄断竞争则不然，企业处心积虑生产出有差别的产品，同时又希望有着不同偏好的消费者能够了解并购买这些产品，沟通双方的媒介之一便是广告。

因此，对于垄断竞争市场上，广告是不可缺少的，尤其是信息性的广告。对于广大消费者而言，广告有助于他们进行消费决策，对于厂商而言，广告有助于提高消费者对产品的认同度，进而有助于增进其产品的销量。

原理应用

酸奶市场的竞争格局

在乳饮料市场中除牛奶大受欢迎外，酸奶也日益成为年轻一代乳饮料的新宠。被视为新兴饮料之一的酸奶营养丰富，味道香滑可口，有益身体健康，故被消费者视为替代软饮料或汽水的健康新选择。近年来，随着酸奶的日益热销，生产酸奶的企业也越来越多，市场竞争越来越激烈。除了伊利、蒙牛、光明等几大传统乳企纷纷推出各种类型的酸奶之外，许多新类型、新品牌的酸奶也脱颖而出，与此同时，许多地方品牌也在酸奶领域发力，抢占市场。随着生产工艺的进步，为了适应消费者的多种需求，酸奶已逐渐从原味发展到多种多样的口味，如草莓味、菠萝味、巧克力味等，也开始拓展出多种类型，比如炭烧酸奶、无糖酸奶等。各种创新不断增加了该品类产品的市场，也加剧了市场竞争。

那么酸奶市场到底属于哪种市场结构呢？行业的市场结构对研究某产品品牌的市场状况有着重要的作用，对酸奶市场的研究也不例外。如果酸奶市场处于完全竞争的市场结构，那么市场上各种产品、品牌的竞争非常激烈，新产品进入该市场壁垒不大，可以定位于与其他品牌类似的目标市场，共同瓜分该市场。如果酸奶是垄断竞争的市场结构，那么新产品投入存在一定的冒险性，因此竞争性不算太大，主要的角逐存在于几家大的企业和一些有竞争实力的企业之间，此时，除了价格竞争策略之外，非价格竞争也将起到非常重要的作用。比如，广告投放策略应采取产品差异化策略，找准市场的切入点，做好市场定位和广告宣传。那么，从目前酸奶市场的市场集中度和竞争程度来看，它已经逐渐形成垄断竞争的市场格局。

任务五 寡头垄断市场分析

案例导入

美国美洲航空公司和布兰尼夫航空公司被起诉案

1983年，在美国的美洲航空公司和布兰尼夫航空公司被起诉，两位公司的总裁罗伯特·克兰德尔和霍华德·普特南之间的一段电话录音成了控方最有力的证据。

克兰德尔：情况真是糟透了……如果我们互相打斗，都得完蛋。我们两家如果都要留在这里，达美航空公司就该开路了。因为，我根本看不出有什么理由要让我们两个离开。

普特南：你有什么好建议吗？

克兰德尔：对，我是有一个建议。把你的该死的票价提高20%，明天一早我也会这么做的……那么你我就都可以赚大钱了。

请思考：上述案例中两位总裁的谈话内容说明了什么经济学原理？

一、寡头垄断市场的含义和特征

寡头垄断市场又称为寡头市场，是指少数厂商垄断了某一行业的市场，控制了这一行业的供给，其产量在该行业总供给中占有很大比重的市场结构。寡头行业被认为是一种较为普遍的市场组织。西方国家中不少行业都表现出寡头垄断的特点，如美国的汽车业、电气设备业、快餐行业等，都只被几家企业控制。

寡头垄断市场是处于完全竞争和完全垄断之间的一种市场结构。同垄断竞争市场一样，都是中间形态的市场，而侧重于完全垄断。同完全垄断市场比，二者都有垄断的因素，但垄断程度小于完全垄断。其主要特征有：

第一，厂商数目少。市场上的厂商只有一个以上的少数几个（当厂商为两个时，叫双头垄断），每个厂商在市场中都具有举足轻重的地位，对其产品价格具有相当大的影响力。

第二，产品有差别或者同质。如果产品是同质的，这种寡头市场叫纯寡头垄断市场，比如钢铁、铝、水泥等原材料行业的寡头垄断就属于这种类型；如果产品是有差别的，则叫差别寡头垄断市场，如汽车、彩电等市场。

第三，存在明显的进退壁垒。其他厂商进入相当困难，甚至极其困难。因为不仅在规模、资金、信誉、市场、原料、专利等方面，其他厂商难以与原有厂商匹敌，而且由于原有厂商相互依存，休戚相关，其他厂商不仅难以进入，也难以退出。

第四，企业行为相互影响。这是寡头垄断市场上的一个关键特征。由于厂商数目少而且占据市场份额大，不管怎样，一个厂商的行为都会影响对手的行为，影响整个市场。所以，每个寡头在决定自己的策略和政策时，都非常重视对手对自己这一策略和政策的态度和反应。作为厂商的寡头垄断者是独立自主的经营单位，具有独立的特点，但是他们的行为又互相影响、互相依存。这样，寡头厂商可以通过各种方式达成共谋或协作，形式多种多样，可以签订协议，可以暗中达成默契。

同步案例

两大巨头把持下的市场

据了解，目前中国成品油零售市场中，中石化、中石油两大巨头旗下的5万余座加油站占据了半数以上的市场份额，其余市场被数量众多的社会加油站和数量不多的外资加油站掌握。市场看起来实现了比较充分的竞争，但这一表象掩盖的却是中石化、中石油对市场的垄断。两大集团垄断了全国全部的炼油能力后，形成了对成品油供应渠道的完全控制（即油源垄断）。虽然每年尚有数量不多的成品油进口配额，但进口的成品油却以燃料油为主，汽油每年的进口量几乎可以忽略不计。

虽然非石油石化系统的石油产品经销商也占据一定的零售市场份额，但其成品油供应却完全依赖两大集团。由于在零售市场，两大集团和非石油石化系统的石油产品经销商是竞争关系，所以两大集团就可能利用其在批发市场上的垄断地位对非石油石化系统的石油产品经销商进行排斥，以达到提高自身经济效益的目的。

（资料来源：殷建国．经济学原理与应用［M］．南京：南京大学出版社，2011）

二、寡头之间的相互依存

寡头市场中的厂商如何对待其他厂商呢？一般寡头厂商有两种选择，即选择串谋或竞争。

一方面，寡头厂商的相互依赖性使得它们有可能相互勾结或者说串谋。如果它们能够勾结起来形成一个像垄断厂商那样的整体，并像垄断厂商那样行动，那么，它们就可以根据联合获得最大的行业利润。剩下的问题便是如何瓜分这个最大的行业利润。

另一方面，寡头厂商又有同它们的同行相互竞争的倾向，目的是争得更大份额的行业利润。然而，串谋与竞争对于寡头厂商而言是相互矛盾的。厂商为获得更大利润份额的竞争越激烈，它们共同从市场中获得的行业利润就越少。

三、寡头市场的类型分析

寡头市场可分为两种类型：串谋的寡头市场和竞争的寡头市场。

（一）串谋的寡头市场

影响市场结构的一个重要因素就是企业之间的合作程度。当企业采取完全合作的方式行动时，它们就串谋起来。串谋或勾结这一术语表示这样一种情况：两个或更多的企业共同确定它们的价格、产量、广告，避免竞争性降价或者过多的广告投入，或者共同制定其他生产决策。这些都可以使得厂商减少对未来收益的不确定性，增加行业总利润。

1. 公开串谋

当企业认识到它们的利润取决于它们的共同行动时，它们就试图相互勾结起来。为了避免灾难性的竞争，企业公开相互串谋以提高它们的价格。在美国资本主义的早期阶段，寡头往往合并或形成一个托拉斯或卡特尔。卡特尔是生产相似产品的独立企业联合起来以提高价格和限制产量的一种组织，借助午餐或宴会的形式相聚。1910 年前后美国钢铁公司的加里先生经常组织这种聚会，从事公开的勾结。如果卡特尔所有成员的行动能够使它们像一个厂商一样，卡特尔就可以像一个垄断厂商那样行动，使得行业利润最大化。然而，卡特尔这种形式要求所有成员把产量限制在自己分得的份额内，做到这一点往往是困难的。通常，卡特尔成员在制定价格和产量政策方面存在分歧，它们常常会为市场份额争执不下。另外，卡特尔成员还可能采取欺骗其他成员的手段，私下违背卡特尔的市场份额或产量的价格协议。这种行为会导致卡特尔的破产。

2. 暗中勾结，价格联盟

今天，在大多数市场经济国家，公司相互勾结起来共同确定价格或瓜分市场是非法的。然而，如果在某一行业里只有少数几个大企业，那么，它们就可能进行暗中勾结，在没有明确或公开协商的条件下，寡头们会心照不宣地与行业中最大的厂商保持一致。通过这种无形的协议或默契把价格确定在较高水平，抑制竞争、划分市场。

（二）竞争的寡头市场

在一些寡头行业中，有利于串谋的因素不是很多，此时厂商更容易进行价格竞争，即使存在串谋，行业中的一些寡头厂商也总是有“欺骗”其他厂商的企图，私下降低价格，增加销售份额。厂商之所以这样做，一方面是因为有投机的动机，如果其他厂商不降价，它们将获得更大的收益。然而，这种投机行为很容易引起报复，导致价格战，结果可能是两败俱伤。另一方面，有些厂商也许并不怕价格战，它们相信自己能够在价格战中取胜，击垮竞争对手，将对手挤出行业之外，从而获得更大的份额。对其他厂商的合作诚意有疑虑，寻找机会占有更大的市场份额，这容易使寡头厂商们像战场上的对手，相互之间钩心斗角、明争暗斗。

在这种情况下，厂商考虑的只是自己的利益，而不会顾及行业利益。它们考虑的是采取什么策略能够最大限度地维护自己的利益，避免被竞争对手欺骗或击败。当然，厂商的竞争策略不仅涉及价格，还涉及广告、研究和开发等方面。

经济学常以对策论为理论工具来研究这种非合作的寡头竞争。博弈论可以分析在厂商们以一种非合作的态度相互竞争时，它们各自采取的自认为什么是最优的策略，厂商之间的策略是如何相互作用的，以及最终导致的结果是什么。

案例分析

是什么决定了市场竞争程度

一个小区门口有几家卖早餐的摊位。有一天，其中两家摊位合并，变成一家摊位。请问，在这个小区，卖早餐这个行业的竞争程度上升了还是下降了？

很多人会说，两家摊位变成一家摊位，竞争者的数目减少了，竞争程度肯定降低了。但我们仔细想想，这两家卖早餐的摊位，它们合并会有什么样的后果呢？答案是它们的竞争力更强了。如果把视野放宽一点、看得更远一点，我们就会发现，这两个早餐摊位合并后，变成了一家竞争力更强的摊位，它们之所以合并起来，是为了在更大范围内跟更多的竞争者展开更激烈的竞争。竞争程度没有减少，反而很可能增加了。

我们看任何一个企业，都应该通过这样的角度来理解。今天我们看所有的大企业，内部都有高度紧密的结构。没错，在企业内部，人与人之间是合作关系，不是竞争关系，但这种合作的目的只有一个，那就是在别处展开更激烈的竞争。企业规模大小由企业家摸索确定，两个企业何时应合并为一个，一个大企业又该何时分为若干小企业，这都需要企业家在竞争中不断摸索、不断尝试。外人，不管是经济学家、政府官员还是各种社会贤达，都没有办法在事前给出一个标准答案。

很多时候，企业的数量取决于市场的规模。例如：在一个小区里，可能有一家理发店就够了。那这家理发店收取的是垄断价还是市场价？

如果政府规定，小区内的居民只能到这家店理发，别的理发店不能进入小区经营，那么这家店收取的就很可能是垄断价。但如果小区内的居民可以随意选择到别的理发店理发，别的理发店也可以随意进入小区营业，那么即便小区里只有一家理发店，它收取的也只能是市场价。它的价格太高，居民就会离开。

理发店究竟收取的是垄断价还是市场价，不取决于小区内理发店的数量，而取决于行业的入口有没有人为设置的障碍。

（资料来源：薛兆丰．薛兆丰经济学讲义［M］．北京：中信出版集团，2018）

请讨论：

1．市场中，竞争程度到底激烈不激烈主要取决于什么因素？

2．有哪些因素会增加市场竞争程度？

教师点评：

1．市场类型特点的回顾。

2．不同类型的市场主体之间如何开展竞争。

四、博弈论与寡头市场分析

（一）博弈与博弈论

博弈是指一些个人、团队或组织，面对一定的环境条件，在一定的规则下，同时或先后，一次或多次，从各自允许选择的作业或策略中进行选择并加以实施，各自从中取得相应结果时的决策以及这种决策的均衡问题的过程。博弈论（也称对策论）是研究决策主体之间的行为发生直接相互作用时的决策以及这种决策的均衡问题；换言之，是当一个主体的选择受到其他主体选择的影响，而且反过来影响其他主体选择时的决策问题和均衡问题。

博弈论出现于 1944 年，德国经济学家冯·诺依曼（Von Neuman）和摩根斯坦恩（Morgenstem）合作的《博弈论和经济行为》一书中提出了博弈论的一些概念。20 世纪 50 年代是博弈论研究和发展的重要阶段，同时，博弈论在政治学、军事、外交、国际关系、公共选择、犯罪学等领域都得到了广泛的应用。博弈论在经济学中被如此广泛应用的原因在于博弈论像经济学一样，都是强调个人理性，都是在给定的约束条件下，追求效用（收益）最大化。

（二）纳什均衡与上策均衡

纳什均衡是美国数学家纳什于 1951 年提出的一种非合作博弈理论。他证明了非合作博弈及其均衡解，并证明了均衡解的存在，即著名的纳什均衡，从而揭示了博弈均衡与经济均衡的内在联系。

纳什均衡是指在给定其他参与人策略的条件下，每个参与人可以选择自己的最优策略。这种个人最优策略可能依赖也可能不依赖于其他参与人的策略，所有参与人选择的策略共同构成一个策略组合。纳什均衡是指这样一种策略组合，这种策略组合由所有参与人的最优策略组成，即在给定别人策略的情况下，没有任何单个参与人有积极性选择其他策略，从而没有任何参与人有积极性打破这种均衡。

囚徒困境是博弈论里最著名的例子之一，几乎所有的博弈论著作中都要讨论这个例子。这个例子是这样的：两个囚徒被指控是一宗犯罪案的同案犯，他们被分别关在不同的牢房无法互通信息，两个囚徒都被要求坦白罪行。如果两个囚徒都坦白，将各被判入狱 5 年；如果两人都不坦白，则很难对他们提起刑事诉讼，因而两个囚徒可以期望被从轻发落，入狱 2 年；如果一个囚徒坦白而另一个囚徒不坦白，坦白的这个囚徒就只需入狱 1 年，而不坦白的囚徒将被判入狱 10 年。

表 5-2 给出了囚徒困境的策略表述。这里，每个囚徒都有两种策略：坦白或不坦白。表中的数字代表囚徒甲和囚徒乙的收益（注意：这里的收益是负值）。

表 5-2　囚徒困境的得益矩阵

囚徒策略		囚徒乙	
		坦白	不坦白
囚徒甲	坦白	−5，−5	−1，−10
	不坦白	−10，−1	−2，−2

在囚徒困境模型中，纳什均衡就是双方都坦白，对甲来说，如果乙已经坦白了，则自己选择坦白，判刑 5 年；选择不交代，则判刑 10 年。所以对甲而言，选择坦白是合理的。如

果乙不坦白，甲选择坦白，判刑1年，选择不坦白，判刑2年，所以选择坦白也是合理的。这就是说，给定乙坦白的情况下，甲的最优策略是坦白；给定甲坦白的情况下，乙的最优策略也是坦白，这里双方都坦白就是纳什均衡。

小思考： 寡头企业之间到底是应该竞争还是合作呢?

寡头垄断厂商经常发现它们处于一个囚徒困境的状态。当寡头厂商选择产量时，如果寡头厂商们联合起来形成卡特尔，选择垄断利润最大化产量，每个厂商可能得到更多的利润。但卡特尔协定不是一个纳什均衡，因为在给定双方都遵守协议的情况下，每个厂商都想增加产量，结果是每个厂商都只得到纳什均衡产量下的利润，它远小于卡特尔产量下的利润。

上策均衡是指不管局中人采用什么策略，每一个局中人都会选择对自己最有利的策略所构成的策略组合。如在疑犯博弈中，上策和下策区分明显，无论对方选择坦白还是抵赖，另一方的上策都是选择坦白。因为对方坦白时，自己坦白虽然会判五年徒刑，但选择抵赖将意味着十年的铁窗，所以，两害相权取其轻，抵赖绝对是下策，两人都不会选择这一策略。

通过以上分析，可以对纳什均衡和上策均衡进行比较。

（1）上策均衡是指不管你选择什么策略，我所选择的是最好的；不管我选择什么策略，你所选择的是最好的。

（2）纳什均衡是给定你的策略，我所选择的是最好的；给定我的策略，你所选择的是最好的。纳什均衡是指在对手策略既定的情况下，各自对局者所选择的策略都是最好的。

（3）上策均衡是纳什均衡的一种特殊情况，但纳什均衡却不一定是上策均衡。

囚徒困境有着广泛而深刻的意义，其中所蕴含的个人理性与集体理性的冲突，个人追求利己行为而导致的最终结局是一个纳什均衡，也是对所有人都不利的结局。他们两人都是在坦白与抵赖策略上首先考虑到自己，这样他们必然要服更长的刑期。只有当他们都首先替对方着想时，或者相互合谋时，才可以得到最短时间的监禁的结果。

纳什均衡首先对亚当·斯密的“看不见的手”的原理提出挑战。按照斯密的理论，在市场经济中，每个人都是从利己的目的出发，而最终全社会达到利他的效果。从纳什均衡中，我们引出了“看不见的手”的一个悖论：从利己目的出发，结果损人不利己，既不利己也不利他。两个囚徒的命运就是如此。从这个意义上说，纳什均衡提出的悖论实际上动摇了西方经济学的基石。

从纳什均衡中，我们还可以悟出一条真理：合作是有利的利己策略。但它必须符合以下黄金律：首先，按照你愿意别人对你的方式来对别人，但只有他们也按同样的方式行事才行，也就是我们常说的“己所不欲，勿施于人”，但前提是“人所不欲，勿施于我”。其次，纳什均衡是一种非合作博弈均衡，在现实中非合作的情况要比合作情况普遍。

原理应用

欧佩克不再风光——寡头勾结分析

欧佩克（OPEC，石油输出国组织）是世界石油寡头的卡特尔。它们勾结起来限制产量、确定石油价格，曾在20世纪70年代大获成功，使世界石油价格大幅度上升。但在80年代之后，世界石油价格一直下跌，欧佩克难现当年的风采。在像石油这样只有几家特大型企业的寡头市场上，各个寡头联合起来确定价格对各方都是有利的，但为什么这种勾结却难以持久呢？我们可以举个例子来说明这一点。

我们先分析最简单的情况：只有两个寡头的双头市场。假设石油市场上只有两个寡头A和B。它们的产量在效率最高时各生产3 000万桶，共6 000万桶。这时生产成本为每桶6美元，市场价格也为6美元，没有利润。如果它们勾结起来，把产量限定为各生产2 000万桶，共4 000万桶。这时每桶石油的生产成本为8美元，市场价格为9美元，各得2 000万美元利润。如果一方违约生产3 000万桶，另一方守约生产2 000万桶，共5 000万桶，市场价格为7.5美元。违约的一方获利4 500万美元（3 000万×1.5美元），守约的一方亏损1 000万美元［2 000万×(－0.5美元)］。

当双方签约勾结之后，各方都有两种选择：守约与违约。他们做出决策是要使自己的利益最大化（即采用对自己有利的优势战略）。A决策的思路如下：如果B守约，我也守约，则获利2 000万美元；如果我不守约，则获利4 500万美元；两相比较，当B守约时，我不守约更有利。如果B不守约，我守约要亏损1 500万美元；但如果我也不守约，则无亏损；两相比较，当B不守约时，我不守约更有利。换句话说，无论B是否守约，A不守约是优势战略。B也按同样的思路推理，得出了不守约有利的结论。最后的结果是双方都违约，达到了和完全竞争下收支相抵没有利润的结果。

这是一种一次性博弈。由于各方对违约行为不能做出有力的惩罚，所以都会违约就成为必然。这就是有利于双方的勾结难以实现的原因。如果是多次博弈，而且各方可以采用“一报还一报”的策略（即你这次违约，我下次违约，你这次守约，我下次也守约）进行报复性惩罚，那么，双方的合作还是可以的。但如果寡头市场上的寡头不是两家，而是多家，而且难以实现有力的惩罚，勾结就仍然难以实现并持久。欧佩克就是这种情况。

欧佩克在1960年成立时包括科威特等5个国家，1973年又有卡塔尔等8个国家加入。它们控制了世界石油储藏量的3/4。它们曾使石油价格从1972年的每桶2.64美元上升到1974年的11.17美元，1981年又上升到35.10美元，但1986年原油价格又回落到12.52美元。以后价格时有波动，但大体上是下跌。这种价格下跌正是欧佩克失败的标志。

欧佩克失败的原因首先在于其内部成员的违约行为。要维持石油高价，必须限产。欧佩克在确定目标价格的同时也规定了各成员国的产量。但正如我们分析双头市场时指出的，各方的优势战略都是违约，即在价格高时都希望其他参与者遵守限产协议，而自己想打破限产。如果每个参与者都这样想，而且对违约者缺乏有力的惩罚，结果就是大家都打破了限产，使供给增加，从而价格下跌。

欧佩克在20世纪70年代维持石油高价的关键是通过限产减少供给，即人为制造“物以衡为贵”的局面。80年代之后，不仅欧佩克成员打破限产，增加了石油供给，而且非欧佩克成员（如英国）的各种节油技术，使其减少了对石油能源的依赖，即对石油的需求减少。供给增加而需求减少，石油的高价当然难以维持。在这种供大于求的情况下，各个寡头都想把自己的产品卖出去，违约降价又成为必然，从而使寡头勾结破产。其实在供大于求的格局之下，任何寡头之间的勾结都难以成功。前几年北京几家大商场想勾结起来抬高洗衣机价格，终于以一家接一家的违约而失败。VCD行业、彩电行业等都有过勾结定价的企图，也都未见成功。什么企业联合定价、行业自律价，在供大于求价格必然下降这一市场规律面前都已经或即将败下阵来。

（资料来源：梁小民．微观经济学纵横谈［M］．北京：生活·读书·新知三联书店，2000）

课程思政

垄断造成“饥饿”供应体制

全国工商联石油业商会召开了媒体见面会，针对自2010年10月份以来蔓延全国的“柴油荒”现象做出了分析。具体说来，造成此次“柴油荒”的原因可归结为四个方面。

第一，国家石油管理体制有缺陷。“柴油荒”是由我国石油行业、市场垄断造成的。两大央企石油公司（中石油、中石化）在国内石油行业的上游控制着石油资源开采权，在中游控制着炼油企业的生产加工权（包括国内地方炼油厂），对外控制着原油、成品油的进口权，市场主体单一，石油资源在市场上得不到合理、有效配置。

第二，两大石油公司以计划经济模式维持市场运行。从原油进厂到成品油配送销售都是按照计划在系统内运营，生产与市场脱节，计划跟不上市场变化，造成国内石油市场供求关系失衡。

第三，两大石油央企的行业垄断，造成本企业内部缺少活力、竞争力，与国际上充分竞争的同行业企业相比成本高、效率低，遇有国际油价高涨时企业利润空间相对缩小，因而失去生产加工的积极性，从而以产业下游、社会公众、民营石油企业、养车族为人质，以“油荒”逼迫国家提高油品价格。

第四，从两大石油公司运营路线图“垄断盈利→国际油价上涨→垄断利润减少→减少市场供应（油荒）→调高国内油价→垄断盈利”来看，它们只“盈”不“赔”，凭借垄断地位依靠国家调高油价，将国际油价的负担完全顺延给社会公众以维持其垄断利润。

2008年、2009年一而再、再而三的“油荒”催促石油垄断领域的改革。石油业商会专家断言：“现在油价只有80美元/桶，一旦油价升到100美元/桶，供需将更加失衡，短缺将更严重。”要想根治“油荒”等问题，关键在于改革石油进出口体制，建立多元化石油供应体系。应以落实石油非国有贸易进口为切入点，向民营企业适度放开石油进口，使广大民营企业（包括炼油企业和销售企业）能作为石油供应主体，平等参与到市场竞争中来，扩大供给，繁荣市场，使石油市场更加稳定与成熟。

问题：从本案例中你得到什么启示意义？

分析提示：应从垄断的市场特征和对市场的影响入手，分析垄断经营对企业和消费者分别产生什么样的影响。

项目小结

在完全竞争市场条件下，厂商所面临的需求曲线、平均收益曲线以及边际收益曲线这三条线是重合的。完全竞争厂商的短期均衡存在着不同情况。在 $MR=MC$ 所决定的均衡产量下，当 $AR>AC$ 时，厂商获得超额利润；当 $AR=AC$ 时，厂商利润为零；当 $AVC<AR<AC$ 时，厂商亏损，但继续生产；当 $AR=AVC$ 时，厂商停止营业。厂商实现长期均衡的条件为 $P=MR=LMC=SMC=LAC=SAC$，$P=MC$，所有厂商通过对生产规模的不断调整，逐渐消除利润和亏损，实现均衡。

在完全垄断市场条件下，厂商的平均收益曲线与需求曲线 D 重合，是一条向右下方倾斜的曲线，厂商的边际收益曲线 MR 也向右下方倾斜，并且低于 AR 曲线。厂商的短期均衡

遵循 $MR=MC$ 原则，在均衡点 E 处，当 $AR>AC$ 时，获得超额利润，$AR=AC$ 时，利润为零，$AR=AVC$ 时，为厂商停止营业点；长期内，厂商的均衡条件是 $MR=LMC=SMC$，$P>LAC>LMC$，垄断厂商依此逐渐调整生产规模。由于垄断厂商排斥其他厂商的进入，因而垄断厂商在长期内获得最大利润。

垄断竞争厂商的长期均衡条件为：$MR=LMC=SMC$，$AR=LAC=SAC$，$P=LAC>LMC$，在厂商的长期均衡产量上，厂商的经济利润为零。

寡头市场条件下，每家厂商在该行业的总产量中都占有相当大的份额，以至于其中任何一家厂商的产量或价格的变动，都会对市场的价格和供给量产生重大影响。

不同市场类型的经济效率是不一样的。完全竞争市场的经济效率最高，垄断竞争市场的经济效率较高，寡头市场的经济效率较低，垄断市场的经济效率最低。市场竞争的程度越高，则经济效率越高；市场垄断程度越高，则经济效率越低。

项目实训

一、实训内容

1. 知识运用能力

技能Ⅰ

名称：问题研讨。

规范与标准：能够根据项目的重点和核心知识点设置研讨题目，练习知识运用。

（1）垄断竞争企业会给自己的顾客送圣诞礼物，这样做是为了达到什么目的？

（2）如果你真想进入冰激凌行业，你会努力使生产的冰激凌像一个已有品牌的冰激凌一样吗？解释你运用本项目内容所做出的决策。

（3）举两个价格垄断的例子，并分别解释垄断者采取该价格政策的原因。

技能Ⅱ

名称：经济学在企业或社会生活中的运用。

规范与标准：请对本项目所学的知识点进行分析，每个知识点至少列举 5 个及以上在企业或社会生活中的应用，见表 5-3。

表 5-3　市场理论在企业或社会生活中的运用

项目知识点	在企业或社会生活中的运用
完全竞争市场	
完全垄断市场	
垄断竞争市场	
寡头垄断市场	

技能Ⅲ

名称：综合分析——选择 5～8 家眼镜店，对眼镜价格、成本及利润的情况进行调查研究，并分析眼镜市场发展的趋势。

规范与标准：

（1）小组成员先进行实地调研，然后分析讨论，写出分析报告。

（2）小组派代表阐述本组分析报告的结果。

（3）教师点评。

2. 情境设计

将学生分成若干实训组，每组自行进行人员分工，选出调研负责人。选择调研区域，对市场上的眼镜店进行实地调研，收集资料。调研完毕撰写调研报告和总结分析报告，同时准备演讲 PPT，选出发言人，进行课堂汇报。

二、实训目标

通过调查认识厂商的市场结构类型，并能对其市场竞争的策略进行分析，加深对本项目内容的理解。

三、实训设施

市场、教室。

四、实训过程

（1）根据班级人数将学生组成若干个实训组，每 5～7 位同学分成一组，每小组确定一人负责。

（2）对实训组进行实训要求和具体操作讲解。

（3）实训组各小组分别根据团队成员的兴趣爱好和性格，进行分工，开始研讨与设计。

（4）实训组各小组根据实训内容和目标，在规定时间内利用双休日进行实地调查，收集资料。

（5）分析资料。根据经济学原理，将所收集的资料进行归纳、分析和整理，写出一份调查报告。

（6）各组将调查分析结果进行课堂讨论交流。

五、实训成果

《调研报告》

《问题研讨分析报告》

《知识点应用表格》

六、注意事项

（1）每组每位同学合理分工，认真做好实际调查工作，确切理解知识信息准备工作的内容和要求。

（2）每组同学认真准备符合要求的文字材料。

（3）每组代表在课堂上清晰、有条理地向大家阐述自己的方案，突出重点和亮点。

项目习题

一、单选题

1. 根据完全竞争市场的条件，下列哪个行业最接近完全竞争行业？（　　）

A. 飞机行业　　B. 服装行业　　C. 香烟行业　　D. 玉米行业

2. 在 $MR=MC$ 的均衡产量上，企业（　　）。

A. 必然得到最大的利润

B. 不可能亏损

C. 必然得到最小的亏损

D. 若获利润，则利润最大；若亏损，则亏损最小

3. 在完全竞争市场上，厂商短期均衡的条件是(　　)。

A. $P=MR$　　B. $P=AR$　　C. $P=MC$　　D. $P=AC$

4. 完全竞争市场厂商的总收益曲线的斜率(　　)。

A. 固定不变　　B. 经常变动　　C. 为1　　D. 为0

5. 一个实行价格歧视的垄断厂商，将在需求(　　)的市场索取最高的价格。

A. 价格弹性最大　　B. 价格弹性最小

C. 缺乏价格弹性　　D. 单位价格弹性

二、多选题

1. 边际成本曲线在平均可变成本以上的部分表明(　　)。

A. 完全竞争性厂商的需求曲线

B. 完全竞争性厂商的供给曲线

C. 竞争性厂商在不同价格水平下将提供的产品数量

D. 完全竞争厂商的收益曲线

2. 在厂商的停止营业点处，(　　)。

A. $P=AVC$　　B. $TR=TVC$

C. 总亏损等于 TFC　　D. 利润为零

3. 一个垄断厂商要取得最大利润，下列说法不正确的是？(　　)

A. 可以自由定价　　B. 可以在缺乏弹性的部分自由定价

C. 可以在富有弹性的部分自由定价　　D. 必须使 $MR=MC$

4. 当一个完全竞争行业实现长期均衡时，对每个企业的描述正确的是？(　　)

A. 都实现了正常利润　　B. 利润都为零

C. 行业中没有任何厂商再进出　　D. 都获得了超额利润

5. 市场结构的类型有(　　)。

A. 完全竞争市场　　B. 完全垄断市场

C. 垄断竞争市场　　D. 寡头垄断市场

三、判断题

1. 在完全竞争市场中，各厂商的商标或品牌都不存在差别。(　　)

2. 对于一个完全竞争市场来说，市场的边际收益与市场价格是相同的。(　　)

3. 如果市场价格低于厂商的平均成本，厂商应该停止营业。(　　)

4. 如果一个厂商追求利润最大化，那么它就不应该在亏损的状态下继续经营。(　　)

5. 在竞争型市场中，一个厂商的生产技术具有规模报酬不变的特性，那么如果最大利润存在，它一定为零。(　　)

6. 垄断厂商总能获得经济利润。(　　)

7. 自然垄断意味着规模经济在一个产量充分大的范围内仍旧存在。(　　)

四、名词解释

边际收益　　边际成本　　垄断竞争　　寡头市场　　纳什均衡

五、问答题

1. 简述完全竞争厂商的短期均衡和条件。

2. 简述完全竞争市场类型同时具备的条件。

3. 完全竞争厂商的需求曲线为什么是水平的？

4. 垄断市场形成的原因有哪些？

5. 什么是垄断竞争市场？该市场的条件有哪些？

6. 完全竞争行业中某厂商的成本函数为 $STC=Q_3-6Q_2+30Q+40$，成本用美元计算，假设产品价格为 66 美元。

（1）求利润极大时的产量及利润总额。

（2）由于竞争市场供求发生变化，由此决定的新的价格为 30 美元，在新的价格下，厂商是否会发生亏损？如果会，最小的亏损额为多少？

（3）该厂商在什么情况下才会退出该行业（停止生产）？

项目六

分配理论与应用

学习目标

知识目标： 理解影响生产要素需求的主要因素；理解完全竞争条件下要素价格的决定；掌握完全竞争条件下工资、利息、地租和利润理论；掌握洛伦兹曲线和基尼系数的概念及含义。

能力目标： 能够解释工资收入的差异；能够分析社会分配的差距。

实训目标： 能够应用所学经济学原理，分析现实生活中收入分配的差距。

漂亮的收益

亲爱的记者：

可以回答我一个问题吗？那些美容医院生意火爆，我也想去试试，可是我不知道该出多少钱去美容才划得来，就是说，为了成为“美女”该花多少钱？

亲爱的读者：

你好。爱美之心人皆有之。想必你能看到，一款产品如果经由美女展示，就能得到无数的订单；一个企业如果经由美女形象代言，就能倾倒诸多“上帝”；报纸杂志如果拿美女来做封面，就能引来大批读者，如我们的《晨报周刊》。

美女何以能有这么大的“钱途”呢？经济学家一直试图解开其中的谜底，而且还真找到了答案。像美国著名经济学家、前总统顾问委员会主任曼昆在《经济学原理》一书中，就有“漂亮的收益”一说。美国联邦政府的一份调查结果也显示：俊男靓女比一般人更容易获得较高收入。

人的漂亮与否是否真的与个人的经济收益密切联系？我们身边的现实证明确实如此——面对一个漂亮的人和一个丑陋的人，我们都想和漂亮的人在一起，找对象就是一个例子，都愿意找个漂亮的作为终身伴侣，和漂亮的人在一起是一种享受。

从经济学的角度来讲，漂亮是一种资本。在演艺界、影视界和节目主持界，是否漂亮关系到一个栏目的形象问题，影响着节目的收视效果，因此漂亮的人容易获取高收益，因为他/她为单位带来高收益；比如模特，只有漂亮的人才能当模特，也才能在模特界获取收益；再比如各种形象大使，又有哪个不漂亮呢？

从我们的生活中也可以看出，一个漂亮的营业员和一个较丑的营业员在一块做生意，你愿意买谁的？理发、做美容呢？结论不用说。因此，漂亮的人相对收益较高，这是消费者的心理影响的结果。相对而言，漂亮的人少，人们都希望看看漂亮的人以饱眼福，都想接近他/她，因此都自觉不自觉地接受着漂亮的人的服务。因此，我们说，漂亮也是资本，本身也能带来收益。

至于“美”具体能带来多大经济效益，美国劳动经济学家丹尼尔·哈莫米斯（Daniel Hamermesh）与杰夫·比德尔（Jeff Biddle）就有精确的答案。他们两人在1994年12月的《美国经济评论》上发表了一篇论文，在分析了大量的来自美国和加拿大的资料的基础上，哈莫米斯和比德尔发现，同种情况下，那些更有吸引力的人比相貌平常的人的平均收入高5%。那些相貌平常的人比那些被认为比一般人吸引力小的人平均收入高5%～10%。而这个结论对于男人和女人都具有普遍性。这就是经济学上所说的“漂亮贴水”效应。

（资料来源：http://finance.chinanews.com/cj/cj-jjyw/news）

请分析：你怎么理解上述观点？

“美也是一种生产力”，这种说法听起来有些荒唐，但在现实生活中，颜值高，意味着可以得到更多的机会。一些影视明星、体育明星，由于自身的努力，加上公众的推崇，能够获得超高收入，在经济学上，可以从生产者剩余的角度进行解释。

任务一　生产要素的需求和供给

案例导入

全国水泥市场需求回暖　多地价格大幅上涨

近期，全国多地水泥价格出现大幅上涨，北方水泥企业也实现了“逆袭”，前三季度业绩大幅攀升。《经济日报》中国经济网记者从中国水泥协会获悉，今年以来全国水泥价格均呈现同比上涨态势。数据显示，前三季度全国标号42.5的水泥平均价位达到432元/吨（西藏除外），比去年同期上涨13元/吨，同比增长3%。

中华人民共和国工业和信息化部公布的数据显示，今年1月份至8月份，全国水泥产量14.7亿吨，同比增长7%，其中8月份水泥产量2.1亿吨，同比增长5.1%。1月份至7月份，全国水泥行业实现营业收入5 425亿元，同比增长16.2%，比整个工业增速高11.3个百分点；利润总额997亿元，同比增长27.2%，比整个工业增速高28.9个百分点。

“水泥价格整体上涨是因为华北、西北等地区市场需求比去年同期明显上升。”中国水泥协会执行会长孔祥忠告诉《经济日报》中国经济网记者，今年以来，水泥行业认真贯彻落实党中央、国务院决策部署，深入推进供给侧结构性改革，这为行业整体保持平稳运行，产品产量保持增长，经济效益稳中向好奠定了良好基础。

（资料来源：http://www.ce.cn/xwzx/gnsz/gdxw/201910/21/t20191021_33388947.shtml）

请思考：生产资料价格的决定主要受什么因素影响？

一、生产要素的需求

（一）生产要素的需求特性

产品市场的需求来自消费者，在要素市场上，要素的需求来自厂商。然而厂商购买生产要素并不是为了满足自己的消费，而是把生产要素投入到生产过程中，最终生产出产品销售给消费者，满足消费者对产品的需求，所以厂商对要素的需求是一种引致需求。如消费者购买汽车，导致汽车厂商建立起汽车生产厂，去购买原材料和雇用工人生产汽车，汽车厂商对资本、生产汽车原材料以及工人的需求都是引致需求。

（二）影响生产要素需求的主要因素

生产要素的需求也是一种联合的需求或相互依存的需求。我们知道，任何生产行为所需要的都不是一种生产要素，而是多种生产要素，这样各种生产要素之间就是互补的。同时，在一定的范围内，各种生产要素也可以互相代替，生产要素相互之间的关系说明它的需求之间是相关的。

在生产要素市场上，影响生产要素需求的因素主要有以下几个。

（1）市场对产品的需求及产品的价格。这两个因素影响产品的生产与厂商的利润，从而也影响生产要素的需求。当市场对某种产品的需求量越大时，该产品的价格就高，则生产这种产品所用的各种生产要素的需求也就越大；反之亦然。

案例分析

猪肉价格上涨，下游产业“跟得紧”

日前，在一家快餐店吃午饭的张先生发现，该店老板正忙着更换菜单，平时 15 元一笼的猪肉馅包子被改成了 20 元一笼。对此，老板无奈地说：“猪肉价格涨得太快了，没办法，我们这还不敢多涨，刚刚够本，不然卖不出去了。”平时总逛菜市场的刘先生也发现，某品牌熟食店里的猪头肉、猪手等产品价格都出现了不同程度的上涨，而熟食的销售量，也大幅下降。

请讨论：为什么猪肉价格上涨，包子店和熟食店的产品价格上涨？

教师点评：影响生产要素需求的应用。

（2）生产技术状况。生产的技术决定了对某种生产要素需求的大小。如果技术是资本密集型的，则对资本的需求大；如果技术是劳动密集型的，则对劳动的需求大。

（3）生产要素的价格。各生产要素之间存在一定程度的替代性，如何进行替代在一定范围内取决于各种生产要素本身的价格。厂商一般用价格低的生产要素替代价格高的生产要素，从而生产要素的价格本身对其需求有重要的影响。

二、生产要素的供给

在生产过程中，有生产要素的需求，必有生产要素的供给，不同种类的生产要素供给各有其特点。

第一类：自然资源。在经济分析中常常假定这类资源的供给是固定不变的。

第二类：资本品。资本品是利用其资源生产出来的，也是和其他产品一样的产品。在经济分析中，这一行业的产品往往是另一行业的生产要素。所以，这种生产要素的供给和一般产品的供给一样，与价格同方向变动。

第三类：劳动。劳动是劳动者提供的服务，这种生产要素的供给有其特殊性，其供给曲线是一条向后弯曲的线。

同步案例

天价学区房的原因

据国内相关媒体报道，1989 年上海住宅房价达到 2 300 元/平方米，而 2019 年上海的房价均价已经达到 50 000 元/平方米，30 年间，房价翻了 20 多倍，很多人都在想，要是生活在 20 世纪 90 年代该多好啊！

（资料来源：http://dy.163.com/v2/article/detail/EAAI8KJK0518S9JS.html）

三、完全竞争市场条件下生产要素价格的决定

这里我们考察完全竞争条件下的要素价格的决定，这里的完全竞争指的是产品市场和要素市场都处于完全竞争的状态。因为是完全竞争市场，所以要素价格和产品价格都保持不变。为方便讨论，只考察厂商对一种可变要素（如劳动力）的需求，产品价格为 P，要素价格即使用劳动的成本为 W。

厂商购买生产要素是为了实现利润最大化。这样，它就必须使购买的最后一单位生产要素所支付的边际成本与其所带来的边际收益相等。在完全竞争市场上，边际收益等于平均收益，即等于价格。因此，厂商对生产要素的需求就是要实现边际收益、边际成本与价格相等，即 $MR=MC=P$。

分析完全竞争市场，再引入边际产品价值这个概念，以 VMP 表示。因为在完全竞争市场上，对一家厂商来说，价格是不变的。由此可见，厂商对生产要素的需求就取决于生产要素的边际收益，而生产要素的边际收益取决于该要素的边际生产力。在其他条件不变的情况下，增加一单位某种生产要素所增加的产量（或者这种产量所带来的收益）就是该要素的边际生产力。如果以实物来表示生产要素的边际生产力，则称为边际物质产品；如果以货币来表示生产要素的边际生产力，则称为边际产品价值 VMP，等于边际产量乘以产品价格，即 $VMP=MP \cdot P$。同时，我们引入边际收益产品的概念，以 MRP 表示，即由增加一单位要素所引起的总收益的增加，$MRP=MR \cdot MR$。在完全竞争的产品市场上，因为 $MR=P$，所以 $MRP=VMP$。

小思考：为什么在完全竞争市场条件下，$MR=P$？

根据要素市场利润极大化原则 $MRP=MFC$，有 $VMP=W$，因为 $MRP=MP \cdot MR=MP \cdot P$。根据边际收益递减规律，在其他条件不变的情况下，生产要素的边际生产力是递减的。因此，生产要素的边际产品价值（VMP）曲线自左向右下方倾斜，要素的 VMP 曲线也就是厂商对该要素的需求曲线，如图 6－1 所示。在图 6－1 中，横轴 OL 为生产要素（劳动）的需求量，纵轴 OW 为生产要素（劳动）的价格，VMP 为边际产品价值曲线，向右下方倾斜，也就是生产要素的需求曲线。当生产要素的价格为 W_0 时，生产要素的需求量

为 L_0，这时使用的生产要素可以实现 $VMP=W$。如果生产要素的价格高，就是 $VMP<W$，从而减少生产要素的需求；如果生产要素的价格低，就是 $VMP>W$，从而增加生产要素的需求。

在完全竞争条件下，要素所有者在既定要素价格水平上提供要素给厂商，即要素的供给曲线为一水平线，这一曲线也是 MFC 曲线，而且这时的 $MFC=W$。要素供求曲线的交点决定要素的均衡价格和要素的均衡使用量，如图 6－2 所示。而既定要素价格则取决于整个行业的要素供求状况，全行业的供给曲线是向右上方倾斜的，它之所以向右上方倾斜，是因为要素供给的机会成本问题。当某一行业的要素价格较低时，要素所有者在该行业供给要素的机会成本较高，他便会转移要素的用途，即在该行业的要素供给减少；反之亦然。全行业生产要素的供求变动决定要素的均衡价格和均衡使用量。

要素的均衡价格和均衡使用量是由该要素的市场供给曲线和需求曲线的交点决定的。如图 6－3 所示，要素的均衡价格为 OP_0，如果价格高于 OP_0，供给量会超过需求量，从而引起价格下降；如果价格低于 OP_0，则需求量会超过供给量，从而引起价格上升。只有当要素价格等于 OP_0 时，该要素的供给量和需求量才一致，该价格才能够维持。

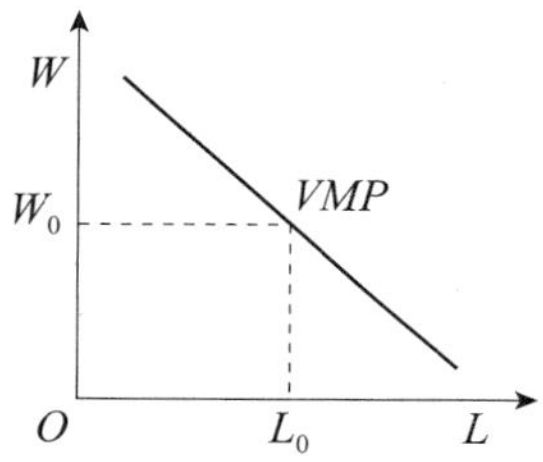

图 6－1　要素的需求曲线

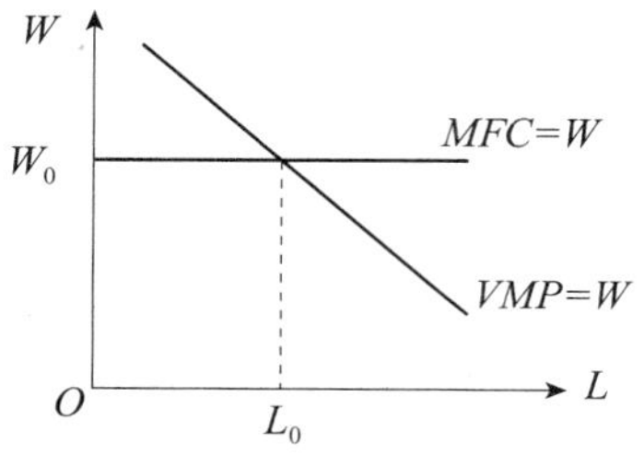

图 6－2　厂商要素需求的均衡价格和均衡使用量

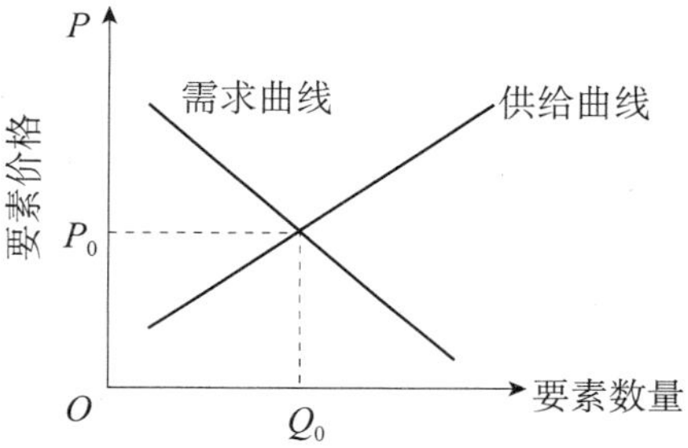

图 6－3　行业要素需求的均衡价格和均衡使用量

以上有关要素价格和使用量决定的一般论述，适用于各种要素。具体地说，劳动的价格即工资，是由劳动的供给曲线和需求曲线的交点决定的；商品的价格是由商品的供给曲线和需求曲线的交点决定的；资本的使用价格即租金或利息是由资本的供求关系决定的；土地的租赁价格即地租，是由土地的供给曲线和需求曲线的交点决定的；土地的买卖价格等于单位土地的年收益（地租）除以利息率；企业家才能的价格即正常利润被包括在成本之中，它取决于企业家才能的供求关系；厂商的收益超过成本的部分被称作经济利润，它来源于创新、风险和垄断。

原理应用

天价学区房，闹剧一场

2019 年 6 月，发生在南京的一起“17 万/㎡天价学区房事件”引发各界关注，南京这处引发全民“围观”的房产，面积仅 13.2 平方米，犹如“胶囊房”。具体地址位于南京市鼓楼区灵隐路 22 号。在网络上流传较广的视频中，上述房子昏暗狭小，墙面甚至都已经发霉。不过由于临近琅琊路小学本部和 29 中本部两所知名学校，房子一在网上挂出，就引来很大关注。

它遭“哄抢”的原因是，尽管单价高，但因面积小而导致总价低，几乎比同片区域学区房价格低了一半。

记者调查发现，在这出全民“围观”的“天价学区房”闹剧中，房产中介及其工作人员哄抬、炒作房价的痕迹明显。

（资料来源：http://news.163.com/19/0613/10/EHHUSS8T0001875P.html）

任务二　完全竞争条件下的工资、利息、地租和利润

案例导入

各行业收入差距有拉大趋势

据河南省统计局公布的数据显示，2018年，河南省城镇非私营单位就业人员年平均工资为63 174元，分行业门类看，年平均工资最高的三个行业分别是金融业116 047元，科学研究和技术服务业83 301元，信息传输、软件和信息技术服务业79 543元，分别为全省平均工资水平的1.84倍、1.32倍和1.26倍。年平均工资最低的三个行业分别是住宿和餐饮业41 804元，农、林、牧、渔业44 314元，居民服务、修理和其他服务业45 677元，分别为全省平均工资水平的66.2%、70.2%和72.3%。

请思考：为什么人们的工资会有差距呢？工资的多少究竟受哪些因素影响？是否应该提倡工资平均化？如何防止工资水平差距过大？

2018年，河南城镇非私营单位就业人员平均工资差别很大，其中金融业工资收入是其他服务业工资收入的254%。造成这种收入差异的原因主要是行业的差异，收入差距过大，一方面影响社会公平，另一方面也影响经济进一步发展，政府应采用“二次分配”的措施，进行收入的宏观调控。

一、工资理论

工资是劳动者提供劳务所得的报酬，也是劳动这种生产要素的价格。在完全竞争的市场上，工资取决于劳动的需求与供给。

（一）劳动的需求

劳动的需求是指在各种可能的工资下，企业愿意雇用的劳动数量。对于每一个有理性的厂商来说，总是根据利润最大化的原则来选择劳动的使用数量。整个市场的劳动的需求曲线是把所有需要劳动的企业的需求曲线沿横向加总得到的。当工资率提高时，所有企业使用劳动的数量将减少，从而劳动的市场需求量减少；反之，当工资率降低时，单个企业对劳动需求量的增加将导致劳动的市场需求量增加。因此，劳动的需求曲线是一条向右下方倾斜的曲线，表明劳动的需求量与工资呈反方向变动，可以用图6－4劳动的供给与需求曲线中D_L需求曲线来说明。

（二）劳动的供给

劳动的供给指在各种可能的工资条件下，人们愿意提供的劳动数量。劳动的供给主要取决于劳动的成本，这种劳动的成本包括两类。一类是实际的劳动成本，即维持劳动者及其家

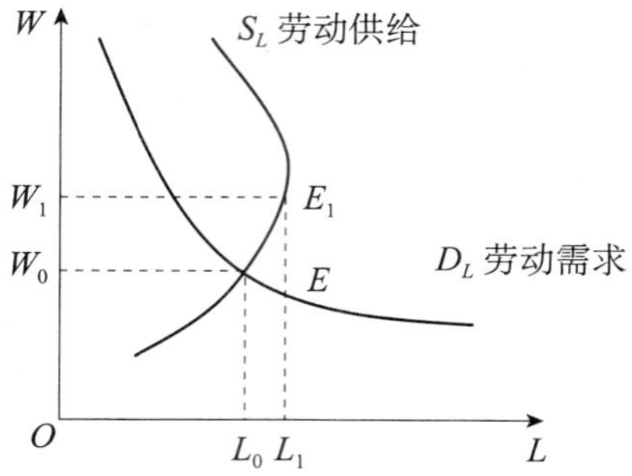

图 6-4　劳动的需求与供给曲线

庭生活必需的生活资料的费用，以及培养、教育劳动者的费用；另一类是心理成本，劳动是以牺牲闲暇的享受为代价的，工作本身也可能使劳动者不快乐，这给劳动者心理上带来负效用，补偿劳动者这种心理上负效用的费用就是劳动的心理成本。劳动的供给是受工资率变动的影响的，工资率变动对劳动的供给有两种影响，即工资率变动的收入效应和替代效应。

工资率变动的收入效应是指工资率变动引起的收入变动对劳动供给所产生的影响。如果劳动者的工作时间保持不变，工资率的提高使得劳动者的收入提高，收入的提高将使劳动者能够购买更多的商品，其中包括购买更多的闲暇时间。因此，工资率提高的收入效应使劳动时间减少；反之，工资率下降的收入效应使劳动者增加劳动时间。

工资率变动的替代效应是指工资率变动对劳动者消费闲暇与收入之间的替代所产生的影响。较高的工资率意味着闲暇变得比较昂贵，劳动者倾向于用消费其他商品来代替闲暇。所以，工资率提高的替代效应使劳动的供给增加；当工资率降低时，替代效应会使劳动者增加闲暇时间，劳动的供给量减少。

工资率提高的收入效应与替代效应方向相反。工资提高是否使得劳动时间增加，取决于替代效应和收入效应的强度。当工资率比较低时，工资率提高的收入效应小于替代效应，此时劳动的供给曲线向右上方倾斜；当工资率上升到一定程度以后，工作较少的时间就可以维持较好的生活水平，工资率提高的收入效应强度超过替代效应，从而使劳动的供给量减少，这时的供给曲线称为“向后弯曲的供给曲线”，如图 6-4 所示。此外，当工资率以外的影响劳动供给因素发生变动时，会引起劳动供给的变化，表现为供给曲线的移动，这些因素包括人口增长率、劳动力的流动性、移民的规模以及家务劳动社会化程度等。

以上分析的是单个劳动者的供给曲线，整个劳动力市场的供给是由各个劳动力的供给曲线汇总得到的。

同步案例

闲暇 or 工资，如何抉择

红娟是一名 IT 行业的销售顾问，大学毕业后，凭借自己在学校学习的理论知识，加上自己的努力，目前月收入已经达到 1.2 万元。春节过后，主管红娟的销售经理升职了，人事经理找到红娟，问她是否愿意接替销售经理的职位。红娟经过认真考虑，谢绝了人事经理。她的理由是：一旦自己担任销售经理，势必花费更多的时间和精力，每月薪水只比目前多 2 500 元左右。如果出任经理，自己支配的时间将减少很多，所以宁可不要工资提升，而维持目前的生活质量。

（三）完全竞争市场上工资的决定

劳动的需求与供给共同决定了完全竞争市场上的均衡工资水平。如图 6－5 所示：劳动的需求曲线 D_L 和劳动的供给曲线 S_L 相交于 E_0 点，这就决定了均衡的工资水平为 W_0，即能够使劳动市场供求相等的工资水平。

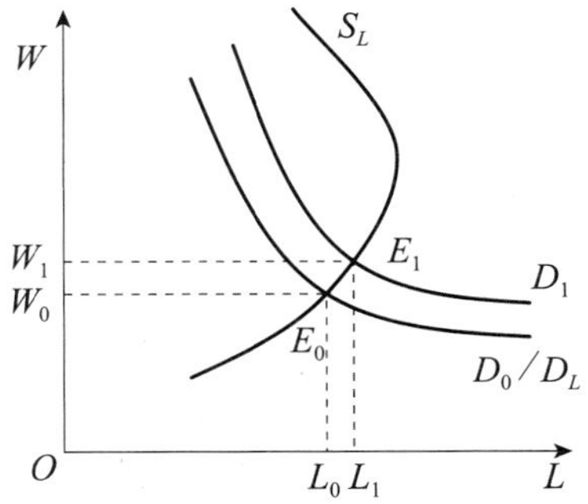

图 6－5　增加劳动需求条件下劳动市场的均衡

现实生活中的劳动市场工资围绕均衡工资上下波动，当市场工资高于均衡工资时，劳动供给量将大于劳动的需求量，劳动者之间的竞争将会迫使市场工资下降，直至跌至 W_0 的水平。当市场工资低于均衡工资时，劳动的供给量将小于劳动的需求量，企业之间的竞争会迫使市场工资上升，直至升至 W_0 的水平。

（四）不完全竞争市场上工资的决定

不完全竞争市场是指劳动市场上存在着不同程度的垄断。垄断有两种情况，一种是厂商对劳动购买的垄断；另一种是劳动者对劳动的垄断，即劳动者组成工会。在不完全竞争市场上，工资可能高于或低于劳动的边际产品价值。

在西方国家，许多工人组成工会，形成维护工人权益的经济组织。在社会中，工会、政府、企业被认为是三个并列的组织。工资水平一般是由工会与企业协商决定的，政府在其间起一种协调作用。因为工会控制了入会的工人，而且工会的力量相当强大，所以，在经济学中被作为劳动供给的垄断者，并以这种垄断来影响工资的决定。

工会影响工资的方式主要有以下三种：

1. 增加对劳动的需求

在劳动供给不变的条件下，通过增加对劳动需求的方法来提高工资，不但可以增加工资，还可以增加就业。工会增加厂商对劳动需求的方法最主要的是增加市场对产品的需求，因为劳动需求是由产品的需求派生出来的。增加对产品的需求就是要通过议会或其他活动来增加出口，限制进口，实行贸易保护政策。在增加对产品需求这一点上，工会和企业的目标是共同的。在议会中代表这两个利益集团的议员往往在保护贸易和限制进口方面会站在同一立场上。此外，增加劳动的需求还包括提高会员的劳动生产率，如组织学习和培训、激励士气、参与管理等。在图 6－5 中增加劳动需求条件下劳动市场的均衡中，劳动的需求曲线原来为 D_0，均衡的工资水平为 W_0，就业水平为 L_0。劳动的需求增加后，劳动的需求曲线由 D_0 移动到 D_1，这时与 S_L 相交于 E_1，决定了工资水平为 W_1，就业水平为 L_1。$W_1>W_0$，说明工资上升了；$L_1>L_0$，说明就业增加了。

2. 限制劳动的供给

在劳动需求不变的条件下，通过减少劳动供给同样可以提高工资，但这种方法会使就业减少。工会限制劳动供给的手段包括：限制非工会会员的受雇；迫使政府通过限制移民入境的法案；提高行业的就业资格标准；实行长期的学徒工制度；拒绝接受新会员；对某些群体实施歧视（如性别歧视）等。这种方法对工资和就业的影响可以用图 6－6 来说明。在图 6－6 中限制劳动条件下的劳动市场均衡中，劳动的供给曲线原来为 S_0，S_0 与 D 相交于 E_0，决定了均衡工资水平为 W_0，就业水平为 L_0。劳动的供给减少后，劳动的供给曲线由 S_0 移动到 S_1，这时与 D 曲线相交于 E_1，决定了工资水平为 W_1，就业水平为 L_1。$W_1 > W_0$，说明工资上升了；$L_1 < L_0$，说明就业减少了。

3. 最低工资法

工会迫使政府通过立法规定最低工资，这样，在劳动的供给大于需求时也可以使工资维持在一定的水平上。在图 6－7 中，劳动的需求曲线原来为 D_0，均衡的工资水平为 W_0，就业水平为 L_0。最低工资法规定最低工资为 W_1，$W_1 > W_0$，工资可以维持在比较高的水平，但在这种工资水平下，劳动的需求量为 L_0，劳动的供给量为 L_1，有可能造成失业。

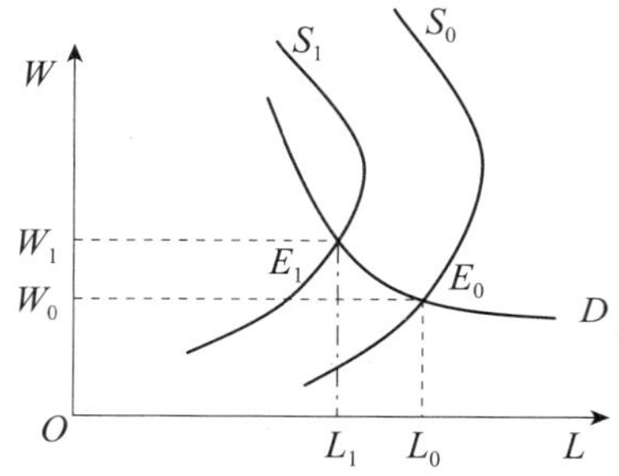

图 6－6　限制劳动条件下的劳动市场均衡

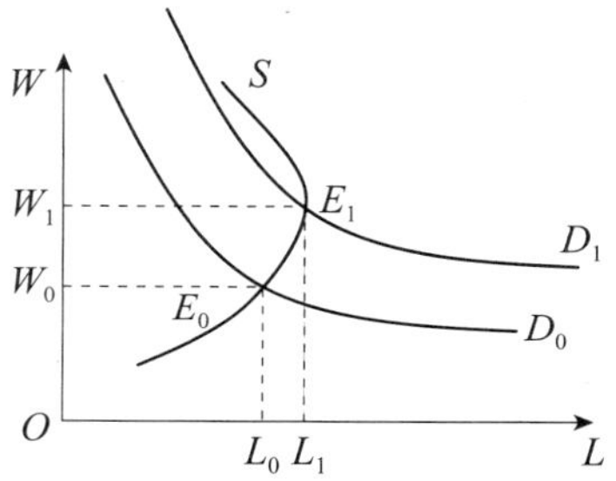

图 6－7　最低工资法下的劳动市场均衡

（五）工资率差异的原因

在现实的劳动市场中，不同国家、地区、部门、职业、群体和个人之间的工资率差异是十分明显的。经济学通常从以下四个方面来解释工资之间的差异。

1. 补偿性工资差异

不同工作的负效用是不一样的。为了使人们进入吸引力较小的工作领域，企业需要支付较高的工资进行补偿。例如：煤矿工人、长途汽车运输司机所从事的工作危险程度高，同时由于工作环境差，劳动的强度大或建筑施工受季节和地理位置限制较大等所引起的工资差异，就属于补偿性工资差异。

2. 生产率工资差异

对劳动的负效用的补偿并不能解释一切工资差异。生产率的差异指劳动质量的差异而造成的工资的差异。例如：大学教授的工资率高于百货商店的售货员，这并不能说明教书的负效用较大；相反，学术探索的挑战性和融洽的师生关系反而能使大学教授从工作中得到更多的非货币收益。许多经济学家把类似于教授与售货员的这一类工资差异的原因归结于生产率的差异。一个人要成为大学教授，要经过多年的正规教育和在职训练，在此期间他要支付高昂的学费并放弃工作收入。较高的工资收入是对大学教授较高劳动质量的承认，也是对其机会成本的一种补偿。

同步案例

网红李子柒

根据央视报道，拥有2 000万粉丝的李子柒在2019年一年的收入达到1.6亿元，与2018年A股上市公司净利润相比，李子柒的收入超过了2 123家上市公司。

李子柒不仅长得漂亮，而且特别有才华，最关键的是动手能力也很强。看过她视频的朋友都知道，李子柒是穷苦出身，从小就开始为了生活而奔波，很早就学会了很多生活技能，甚至还有一些都快失传的传统技艺。无数人在她的视频里看到了中国隐士式的田园牧歌，从她的视频中得到安慰，在纷杂的世界里找到一处清凉。一位网友这样评论："她的火，也绝不是偶然。她今天的成功背后，是我们大多数人都熬不了的苦。"

（资料来源：http://chanye.07073.com/guonei/1842840.html）

3. 非竞争性工资差异

现实生活中的劳动市场并不是典型的完全竞争市场，其非竞争性表现在不完全信息、不完全劳动流动性、市场分割、非竞争性群体等方面。劳动市场的非竞争性也是工资率差异的重要原因。一方面，雇主在雇用劳动力以前，对劳动力的质量缺乏了解，不同雇主对同一劳动力愿意支付的工资可能出现差异。另一方面，由于个人不可能了解所有企业愿意支付的工资，他所接受的未必是可能得到的最高工资。此外，劳动市场按职业分为许多分市场，其中许多职业熟练的劳动力的培养需要大量的时间和金钱的投入，人们一旦在特殊岗位上掌握了专门技术，就会受该种技术供给和需求的影响。例如：即使外科大夫的工资迅速上升，没有受过专业训练的普通人也无法在一夜之间成为合格的医生。

4. 特殊的工资差异

某些个人拥有非凡的才能，并在特定的环境中获得特别高的收入。例如：一些体育运动员和演艺界的名人，除了天赋与后天的努力之外，媒体的宣传和公众的偏好也是他们获得高收入的重要原因。

案例分析

姚明的超人气收入

姚明一共在NBA打了8个赛季，总薪水就拿到了9 339万美元。随着NBA不断进步，在进入新时期之后，球员们的薪水得到了普遍的提升。而姚明当年又是一名状元，那个时代的联盟队伍还非常需要姚明这样的大个子内线球员，所以拿到的合同价格自然很高。这还不包括姚明的广告代理收入。

请讨论：为什么姚明能获得超高收入？

教师点评：

1. 特殊工资差异的应用。
2. 公众的偏好，加上个人的特殊素质，造成了超人气收入。

二、利息理论

利息是资本这种生产要素的价格。资本家提供了资本，得到了利息。利息与工资计算的方式不同，它不是用货币的绝对量来表示，而是用利息率来表示。利息率是利息在每一单位时间内（如一年内）在货币资本中所占的比率。例如：货币资本为 10 000 元，利息为一年 1 000 元，则利息率为 10%，或称年息 10%。这 10%就是货币资本在一年内提供生产性服务的报酬，即这一定量货币资本的价格。

（一）资本需求

在西方经济学理论中，一般把资本定义为由经济制度本身生产出来并被用作投入要素以便进一步生产更多的商品和劳务的一种物品。资本作为一种生产要素，有其独有的特征：第一，其数量是可以改变的，是可以由人们的经济生活生产出来的。第二，资本被生产出来的目的是为了依靠它获取更多的商品和劳务。第三，资本是一种投入要素，要得到更多的商品和劳务就必须把其投入到生产中去。

资本需求是指在各种可能的利率下，企业对资本的需求量。企业借助资本进行投资，是为了实现利润最大化。投资就取决于利润率和利息率之间的差额，利润率与利息率之间的差额越大，即利润率高于利息率，企业就越愿意进行投资；反之，利润率与利息率之间的差额越小，纯利润就越少，企业就越不愿意投资。所以，在利润率既定时，利息率就和投资量呈反方向变动，从而资本的需求曲线是一条向右下方倾斜的曲线，如图 6－8 中 D_K 曲线所示。

（二）资本供给

资本的供给是指在各种可能的利率下，人们愿意提供的资本数量。资本供给来自人们为获取利息而进行的储蓄。一般说来，利率越高，人们越愿意进行储蓄。这是因为储蓄需要人们付出某种代价，如牺牲当前的消费、放弃有可能出现的利用资金的机会等。从这个角度来说，利息就是对上述牺牲所做出的补偿。因此，资本的供给曲线自左下方向右上方倾斜，如图 6－8 中 S_K 曲线所示。

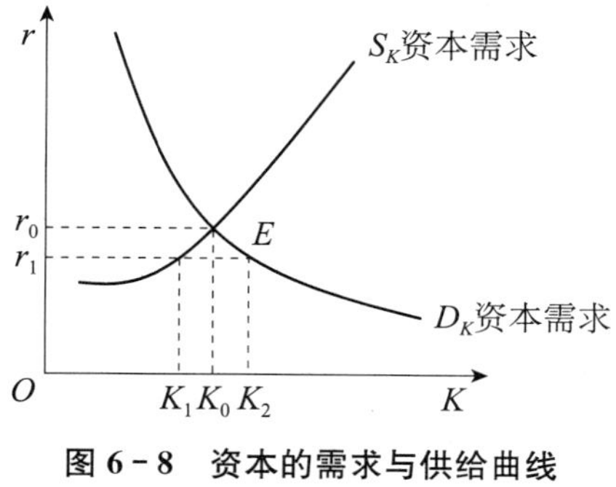

图 6－8　资本的需求与供给曲线

（三）利率的决定

这里介绍纯粹利息率的决定。纯粹利息率是指在理想的市场环境中，单纯由资本供求决定的利息率，它反映的是资本的净生产力。理想的市场环境包括以下条件：资本自由流动，不存在风险，不考虑借贷期限差异，不考虑管理费用，不考虑市场分割与借贷方式的差异等。

纯粹利息率是由资本的需求与供给双方共同决定的。在图 6－8 中，横轴 OK 代表资本的数量，纵轴 Or 代表利息率。资本的需求曲线 D_K 与资本的供给曲线 S_K 的交点 E 所对应的利率是均衡的纯粹利息率。如果在这个理想的资本市场上利息率高于 r_0，就会出现资本供大于求的现象，市场的压力会迫使它下降到 r_0 的水平；如果利率低于 r_0，则资本供不应求，市场压力迫使它上升到 r_0 的水平。

（四）利息在经济中的应用

在经济中，通过对利率的调节作用，资本市场实现了均衡。利息的调节作用在经济中具有十分重要的作用。首先，利息的存在可以鼓励大家少消费，多储蓄。增加储蓄是发展经济的关键，而刺激人们增加储蓄的最有力的手段就是提高利息率。所以一般国家在经济发展时总要采取高利息率的经济政策。其次，利息的存在可以使资本得到最有效的利用。如果社会的利息率水平是既定的，人们就会把资本用于获得利润率最高的部门，利润率高的部门也就是资本能最好地发挥其作用的部门。同时，利息的存在可以刺激企业更有效、更节约地使用资本。最后，当一个社会出现通货膨胀时，提高利息率可以压抑对可贷资金的需求，刺激可贷资金的供给，从而抑制通货膨胀。正因为如此，利息对经济社会来说是非常重要的。

小思考：在我国，为什么人们喜欢把钱存入银行，虽然利息很低？

三、地租理论

地租是土地这种生产要素的价格，地主提供了土地，得到了地租。在经济学中，土地地租也可以理解为使用自然资源的租金。

（一）土地需求

土地需求是指在各种可能的地租下，人们对土地的需求量。一般说来，地租越高，人们对土地的需求量就越小；地租越低，人们对土地的需求量就越大。这是由于要素边际报酬率递减规律作用的结果。在现实生活中，土地有很多种用途，如种粮食、盖工厂、修道路等。不同用途的土地带来的收益是不同的。在地租较高时，只有土地利用率特别高的人才能够租用土地。随着地租的下降，租用土地的人会逐渐增多。

（二）土地供给

土地供给是指在各种可能的地租下，人们愿意提供的土地数量。由于土地是自然界直接提供的生产要素，因此其供给是缺乏弹性的。在一般情况下，地租上升不会使土地供给增加；地租下降也不会使土地减少。反映在图形上，土地供给曲线是一条垂直于横轴的直线，如图 6－9 所示。

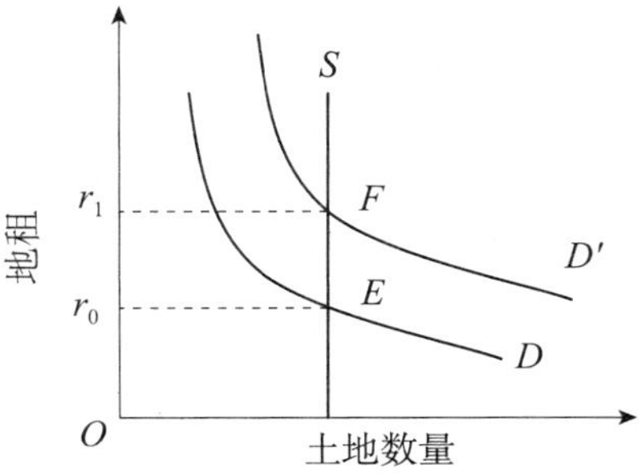

图 6－9　土地的需求与供给曲线

（三）地租的决定

地租取决于土地的供给与需求。如图 6－9 所示，在最初的时期，土地的需求曲线 D 与

土地的供给曲线 S 的交点 E 决定了均衡状态下的地租为 r_0。如果地租背离了，就会出现土地供求不一致的情况，市场的压力会促使地租回到均衡状态。虽然土地的供给是固定的，但土地需求会随着时间的推移而移动，如人口增长、技术进步等因素会使土地需求增加。在图 6－9 中，土地的需求曲线由 D 移动到 D' 就表明土地的需求增加了，但土地的供给仍为 S 与 D' 相交于 F，决定了地租为 r_1，r_1 高于原来的地租 r_0，说明由于土地的需求增加，地租上升了。

（四）级差地租

在实际的经济生活中，不同的土地在肥沃程度以及地理位置上有很大的差异，而且这种差异对地租的形成也有相当大的影响。由于土地在肥沃程度和地理位置等方面的差异而引起的地租在经济学上称为级差地租。

可以用表 6－1 来说明级差地租的形成。在表 6－1 中，A、B、C、D、E 是 5 块肥沃程度不同的土地。在使用的其他生产要素相同，从而支出的生产成本相同的情况下，各块土地的产量不相同。在市场上，农产品的价格是相同的，从而各块土地的总收益就不相同。在表中，A、B、C 这 3 块土地由于条件好、产量高，就分别产生了 200、160、100 的级差地租。D 块土地没有级差地租，被称为“边际土地”。E 块土地连生产成本都无法弥补，不会有人利用。所以可以说级差地租是由于土地的肥沃程度或地理位置的不同而引起的。

表 6－1　级差地租的形成

土地	产量	价格	总产值	生产成本	级差地租
A	200	2	400	200	200
B	180	2	360	200	160
C	150	2	300	200	100
D	100	2	200	200	0
E	80	2	160	200	－40

（五）准地租

准地租又称准租金，指固定资产在短期所得到的收入。在短期内，固定资产是不变的，与土地的供给相似。不论这种固定资产是否取得收入，都不影响它的供给。只要产品的销售价格能够补偿其平均可变成本，就可以利用这些固定资产进行生产。在这种情况下，产品价格超过其平均可变成本的余额，代表固定资产的收入。这种收入是由于需求大，产品价格超过弥补可变平均成本而有盈余产生的，其性质类似地租，因此，成为准地租。准地租仅在短期内存在。在长期内固定资产是不变的，就不存在准地租了。

（六）经济租

如果生产要素的所有者得到的实际收益高于他们所希望得到的收益，则超过的这部分收益就被称为经济租，或者称为生产者剩余。例如：市场上有 A、B 两类工人各 100 人，A 类工人素质高，所要求的工资为 200 元，B 类工人素质低，所要求的工资为 150 元。当厂商要雇用工人时，如果这一工作 A、B 两类工人都可以担任，他则优先雇用 B 类工人。但在 B 类工人不够时，也要雇用 A 类工人。假定某厂商需要工人 200 名，他就必须雇 A、B 两类全部人员。在雇用这些工人从事同样的工作时，必须按 A 类工人的要求支付 200 元的工资。这样，B 类工人所得到的收入就超过了他们的要求。B 类工人所得到的高于 150 元的收入就是经济租。其他生产要素所有者也可以得到这种经济租。图 6－10 可以说明经济租。供给曲线表示每增加一单位供给所要求的价格，市场价格为OP_0，在此以下的各单位生产要素都得到了经济租，经济租总额就是图 6－10 中阴影部分的面积。

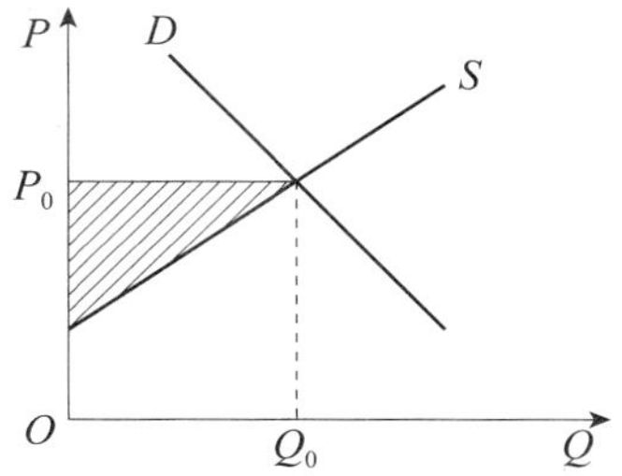

图 6－10　经济租

小思考：体育、演艺界明星的高收入，是不是经济租？

四、利润理论

利润通常指企业总收益与总成本之间的差额，即企业出售产品和劳务所获得的收入扣除全部费用（包括工资、薪金、租金、利息、材料和其他支出）后的余额。这种通常意义上的利润又称为会计利润或企业利润。利润可分为正常利润和经济利润。

正常利润是吸引企业进入一个行业所必须提供给企业的最低利润。正常利润是企业家才能的价格，也是企业家才能这种生产要素所得到的报酬。如果某个企业在行业中所获得的利润小于正常利润，即收益小于成本，它就会退出该行业。当行业中企业数量减少，产品的市场价格就会上升，所以在一般情况下，厂商能够获取正常利润。在经济学的分析中，通常将正常利润作为企业成本的一个组成部分。

经济利润是指超过正常利润水平之上的利润，或者说是超过企业继续处于该行业所必需的最低限度利润之上的利润。经济利润来自企业创新的报酬和垄断收益，在经济理论中可以解释总收益超过机会成本的差额。当厂商的经济利润为零的时候，厂商仍然可以获得正常利润。

在经济理论上，利润的来源可以有以下几个方面。

（一）隐含收益

隐含收益是指企业自有资金的机会成本，即拥有资金这种生产要素的所有者，如果不把资金投入生产，不经营企业，可以在他处获得工作的工资和存款的利息。这是利润的一个重要来源。

（二）承担风险的报酬

任何企业的经营都与某种程度的不确定性和不完全信息相联系。在经济生活中，企业可以将一部分风险进行保险，这一部分保险支出要纳入成本。但是，有些风险是不可保险的，如供给结构和需求结构的变动引起企业成本和收益的变动，由于商业周期、自然灾害、政治动乱以及其他偶然事件的影响造成企业收益的变动等。在通常情况下，企业是厌恶风险的，利润就是对企业承担风险的报酬。

（三）创新和企业家才能的报酬

创新指企业家对生产要素实行新的组合。它包括五种情况：第一，引入一种新产品。第二，采用一种新的生产方法。第三，开辟一个新市场。第四，获得一种原料的新来源。第五，采用一种新的企业组织方式。创新需要企业家才能。创新要有眼光、有创造力，在经营中勇于引进新思想，敢于做前人没有做过的事。在创新的道路上，许多人都失败了，成功者只是少数。但是，每一位成功者都开辟了一个新领域，从而获得了超额利润，即超过一般利润水平的利润。超额利润不可能在长期存在，市场上的竞争对手很快就会对创新者的成果进行模仿。所以企业要想在竞争中不断进步，就需要不断在自己所从事的领域进行创新。

小思考：苹果公司为什么能够成为世界上营业额最大的科技公司？

（四）垄断的收益

在市场中，一些企业具有一定的垄断的权利。由垄断而产生的超额利润，又称为垄断利润。垄断的形式可以分为两种：卖方垄断与买方垄断。卖方垄断也称垄断或专卖，指对某种产品出售权的垄断。垄断者可以抬高销售价格以损害消费者的利益而获得超额利润。在厂商理论中分析的垄断竞争的短期均衡、完全垄断的短期与长期均衡，以及寡头垄断下的超额利润，就是这种情况。买方垄断也称专买，指对某种产品或生产要素购买权的垄断。在这种情况下，垄断者可以压低收购价格，以损害生产者或生产要素的供给者而获得超额利润。垄断所引起的超额利润是垄断者对消费者、生产者或生产要素供给者的剥削，是不合理的。这种超额利润也是市场竞争不完全的结果。

原理应用

华为的创新

在 2020 年的新年致辞中，华为轮值董事徐直军正式宣布 2019 年华为营收超过了 8 500 亿元，相当于每月平均进账 708 亿元，每天平均进账 30 亿元！目前，华为是全球最大的通信设备制造企业和第二大手机制造企业，技术研发实力雄厚，专利申请量居世界第一。2019 年，华为在美国专利授权榜上排名第十。这也是中国企业在美专利授权量最高的一次，足以证明该企业强大的技术研发能力。

作为科技企业，要想长久立于不败之地，必须打造自身生态。目前华为已经打造出从基础通信到终端产品的全场景智能生态，以智能手机为终端主要载体，植入 PC、智能穿戴、智能家居和云办公等应用产品，为用户提供全新的智能工作和生活体验。这种生态一旦形成稳定的用户群体就不易被打破，形成良性循环，未来只有掌握智能生态才能创新未来。

任务三 洛伦兹曲线和基尼系数

案例导入

经济学中的“马太效应”

“马太效应”来自《圣经·马太福音》中的一则寓言，“凡有的，还要加给他叫多余；没有的，连他所有的也要夺过来。”

1968 年，美国科学史研究学者罗伯特·莫顿（Robert Merton）提出这个术语用于解释一种广泛存在的社会心理现象：“相对于那些不知名的研究者，声名显赫的科学家通常得到更多的声望，即使他们的成就是相似的。同样的，在同一个项目上，声誉通常给予那些已经出名的研究者。比如，一个奖项几乎总是授予最资深的研究者，即使所有工作都是一个研究生完成的。”

罗伯特·莫顿把“马太效应”归纳为：任何个体、群体或地区，一旦在某一个方面（如金钱、地位、名誉等）获得成功和进步，就会产生一种积累优势，就会有更多的机会取得更大的成功和进步。

此术语后为经济学界所借用，反映“贫者愈贫、富者愈富、赢家通吃”的收入分配不公的现象。

（资料来源：杨紫元．初级经济学 [M]. 上海：上海交通大学出版社，2013）

请思考：上述案例，在现实生活中能找到原型吗？请举例说明。

一、洛伦兹曲线

洛伦兹曲线是用来衡量社会收入分配或财产分配平均程度的曲线，是美国统计学家 M. O. 洛伦兹提出的，根据实际统计资料做出的反映人口比例与收入比例对应关系的曲线。

洛伦兹把社会各个居民依据其收入的多少分成 5 个等级，各占人口的 20%，按他们在国民收入中所占份额的大小如表 6－2 所示。

表 6－2　社会收入分配的平均程度

级别	占人口百分比	人口百分比合计	占收入百分比	收入百分比合计
1	20	20	6	6
2	20	40	12	18
3	20	60	17	35
4	20	80	24	59
5	20	100	41	100

将表 6－2 中人口百分比合计和收入百分比合计的对应关系描绘在图上，即得到洛伦兹曲线，如图 6－11 所示，横轴表示人口百分比，纵轴表示收入百分比，曲线 OY 为洛伦兹曲线。由图 6－11 和表 6－2 可以看出，在这个国家中，收入最低的 20%的人口所得到的收入仅占总收入的 6%，而收入低的 80%的人口所得到的收入才占总收入的 59%。

显而易见，洛伦兹曲线的弯曲程度具有十分重要的意义。一般来说，它反映了收入分配的不平等程度。弯曲程度越大，收入分配越不平等；弯曲程度越小，收入分配越平等。特别是当洛伦兹曲线为对角线 OY 时，它是一条直线，弯曲程度最小，表示 x%的人口得到 x%的收入，即收入分配是完全平均的。当洛伦兹曲线为折线 OPY 时，其弯曲程度最大，表示 99.99%的人口得到 0%的收入，0.01%的人口得到 100%的收入，即收入分配是绝对不平均的。

一般来说，一个国家的收入分配既不是绝对不平等的，也不是绝对平等的，而是介于两者之间，因此，洛伦兹曲线也就介于对角线 OY 和折线 OPY 之间。洛伦兹曲线比较直观地显示出收入分配均等程度的情况，但是，人们有时需要用数字来进行量化，于是，提出了基尼系数。

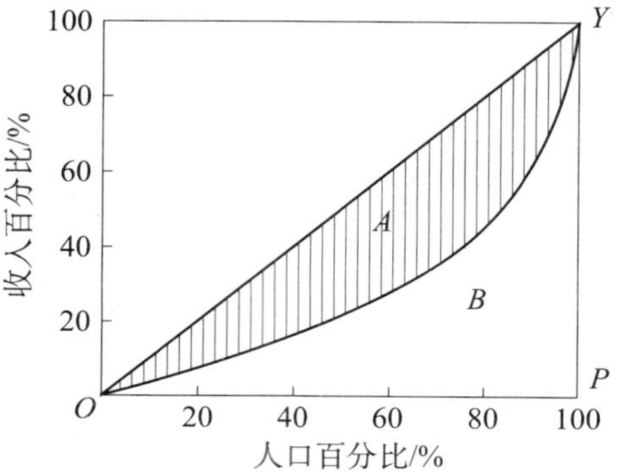

图 6-11 洛伦兹曲线

二、基尼系数

(一) 基尼系数的概念

根据洛伦兹曲线，可以计算出反映收入分配平均程度的指标，这一指标称为基尼系数。

如果把图 6-11 中洛伦兹曲线与对角线 OY 之间的面积即阴影部分用 A 表示，洛伦兹曲线与折线 OPY 之间的面积用 B 表示，那么基尼系数的计算公式为：

$$G=\frac{A}{A+B}$$

当 $A=0$ 时，基尼系数等于 0，这时收入分配绝对平均。

当 $B=0$ 时，基尼系数等于 1，这时收入分配绝对不平均。

实际的基尼系数总是大于 0 而小于 1 的。基尼系数越小，就表示收入分配越平均；基尼系数越大，收入分配越不平均。

按国际通用的标准，基尼系数小于 0.2，表示收入分配绝对平均；基尼系数为 0.2～0.3，表示收入分配比较平均；基尼系数为 0.3～0.4，表示收入分配基本合理；基尼系数为 0.4～0.5，表示收入分配差距较大；基尼系数为 0.5 以上，表示收入分配差距悬殊。

同步案例

表 6-13 反映了我国近年来基尼系数值的变动，从中我们可以看到，近几年我国基尼系数有下降的趋势。

表 6-3　2008—2018 年我国基尼系数汇总表

年份	基尼系数
2008	0.491
2009	0.49
2010	0.481
2011	0.477
2012	0.474
2013	0.473
2014	0.469

续前表

年份	基尼系数
2015	0.465
2016	0.465
2017	0.467
2018	0.474

（二）基尼系数的变动趋势

1. 人均国民收入与基尼系数的关系

据世界银行经济学家阿鲁瓦利亚对 60 个不同类型国家在 1970 年前后的收入数据所做的分析，随着人均国民收入的增加，基尼系数会经历先扩大后缩小的过程，如表 6－4 所示。

表 6－4　人均国民收入与基尼系数的关系

人均国民收入/美元	基尼系数
1 500 以上	0.402
150～500	0.479
500～1 500	0.461
发达市场国家	0.358
社会主义国家	0.238

2. 部门结构与基尼系数的关系

据莱达尔的研究，随着劳动力逐渐从农业部门转移到非农产业部门，基尼系数会出现先扩大后缩小的过程，如表 6－5 所示。

表 6－5　部门结构与基尼系数的关系

非农产业劳动力所占比例/%	基尼系数
0	0.35
7.3	0.42
13.5	0.45
19.1	0.46
24.2	0.46
35.7	0.46
45.9	0.45
55.4	0.43
64.2	0.42
80.5	0.39
95.5	0.36

从表 6－5 中可以看到，在非农产业劳动力所占比例由 0%上升到 35.7%的过程中，基尼系数呈上升趋势；在非农产业劳动力所占比例由 35.7%继续提高时，基尼系数呈下降趋势。

3. 其他影响基尼系数的因素

第一，社会制度。社会主义国家的基尼系数要低于资本主义国家，这是由于社会主义国家实行按劳分配，而劳动能力差别所引起的收入差异一般只能相差 3～5 倍；而资本主义国家实行生产资料私有制，如美国收入最高的5%人口占有全部个人储蓄的2/3，这是拉大收入差距的重要因素。

第二，经济体制。在同一社会制度下，可以存在不同的经济体制。例如：我国在改革开放前，全国实行统一的工资制度，农村实行人民公社制度，基尼系数很低。改革开放以后，在城市推行现代企业制度，在农村搞家庭联产承包制，基尼系数有所上升。

第三，教育因素。在市场经济中，人们的收入与教育水平有十分密切的关系。在一国由农业社会向现代经济发展的初期，由于只有少数人能够得到较好的教育，教育成为扩大基尼系数的因素。随着教育的逐渐普及，劳动报酬在总收入中的比例上升，资产报酬在总收入中的比例下降，基尼系数逐渐变小。

案例分析

教育是缩小收入差距的正向因素

教育是唯一帮助女性缩小薪酬差异的特征指标。BOSS直聘研究院数据显示，2019年中国职场女性的教育回报系数为0.051，女性每增加一年教育年限，平均薪酬可提高5.1%，这一比例较男性高出0.5%。部分原因在于，低学历男性依然可以从事工程制造、采掘冶炼等薪酬相对较高的职位，而低学历女性的就业范围主要局限于生活服务业，就业面远窄于男性。只有女性的人力资本得到显著提升，能够选择的工作范围才能大幅拓宽，带动职业发展和收入提升。

（资料来源：https://shareapp.cyol.com/cmsfile/News/202003/05/toutiao343969.html）

请讨论：教育在缩小贫富差距中的作用。

教师点评：

1. 影响基尼系数的因素。
2. 加大教育投入，降低社会贫富差距，实现共同富裕。

第四，政策因素。在市场经济发展初期，政府往往实行扶植工业的政策，这会导致基尼系数的扩大。在经济发展到一定水平后，政府一般会通过累进所得税和社会福利措施来减小收入差距，特别是发达国家普遍对农业给予各种巨额补贴，使基尼系数有所缩小。我国近几年也开始调整农业政策，如对农业给予各种形式的补贴，目的也是为了缩小我国城市和农村之间的收入差距。

小思考：造成我国基尼系数偏大的原因都有哪些？

三、洛伦兹曲线与基尼系数的运用

通常可以用洛伦兹曲线与基尼系数来分析比较各个国家之间，或一个国家各个不同时期之间的社会收入分配的平等程度，以及收入分配各种政策的效应。作为一种分析工具，洛伦兹曲线与基尼系数是很有用的。

如图6－12所示，*a*、*b*、*c*三条洛伦兹曲线分别代表收入分配的不平等程度。如果这三条曲线分别代表的是A、B、C三国的收入分配状况，可以看出，A国的收入分配最平等，C国的收入分配最不平等，B国的收入分配介于二者之间。如果这三条曲线分别表示一国在不同时期的收入分配状况，假设 a 为最近时期的，c 为最早期的，则该国收入分配呈现越来越均等化的趋势。如果把这三条曲线中任意两条曲线看作表示一国实施某项经济政策前后的收入分配状况，假定 a 为实施政策前的，b 为实施政策后的，则说明该项经济政策的收入效应是差距有所扩大的。同样地，也可根据洛伦兹曲线计算的基尼系数来进行比较。

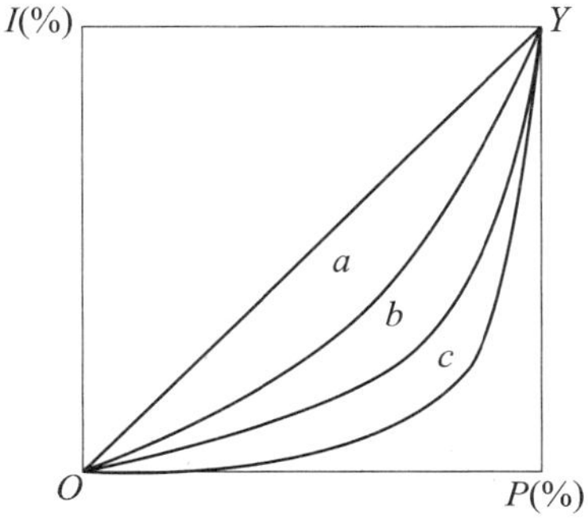

图 6－12　洛伦兹曲线的运用

原理应用

我国脱贫攻坚取得了明显成效

党的十八大以来，脱贫攻坚形成良好态势，取得明显成效。第一，农村贫困人口大规模减少。2013 年至 2016 年，我国现行标准下的农村贫困人口由 9 899 万人减少至 4 335 万人，年均减少 1 391 万人。农村贫困发生率由 10.2%下降至 4.5%，下降了 5.7 个百分点，年均下降了 1.4 个百分点。第二，贫困地区经济社会全面发展。截至 2016 年，贫困地区农村居民人均收入连续保持两位数增长，年均实际增长 10.7%。第三，贫困地区脱贫能力显著提升。贫困群众内生能力不断增强。第四，脱贫攻坚为全球减贫事业做出重大贡献。中国的脱贫攻坚取得的成就，形成了全球减贫事业可借鉴的“中国方案”。联合国秘书长安东尼奥·古特雷斯在致 2017 减贫与发展高层论坛的贺信中，高度评价中国精准扶贫成就，称赞“精准减贫方略是帮助贫困人口、实现《2030 年可持续发展议程》宏伟目标的唯一途径。

（资料来源：https://baijiahao.baidu.com/s?id=1592085756297830835）

6－1　非完全竞争条件下要素价格的决定

课程思政

大学生“网贷”何时休

网贷对大多数人来说并不陌生，特别是大学生，除了一些正规大型的平台外，也有不少民间、个人的借贷公司。这些网贷平台都有一个共同的特点——门槛低。只需要一张身份证，能证明“你就是你”就可以获得几千元到几万元的贷款额度，几乎是人人可贷。网贷一方面帮助人们解决了在现实生活中借钱难、借钱尴尬的问题，另一方面又会让人越陷越深，无法自拔，到最后“拆东墙补西墙”，越贷越多。

手机信息、路边电线杆、街边宣传单随处可见借贷公司的信息，手机电话时常被这些公司轰炸，可见当今的借贷行业是多么“火”，高利息、利滚利让这些平台赚得盆满钵满，也让一些贷款人遍体鳞伤。

最近，在西安的一位大学生小张因沉迷买彩票，多次借网贷买彩票，最后利息加本金有四五十万元。小张的父母以卖菜为生，为了帮小张还网贷，他们已经欠下了二三十万元的外债。

大学生深陷网贷的事件频频发生，为了追求一时的满足感不惜深陷“裸贷”，等待脱离苦海的案例每天都有发生。我只想说：珍惜美好生活，远离网贷吧。

（资料来源：https://baijiahao.baidu.com/s?id=1598418893246003534）

问题：这个案例对我们有什么启示？

分析提示：这个案例的启示在于，大学生的消费要量力而行，不要做自己能力范围以外的事情；有创业需求的学生，如果有资金需求，请选择正规的融资渠道，珍惜美好生活，远离网贷。

项目小结

厂商对要素的需求是一种引致需求，也是一种联合的需求或相互依存的需求。影响生产要素需求的主要因素有：市场对产品的需求及产品的价格、生产技术状况、生产要素的价格。

在完全竞争的产品市场上，边际收益产品等于边际产品价值，即 $MRP=VMP$。如 $VMP<W$，厂商会减少生产要素的需求；如果 $VMP>W$，厂商会增加生产要素的需求。

劳动的需求曲线是一条向右下方倾斜的曲线；劳动的供给曲线在工资率较低的情况下，向右上方倾斜，当工资率较高时，呈现向后弯曲的现象，均衡的工资取决于劳动的供给与劳动的需求。

利润通常指企业总收益与总成本之间的差额，正常利润是企业家才能这种生产要素所得到的报酬。经济利润是指超过正常利润水平之上的利润。

在经济理论上，利润的来源主要有隐含收益、承担风险的报酬、创新和企业家才能的报酬、垄断的收益。

洛伦兹曲线是用来衡量社会收入分配或财产分配平均程度的曲线。洛伦兹曲线越弯曲，收入分配不平均程度越大；反之，收入分配程度越平均。基尼系数越大，收入分配越不平均；基尼系数越小，收入分配越平均。

项目实训

一、实训内容

1. 知识运用能力

技能Ⅰ

名称：问题研讨。

规范与标准：能够根据项目的重点和核心知识点设置研讨题目，练习知识运用。

（1）为什么我国东西部地区，地价差别很大？

（2）高收入的人，为什么往往有更多的闲暇？

（3）为什么演艺界明星、体育明星可以获得高收入？

（4）基尼系数过大，对国家造成怎样的影响？

（5）大规模的精准扶贫，是否可以降低我国的基尼系数？

技能Ⅱ

名称：经济学在企业或社会生活中的运用。

规范与标准：请对本项目所学的知识点进行分析，每个知识点至少列举5个及以上在企业或社会生活中的应用。

表6-6　分配理论在企业或生活中的运用

项目知识点	在企业或社会生活中的运用
生产要素价格的决定	
工资理论	
利息理论	
地租理论	
基尼系数	

技能Ⅲ

名称：综合分析——为什么大学毕业生刚就业时，工资拿不到有技术的农民工的一半？

规范与标准：

（1）小组讨论工资价格的决定因素都有哪些。

（2）小组派代表陈述对问题的解释。

（3）教师点评。

2. 情境设计

将学生分成若干实训组，每组选择一种职业，进行角色扮演。扮演时，成员部分同学扮演应聘的学生，每组有一名同学扮演企业人力资源经理，进行现场面试。各实训组要进行劳动力市场网上调查，完成本实训的各项任务，在此基础上撰写《××职业工资薪酬的决定因素》。

二、实训目标

对本项目知识点进行全方位的分析应用。

三、实训设施

教室。

四、实训过程

（1）根据班级人数将学生分成若干个实训组，每5～7位同学分成一组，每小组确定一人负责。

（2）对实训组进行实训要求和具体操作讲解。

（3）实训组各小组分别根据团队成员的兴趣爱好和性格，进行分工，开始研讨与设计。

（4）实训组各小组根据实训内容和目标，在规定时间内完成各项实训任务。

（5）实训组各小组在实训分析与反思的基础上，撰写专项实训报告。

五、实训成果

《问题研讨分析报告》

《知识点应用表格》

《××职业工资薪酬的决定因素》

六、注意事项

（1）每组每位同学合理分工，认真做好实际调查工作，确切理解知识信息准备工作的内容和要求。

（2）每组同学认真准备符合要求的文字材料。

（3）每组代表在课堂上清晰、有条理地向大家阐述自己的方案，突出重点和亮点。

项目习题

一、单选题

1. 生产要素的需求是一种(　　)。

A. 派生需求　　B. 联合需求　　C. 最终需求　　D. A、B都对

2. 生产要素的需求曲线之所以向右下方倾斜，是因为(　　)。

A. 要素的边际收益产品递减　　B. 要素生产的产品的边际效用递减

C. 要素参加生产的规模报酬递减　　D. 以上均不正确

3. 洛伦兹曲线代表了(　　)。

A. 贫困的程度　　B. 税收体制的效率

C. 收入不平均的程度　　D. 税收体制的透明度

4. 如果收入是平均分配的，则洛伦兹曲线与(　　)。

A. 横轴重合　　B. 45°线重合　　C. 纵轴重合　　D. 难以确定

5. 基尼系数可以从洛伦兹曲线中计算。基尼系数的变大表示(　　)。

A. 洛伦兹曲线向45°线移动　　B. 不平均的增加

C. 不平均的减少　　D. 不平均没有改变

二、多选题

1. 人们收入的基本来源有(　　)。

A. 工资　　B. 利息　　C. 经济租金　　D. 准租金

E. 利润

2. 下列哪些因素能够影响到生产要素的需求？(　　)

A. 市场对产品的需求及产品的价格　　B. 生产技术状况

C. 生产要素的价格　　D. 生产要素的稀缺性

E. 生产要素的用途

3. 生产要素的需求曲线之所以向右下方倾斜，是因为(　　)。

A. 要素的边际收益递减　　B. 要素的价格递减

C. 要素的规模报酬递减　　D. 要素的边际产品递减

E. 要素的边际产品价值递减

4. 工会提高工资的方法有(　　)。

A. 限制劳动供给　　B. 增加劳动需求
C. 通过谈判提高工资标准　　D. 加大对工人的职业培训
E. 提高工人的业务技能

5. 影响基尼系数的因素有(　　)。
A. 社会制度　　B. 经济体制　　C. 教育因素　　D. 部门结构
E. 政策因素

三、判断题

1. 厂商的收益超过成本的部分被称作正常利润。(　　)
2. 工资率提高的替代效应使得劳动的供给减少。(　　)
3. 在西方国家，政府限制劳动供给时，将造成非工会会员的失业。(　　)
4. 大学教授的工资率高，是因为在大学教书比较辛苦。(　　)
5. 基尼系数越大，社会分配越不平均。(　　)

四、名词解释

生产要素需求　　劳动的供给曲线　　经济利润　　正常利润　　洛伦兹曲线

五、问答题

1. 生产要素需求的特点是什么?
2. 为什么人们的工资存在差异?
3. 谈谈你对经济利润和正常利润的理解。
4. 试分析劳动的供给曲线向后弯曲的原因。
5. 试分析利润的来源。

6. 设某一厂商的生产函数为：$Q=-0.1L^3+6L^2+12L$（Q 代表每周产量；L 代表每周雇用的劳动量）。若产品、要素市场均完全竞争，产品价格为 30 元，周工资率为 360 元，厂商追求最大利润，求每周雇用的劳动量。

项目七

市场失灵与政府微观经济政策

学习目标

知识目标：了解市场失灵的成因；掌握矫正市场失灵的各种微观经济政策。

能力目标：能够运用市场失灵与政府微观经济政策原理解决现实中的经济问题。

实训目标：学会依据所学知识点对现实经济问题进行分析；能按照某一特定的知识点找到企业或经济生活中的对接点；能运用所学的知识对市场失灵的原因进行分析，看到问题本质；能综合运用所学的知识进行市场失效分析，做出解决所遇问题的合理对策方案。

排污权交易

许多国家都制定了法律来保护环境，同时采取各种措施来控制环境污染的进一步加剧。

大多数环境管制都是通过限制企业或个人排放污染物，但是这种方法并不是很有效，它只是政府的一种强制管制，没有考虑到排放量和治污成本之间的关系，没有考虑到激励因素，它可能会产生低效率。

排污权交易是通过政府发行了一定数量的许可证来控制二氧化硫的排放量，它的创新之处就在于许可证可以自由交易，那些能以较低成本降低硫化物排放的厂商（如电力产业）会卖出许可证。另外一些需要为新工厂争取更多额度许可证的或没有减少排放余地的厂商会发现，比起安装昂贵的控污设备或是倒闭来说，购买许可证或许更经济一些。

排污许可证的买卖给了厂商足够的创新激励，厂商发现使用低硫煤比早先预想的要容易，而且更便宜，这个重要的实验为那些主张环境政策，应以市场手段为基础，同时又主张政府应该发挥它具有的作用的经济学家们提供了强有力的支持。

（资料来源：缪代文．微观经济学与宏观经济学［M］．北京：高等教育出版社，2017）

请分析：市场失灵怎样才能解决？

在这个案例中，污染物排放和环境保护显然无法通过市场调节来完成，政府出面管制寻求低成本的治理和最优效果，在污染物排放总量不超过允许排放量的前提下，建立合法的污染物排放权利，即排污权，并允许这种权利像商品那样被买入和卖出，以此来进行污染物的排放控制，从而达到减少排放量、保护环境的目的。在现实的经济生活中，因为存在市场失灵，需要政府出面解决，但同时又要引入市场竞争机制。

任务一　市场失灵及其原因分析

案例导入

太白山之伤

在我国的秦岭中段耸立着海拔 3 762.2 米的太白山，它被近代科学家称为天然动植物园地质博物馆。太白山早在 1965 年就被山西省确定为自然保护区，1986 年被批准建立国家级自然保护区。太白山有着丰富多样的动植物资源，甚至保存着完好的第四纪冰川遗迹，具有重要的研究意义，然而自 1990 年以来，太白山正遭受着当地政府“有形之手”的蹂躏。

周至县曾经组织了一个由省市县有关部门 20 余人组成的考察团，在没有办理任何批准手续的情况下，闯入保护区，直达核心地带。此后不久，周至县政府把开发太白山旅游当作振兴当地经济的重要手段。自 1993 年起，周至县纪检委在太白山上搞起了旅游接待等活动，他们为了方便游客，先后在保护区核心肆意砍伐树木数百棵，其中不乏太白红杉、秦岭冷杉等国家级濒危、珍稀树种。

周至县委也不甘示弱，太白县委副书记周峰带领公安民政等部门擅自闯入太白山，在保护区进行调查规划，没收了保护区管理人员的林区管理证、有关文件及对讲机，并要求保护区工作人员进入太白山须经太白县批准，还单方面把争议林区林权给了吉利沟村，致使其在争议区乱砍滥伐，使该区域的某些树种濒临灭绝。村委会主任组织村民在太白山保护区核心区开山修路，伐木架桥，砍倒了 470 多棵树，破坏植被万余平方米，建成庙宇三间，所砍树木均系国家二三级保护树种。

眉县公安局个别人未经任何部门批准，指派人员进入核心区，设点接待游客，并将毗邻的太白山国家森林公园保护点强行划入旅游版图，出售通票，将大量游客放入这些科学家考察亦需经国务院林业主管部门批准的核心保护区，进入核心区的游客乱扔塑料袋等杂物，对那里的生态环境造成了极大破坏。

（资料来源：https://www.docin.com/p-1902500600.html）

请思考：

1. 政府在面临地方经济发展时，如何行使自己的管制权？
2. 一些重要自然资源的产权归属和管理权应如何界定？

一、市场失灵的含义

在上述章节中论证了市场机制可以实现资源的最优配置。然而，在现实经济中，由于众多原因的限制，最优资源配置通常得不到实现，即市场机制配置资源的能力不足，出现资源配置失当，这种情况被称为“市场失灵”。市场失灵有狭义与广义之分，狭义的市场失灵是指完全竞争市场所假定的条件得不到满足而导致的市场配置资源的能力不足从而缺乏效率的表现。广义的市场失灵还包括市场机制在配置资源过程中所出现的经济波动以及按市场分配原则而导致的收入分配不公平现象。

在现实市场经济中，虽然价格能促使市场调节商品的供给与需求量，但是会出现价格并不等于商品的边际成本，高于平均成本最低点，即高于完全竞争条件下的均衡价格，而均衡数量却少于完全竞争条件下的均衡数量的情况。如垄断和寡头市场中的价格和产量就是如此。于是市场出现了价格扭曲现象和垄断产业的产量过少，这就是典型的市场失灵。

小思考：请列举一些你身边市场失灵的经济现象。

二、市场失灵的原因

导致市场失灵的原因是多方面的，包括垄断、外部性、公共物品、不完全信息以及市场机制本身的不完善等。

（1）在垄断和其他不完全竞争市场中，企业定价大于边际成本，不会像完全竞争企业那样把生产进行到长期平均成本最低时才达到长期均衡，结果是资源不能达到最佳利用，出现低效率的资源配置，损失了社会福利。

（2）一项经济活动存在外部经济时，由于私人利益小于社会利益，私人活动水平常低于社会要求的最优水平。当存在外部不经济时，由于私人成本小于社会成本，私人活动水平常高于社会所要求的最优水平。可见，不管外部经济还是外部不经济，都没有实现社会资源最优配置。

（3）公共物品具有非排他性和非竞争性的特点，单个消费者在享用公共物品时存在“搭便车”现象，导致公共物品的供给不足，资源配置效率低下。

（4）完全竞争理论假定供求双方有完全的信息，但这种假定不符合实际。在现实经济生活中，由于故意隐瞒以及能力上的限制，或者搜集信息的成本太高等，信息常常是不完全的或不对称的，信息不完全或不对称产生逆向选择和道德风险，破坏市场效率，导致市场失灵。

（5）市场本身的不完善也是市场失灵的一大原因，主要有两种情况，一是市场还不够发达，二是市场在运行中出现功能障碍。市场不发达的原因主要是社会经济的社会化、商品化、货币化程度不高，市场不能有效发挥作用。市场在运行中出现功能障碍，主要表现在企业结成垄断、不正当竞争等方面。

案例分析

日本的农业补贴

2014 年 4 月 8 日，菲律宾宣布要进口 100 万吨大米，结果国际大米价格因为这种大量购买而持续上涨，芝加哥期货价格涨到 21.60 美元一百磅的历史天价。日本的耕地面积是菲律宾的 1/3，菲律宾的人口有 9 000 万，日本是 1.3 亿，比菲律宾多 4 000 万人，而日本的粮食自给自足，而菲律宾呢，大部分要靠进口。

（资料来源：https://ishare.iask.sina.com.cn/f/E0ZTwXzmdN.html）

请讨论：相较于菲律宾，日本人多地少却可以实现粮食自足的根源在哪里？

教师点评：

1. 市场失灵。
2. 政府干预（农业补贴）。

三、政府干预的必要性

既然市场机制本身不能保证在一切场合下有效配置资源，那么，政府在这些场合进行某种干预就成为必要。政府干预经济的主要理由是存在着市场失灵，即政府的作用就在于解决市场自身所不能解决的问题。不过，有人对这种现代国家干预理论提出质疑：市场机制失效不等于政府干预有效。问题的实质在于如何在市场失灵与政府失灵这两害之中取其轻。

原理应用

政府与市场

举世皆知，蒙娜丽莎的清丽无人能及，世界各地专程来巴黎瞻仰她容貌的人们甚至踏破卢浮宫的门槛。但是，蒙娜丽莎的美只能在距离油画两三米外才能显现，如果贴近来看，唯余一堆皱巴巴、杂乱不堪的油彩。雄踞五岳之首的泰山，那磅礴的气势也要从山外来看，真进了山中，那石、那树和别的山川没什么根本不同；埃菲尔铁塔从远处看蔚为壮观、气势磅礴，可走近了看不过是一堆锈迹斑斑的钢条加铆钉。为什么？距离产生美。

政府与市场同样需要距离。如美国宪法之父麦迪逊所言："如果人都是天使，就不需要任何政府了。如果是天使统治人，就不需要对政府有任何外来的或内在的控制了。"完成治理的基本功，做到对市场的不妨害，是一个政府管理经济事务的最低纲领；也是市场对政府的核心的、正当的、理性的要求。在权力自上授予、对上负责的情况下，过于热心的参与往往由执政目标的暧昧所致。当地方政府在新的政治格局中获得了更大的权力时，这种区域竞赛似有进一步蔓延升温的迹象。当市场上的竞赛主体只是一些集合的、模糊的身影时，竞赛的魅力就已经失去了。

当然，距离不能变成遥远，否则美丽也就不存在了。政府与市场保持适当的距离，经济、社会的效率才是最高的。政府与市场的距离渐行渐远，弊端开始显露。始于 20 世纪 80 年代末至 90 年代初的那一轮"圈地运动"，在某种程度上是因为政策法规不够完善、政府宏观调控不够所致。1989 年 3 月人大修订了宪法，补充了"土地使用权可以依法转让"一句，但没有出台配套措施，没有对土地市场交易出台规范措施，也没有建立宏观调控机制。游戏规则存在漏洞，缺乏宏观调控，使一些炒家看到了发财的良机，只要通过关系获得土地，一转手就可以获取数倍乃至数十倍的暴利，于是寻租现象蜂拥，"圈地运动"轰轰烈烈地开展起来了。在那一轮"圈地运动"中，在某些地区，手握实权的人和房地产商串通一气，以极低廉的价格大批圈占土地，然后转手获取暴利。在游戏规则日趋完善的今天，20 世纪的那种疯狂圈地行为将一去不返，但是其带来的教训值得我们铭记。

不过，即使我们的政府部门已经懂得尊重市场，但如果不知道政府的边界在何处，仍有破坏市场规则的危险，这需要我们破除那些似是而非的论点，并将政府的边界写入约束政府的法律。

（资料来源：殷建国，罗碧华．经济学原理与应用［M］．北京：中国人民大学出版社，2016）

任务二 公共物品与公共选择

案例导入

灯塔的经营

17 世纪以前，灯塔在英国是名不见经传的。17 世纪初，由领港公会造了两个灯塔，并由政府授权专门管理航海事务。虽然领港工会有特权建造灯塔，向船只收取费用，但是该工会却不愿投资于灯塔。1610—1675 年间，领港公会没有建造一个新灯塔，但同期，私人却投资建造了至少 10 个灯塔。但在当时的灯塔制度下，私人要避开领港公会的特权而营造灯塔，他们必须向政府申请许可证，希望政府同意授权向船只收费。

该申请还必须由许多船主签名，说明灯塔的建造对他们有益，同时要表示愿意支付过路费，过路费的多少是由船的大小及航程经过的灯塔多少而确定的。久而久之，不同航程的不同灯塔费，就干脆印成册，统一收费。私营的灯塔是向政府租地而建造的，租期满后，再由政府收回让领港公会经营。到 1820 年，英国当时的公营灯塔有 24 个，而私营灯塔有 22 个。在总共 46 个灯塔中，有 34 个是私人投资建造的。后来政府开始收回私营灯塔。到 1834 年，在总共 56 个灯塔中，公营（即由领港公会经营）的占到 42 个，到 1836 年，政府通过法规将剩余的私营灯塔全部收回，在 1842 年以后，英国的灯塔全部由公会经营了。

（资料来源：https://wenku.baidu.com/view/8b6fe84 569eae009 581bec63.html）

请思考：如何解决公共物品收费困难的问题？

一、公共物品

（一）公共物品的概念

公共物品是指一种商品具有非排他性和非竞争性。非排他性是指任何一个消费者也不能拒绝这种物品或服务的消费。非竞争性是指一个消费者对它的消费不能同时拒绝其他人对它的消费，一旦提供了这种商品，其他人就可以没有成本地同样进行消费。比如说国防、法院、警察机构等都可以认为是公共物品。

严格地说，只有同时具备了非竞争性和非排他性两种特征才是真正的公共物品。国防可以算作这样的产品，而另外一些类似的产品（如免费的电视转播），虽然具有非竞争性，可是并没有非排他性。

私人物品是微观经济学的主要研究对象，即可以在市场购买到的那些商品，具有竞争性和排他性的那一类商品。即当一个消费者消费某一种私人产品的时候，其他人是不可能同时对它进行消费的；如果一个消费者产生更多的消费，必然会减少别人的消费。如水果、服装、火车票等，苹果被一个消费者吃掉了，别人就没法吃了。同时，消费者也可以因为某种原因而拒绝消费私人产品，因为如果一个人不付钱，那么他就不能得到苹果。

小思考：请你说说身边哪些物品是公共物品并说明原因。

（二）公共物品的特征

（1）非排他性：非排他性是指公共物品的产权属于社会，而不属于任何人。因此公共物品的消费无须让渡其所有权。公共物品可分为纯粹公共物品和准公共物品。

（2）非竞争性：非竞争性是指该商品消费上的共享性，非竞争性消费最常见的例子是国防，该国多一个人少一个人并不会影响国防的成本。同样的例子还有路灯，路上多一个人少一个人并不会增加路灯的成本。

公共物品的生产和消费问题不能由市场上的个人决策来解决，因此，必须由政府承担起提供公共物品的责任。

同步案例

公园的供给模式

公园，作为供人们休闲和娱乐用的公共服务设施，具有排他性、不完全的非竞争性以及外部经济性，是一种典型的准公共物品。在不拥挤的情况下，公园的边际生产成本和边际拥挤成本为零，此时可以由政府部门生产并免费提供。随着进入人数的增加，会出现拥挤现象，此时由进入者承担的边际拥挤成本不为零，所以应向进入者收取门票，采取混合提供的方式。作为一种准公共物品，公园可以有四种提供方式，其中私人生产、混合提供的方式是比较理想的供给模式。

（资料来源：https://wenku.baidu.com/view/2d3cbc7f6edb6f1aff001f7e.html）

二、公共物品与市场失灵

公共物品导致市场失灵是因为公共物品的两个特点，所以，公共物品影响经济效率可以分为两种情况：

（一）非排他性导致的市场失灵

由于公共物品具有非排他性，难免产生“搭便车”现象，即某些人消费了公共物品，但是不愿意支付费用。由于存在从这种物品中获益的人避免付费的激励，所以私人多不愿意或不愿充分提供公共物品。市场机制难以发挥作用，市场机制既不能促使私人部门去生产该物品，也不能排除“搭便车者”。结果是私人市场对公共物品的供给不足，其产量往往低于社会最优产量。

（二）非竞争性导致的市场失灵

即使有些公共物品是可以排他的，但是由于公共物品具有非竞争性的特点，如果只供给付费的人享用，常因利率低造成浪费，影响经济效率。比如公路、桥梁、有线电视、公园等，这些物品的享用必须支付费用，尽管可以排除不付费者，但也意味着这些产品的闲置和资源的浪费，使得资源配置效率降低，即市场机制不能促进资源的最优配置。如果公园票价太高，只能供少数有钱人享用，这样会造成浪费，减少社会福利；如果禁止不交费的人观看有线电视、对不太拥挤的公路禁止未付费者通过，也会损害效率，降低社会总的福利水平。

案例分析

公共事务谁来解决

朋友一直抱怨所住楼房的安全问题，原来他住的楼房是原所在单位管理的住宅小区，由于多种原因，物业管理和社会服务很不健全，小区的生活环境不太好。某些家庭屡次发生失窃事件，原因之一是该居民楼里各单元没有加装公共防盗门。每次失窃事件发生以后，大家都希望楼里能装上一扇单元防盗门，各家进出有钥匙，朋友来了就在楼下通过电话喊一声，使整幢楼的安全性增加。但防盗门一直没有安上，向单位房管部门反映，说是住在楼里的已经不完全是本单位的人，费用难以协调，再说这些住房已经出售给私人，装防盗门应该由居民自己出钱。于是该居民楼处于一种“无政府状态”之中，没有一个机构出面负责解决“装防盗门”这样的公共事务。

请讨论： 楼道的防盗门为何无人安装？如何解决这样的公共事务？

教师点评：

1. 公共物品的特性。
2. 如何经营好公共物品。

三、公共选择

因为存在市场失灵问题，公共物品在很大程度上必须由政府提供，而政府在决定公共物品的数量和结构时，也有很大程度上的政治博弈。

公共选择就是通过集体行动和政治过程来决定公共物品的需求、供给和产量，是对资源配置的非市场选择，即政府选择。

公共选择理论属于福利经济学的一个分支，是 20 世纪 60 年代逐渐发展起来的一个新的经济学研究领域，其重要的创始人为美国的詹姆斯·布坎南（James Buchanan），他因为此理论的贡献获得了 1986 年的诺贝尔经济学奖。

公共选择理论是公共政策研究的经济学途径的典型，是在研究现实经济问题的推动下，通过对传统市场理论的批评而产生的，这一理论是用经济学的方法研究资源配置的非市场过程，并且成功地运用了经济学的分析方法，坚持“经济人”假设，假定选民、政治家和官僚们都根据自己的利益行事，这样就有可能运用经济学的分析方法分析政府行为和政治过程。

公共选择是研究集体决策的科学，这里有两层含义：一是集体性，单个人自己的决策不在考虑范围之内，但凡是有人群的地方，集体决策就不可避免，因而公共选择成为必需；二是规则性，决策就是制定规则，在人与人存在偏好差异的情况下，必须制定规则使人们协调起来，因此，人们必须进行决策以选择那些能够反映和满足一般人偏好的规则。公共选择研究的集体决策范围包括国家、政府、国防、警察、消防、教育、环境保护、财产权、分配等政治问题。经济学家认为，政治市场也有需求和供给两个方面，作为需求方面的消费者是选民、纳税人；作为供给方面的生产者是政府官员。双方在政治市场上通过交换相互发生作用。

公共选择理论认为，人们必须破除凡是国家政府都会全心全意为公共利益服务的观念，不应视政府为应公众要求提供公共物品的机器，而要看到政府既是由个人选出的，也是由个人组成的群体。

对公共物品的处理涉及与政府行为有关的集体选择。集体选择就是所有参加者依据一定的规则通过相互协商来确定集体行动方案的过程。公共选择理论则特别注重研究那些与政府行为有关的集体选择问题。

原理应用

公地悲剧

一群牧民面对向他们开放的草地，每一个牧民都想多养一头牛，因为多养一头牛增加的收益大于其购养成本，是合算的，尽管因平均草量下降，可能使整个牧区的牛的单位收益下降。如果每个牧民都多增加一头牛，草地将可能被过度放牧，从而不能满足牛的食量，致使所有牧民的牛均饿死。但每个牧民都希望自己的收益最大化。经过思考，牧民决定不顾草地的承受能力而增加牛群数量。由于牛群的进入不受限制，所以牧场被过度使用，草地状况迅速恶化，悲剧就这样发生了。

公地作为一项资源或财产有许多拥有者，他们中的每一个都有使用权，但没有权利阻止其他人使用，从而造成资源过度使用和枯竭。过度砍伐的森林、过度捕捞的渔业资源及污染严重的河流和空气，都是“公地悲剧”的典型例子。之所以叫悲剧，是因为每个当事人都知道资源将由于过度使用而枯竭，但每个人对阻止事态的继续恶化都感到无能为力，而且都抱着“及时捞一把”的心态加剧事态的恶化。公共物品因产权难以界定（界定产权的交易成本太高）而被竞争性地过度使用或侵占是必然的结果。

政府可以通过管制和税收，减少共有资源的使用来解决这个问题。此外，政府还可以把共有资源变成私人物品。

（资料来源：https://baike.baidu.com/item/哈定悲剧/8312188?fr=aladdin）

任务三　垄断与政府管制

案例导入

微软案

1997 年，微软公司成为全球最有影响力的 IT 公司，占世界软件市场份额的 80%以上。从 1998 年开始，微软公司受到全球范围内包括美国、欧洲、日本、韩国、俄罗斯等很多国家和地区的反垄断起诉，但得到不同的判决结果。在美国，司法部指控微软公司垄断操作系统，将浏览器软件与视窗操作系统软件非法捆绑销售。2002 年，美国联邦法院批准微软公司与美国政府及 9 个州达成和解协议。

在欧洲，欧盟委员会认定微软公司滥用了其在个人电脑操作系统市场上的优势地位，违反欧盟法反垄断条款。2012 年，欧盟第二高院判决，驳回微软提出的所有论据，罚款 8.6 亿欧元，微软公司同意完全履行处罚决定。微软案的核心似乎是如何看待知识产权和垄断的关系问题，但从深层次原因看，维护一国的产业竞争力和国家利益才是根本。由于反垄断法在经济学与法学上的依据和尺度都相对模糊，各国（地区）在判决中可能出现基于本国（地区）利益以及同类产业发展状况和保护程度而做出不同判决的现象。

美国认为，不再拆分微软主要不是因为它没有实施垄断行为，而是为了维持美国在IT产业的霸主地位。而欧盟则认为，由于微软占据全球个人电脑软件操作系统95%的市场份额，担心微软对欧盟软件市场也形成垄断。

（资料来源：https://baike.baidu.com/item/微软反垄断案）

请思考：

1. 微软公司的行为对各国经济有怎样的影响？
2. 为何各国对微软的态度和处罚不同？

一、垄断和效率损失

在竞争性产品生产行业，垄断通常会降低效率，原因如下：

首先，与竞争性厂商相比，垄断厂商的产量低而价格高，因为垄断厂商可通过限制产量、抬高价格的方式，向消费者榨取高额垄断利润。垄断厂商按边际成本等于边际收益原则定价时，产量低了，消费者福利因此受到了损失。

其次，在竞争市场上，厂商只能通过改进技术和管理以降低成本，提高产品质量来获得尽可能多的利润，而垄断厂商却可以倚仗其垄断地位稳拿高额利润，从而使改进技术和管理的动力大大下降。

最后，在一些国家，垄断权力的取得，往往靠政府有关部门赋予特权，因此一些垄断厂商为维持自己的垄断地位，常常会采取寻租行为，不仅破坏了公平竞争，干扰了市场秩序，还使许多经济资源浪费在非生产性活动上。

小思考：垄断会给企业和社会经济带来怎样的影响？

二、自然垄断

有些行业的生产具有这样的特点：企业生产的规模经济需要在一个很大的产量范围和相应巨大的资本、设备的生产运行水平上才能得到充分的体现，以至于整个行业的产量只有由一个企业来生产时才有可能达到这样的生产规模。而且，只要发挥这一企业在这一生产规模上的生产能力，就可以满足整个市场对该种产品的需求。在这类产品的生产中，行业内总会有某个厂商凭借雄厚的经济实力和其他优势，最先达到这一生产规模，从而垄断了整个行业的生产和销售，比如铁路、航空、邮电、煤气、供电等部门。设想一下，如果在同一城市或同一地区有两家水厂供水，相邻小区居民因为由不同水厂供水安装两套供水管道，不仅生产厂商的生产成本过高，而且也必然会使居民用水价格难以下降，对生产者和消费者都不利。

同步案例

哈大齐地区天然气纵向垄断协议案

2018年1月，国家反垄断执法机构对中国石油天然气股份有限公司天然气销售大庆分公司和大庆油田有限责任公司天然气分公司违反《反垄断法》的规定、限定压缩天然气最低转售价格的行为依法做出处罚，共处其年度销售额6%的罚款，合计8 406万元。接受处罚后，两家涉案公司及时整改，保障了该地区天然气供应。

本案的查处，恢复了哈尔滨、大庆和齐齐哈尔地区天然气市场的竞争价格，切实回应了人民群众的关切，有力保护了终端客户和消费者的合法权益以及公平竞争的市场秩序。

（资料来源：https://www.sohu.com/a/313292705_782043）

三、政府的反垄断政策

自然垄断有其存在的合理性，政府并不能禁止自然垄断，但可以对自然垄断进行干预和管制。一些国家曾采用将自然垄断行业国有化的办法来对该类行业加以控制，但事实证明，国有企业往往经营效率较低，因而最终还是放弃国有化，仍然让私人经营，同时加强管理，尤其是定价管理。前面讨论过的边际成本定价和平均成本定价即是对自然垄断的管制。而对于自然垄断之外的其他垄断，政府往往会反对或加以禁止。

7-1　美国的反垄断

任务四　外部性及其对策

案例导入

网购的风险

我们每个人都是消费者，都会购物，但我们在购买商品的时候，可能会买到劣质产品，特别是在现在网购非常火爆的情况下。如果买到劣质产品退不了，我们的消费权益受到了侵犯，要维护自己的权益，就需要和商家打消费纠纷的官司。如果我们不想麻烦，就只好忍气吞声。

例如：某消费者网购了某厂家所生产的不安全食品，由于该企业的食品质量低劣，损害了消费者的利益，消费者在接下来的购买中，会因为之前购买了无良厂家食品受到伤害而导致消费者怀有对该类食品的不信任态度，从而减少或者避免对该类食品的消费，这对同类食品但诚信经营的商家产生了一定的负面影响，减少了该类厂家的收益。

请思考：假如你是一家网店的老板，你应如何应对其他商家带来的不利影响？

一、外部性的含义

外部性是指对他人产生有利或不利的影响，但不需要他人对此支付报酬或进行补偿的活动。当私人成本或收益不等于社会成本或收益时，就会产生外部性。

外部性有两种，一种是正外部性，也称外在经济，这是好的积极影响。在私人成本大于社会成本，或者私人收益小于社会收益时出现正外部性。正外部性的例子很多，有汽车废气净化装置的发明者给社会上每一个人均带来益处，但发明者没有得到足够的补偿；房屋主人对房子的维护和草坪的整理是邻居受益，但未得到补偿。另一种是负外部性，也称外在不经济，这是消极影响。在私人成本小于社会成本，或者私人收益大于社会收益时出现负外部性。

案例分析

外部性分析

生产粗铜的冶炼厂向天空排放二氧化硫时，其生产成本中没有包含排放污染物对环境和社会带来的成本；一个农民在沙漠边缘植树造林，他可能得到的经济收益通常不包含这片树林为遏制沙漠化给社会带来的好处；吸烟的人对不吸烟者造成损害，但吸烟的人并没有对这种损害支付费用；养蜂人在农田里放蜂，农民的收成可能因此而增加，但养蜂人并没有得到补偿。

请讨论：上述情况下经济中出现了怎样的外部性？试对上述情况加以分析。

教师点评：

1. 外部正效应。
2. 外部负效应。

二、外部性与经济效率

可以从理论上利用外部性说明市场失灵问题，因为在外部性的情况下，某一经济活动的有益或有害影响不能通过市场价格反映出来，这种定价制度的缺陷会使资源配置达不到帕累托最优。扭曲的价格信息会造成经济效率损失。具有正外部性的商品可能供给不足，而有负外部性的商品可能会供给过多。

同步案例

政府鼓励正外部性

修复历史建筑具有正外部性，因为那些在这种建筑物附近散步或骑车的人可以欣赏到这些建筑物的美丽，并感受到这些建筑物带来的历史沧桑感。教育也产生正外部性。教育可以教书育人，但同时带来了一系列的正外部性，比如说受教育更多的人民素质会高；受教育多的人意味着更低的犯罪率；受教育多的人可以促进技术的进步等，这些都是教育所带来的正外部性。

（资料来源：https://zhidao.baidu.com/question/1045905451283241059.html）

三、外部性的对策

如何应对外部性？在经济分析史的很长时期内，主流应对意见认为应由政府通过税收或补贴等干预手段解决。因而，经济学原理通常在讨论外部性之后，直接讨论政府干预的必要性。过去几十年产权经济学发展，认识到外部性之所以产生效率问题，关键在于产权界定不清晰和不充分，可以通过界定产权来消除外部性影响。政府干预解决外部性问题，实际上仍是必要的。

小思考： 如何解决经济生活中的外部性？

1. 征税和补贴

对造成外部不经济的企业，国家应该征税，其数额应该等于该企业给社会其他成员造成的损失，从而使该企业的私人成本恰好等于社会成本。比如，在生产污染情况下，政府向污染者征税，其税额等于治理污染所需要的费用。经济学家对税收作为解决污染的一种方法的偏爱通常大于管制。对造成外部经济的企业，国家则可以采取津贴的方法，使得企业的私人收益与社会利益相等。无论是何种情况，只要政府采取措施使得私人成本和私人收益与相应的社会成本和社会收益相等，则资源配置便可达到帕累托最优状态。

2. 赋予产权

解决外部性的另一个办法是赋予当事人明确的财产权，只要产权界定清晰并可以自由转让，那么，有关主体之间的市场交易和谈判就可以解决外部性问题。例如：生产企业发出噪声，影响周围居民的生活，这是典型的外部性问题。只要明确界定制造噪声的权利，并可以自由交易，不管是给予企业制造噪声的权利，还是给予周围居民不受噪声污染的权利，都可以通过企业和居民之间的谈判和交易来解决。

通过明确产权解决外部性问题是以科斯为代表的新制度经济学派提出来的。新制度经济学派认为，只要明确界定产权，经济行为主体之间的交易行为可以有效解决外部性问题。这一思想被概括为科斯定理，科斯定理可以表述如下：只要产权清晰并可自由交易，且交易成本为零，则无论最初产权被配置给谁，市场本身都会有效解决外部性问题，实现资源有效配置。根据科斯定理，解决外部性问题不一定要政府参与，但科斯定理也有局限性，因为现实经济中交易成本是存在的，如果交易成本太大，通过市场就不能有效解决外部性问题，实现资源有效配置。

3. 外部性内部化

外部性内部化也称为企业合并，通过企业合并，可以使存在外部性的经济主体消除外部影响。比如产生污染的上游企业与下游受损企业合并为一家企业，此时上游企业原来的外部性就成了合并后的企业的内部影响，即被内部化了，合并后的企业会根据其边际成本等于边际收益的原则来确定产量水平。由于不存在外部性，合并后的企业成本与收益等于社会的成本与收益。可见，通过企业合并把外部性内部化也可以达到消除外部性的结果。

4. 政府直接管制

政府直接管制，主要是针对负外部性的情况加以管制。如污染的管制，政府制定标准与法规对污染者加以限制与惩罚，如果污染企业加强对污染物处理的投入，对污染程度控制得很好，则直接增加了污染企业的成本，使企业的私人成本增加到与社会成本相等，同时私人收益也等于社会收益，从而消除了外部性。如果污染企业为了私人利益，对污染物处理的投入不够，对污染程度控制得不好，则政府依法对污染企业加以惩罚甚至取缔，这样也增加了污染企业的私人成本，最终也使企业的私人成本等于社会成本，私人收益等于社会收益，从而消除外部性，提高经济效率。

原理应用

如何应对环境破坏

生长在黄海中的黄鱼以其肉嫩味美而闻名于世，但市面上越来越少、越来越贵。太湖的银鱼也是一道佳肴，但餐桌上越来越难见其身影，原因就是人们无节制的滥捕。那人们为什么不在自己的池塘里滥捕，而在黄海和太湖中滥捕呢？

近 30 年来，在畜牧业迅速发展的同时，由于我们轻视生态环境的保护和建设，加之严重过度放牧，我国许多地区特别是西部地区的草地已经严重退化，沙漠化和盐碱化的面积正在逐渐扩大。以内蒙古自治区为例，1947 年全区草原总面积为 0.87 亿公顷，有畜牲 773.7 万头；1985 年发展到 3 204.9 万头，草原面积却减少到 0.79 亿公顷。70 年代末，内蒙古自治区退化草地面积占全部可利用面积的 35.6%，而到 1995 年已扩大到了 60.1%，其中过多放牧造成的草地退化比例约占 30.1%。为什么草原上会出现过度放牧呢，这显然与草原的产权特征有关。

草原上过度放牧就是公共物品引起市场失灵的典型案例，当追求自身利益最大化的牧民有自由放牧的机会时，那么只要一头牲畜的产出大于它的成本，放牧就是有利可图的。只有利润降低至零时，牧民才会停止在草原上增加放牧，但单个牧民在决策时忽略了他放牧的社会成本，即他多放一头牲畜将使其他的牲畜产量下降。当单个牧民增加放牧的行为得不到制止时，其他牧民也会选择增加放牧数量，其结果必然导致在草原上放牧过多的牲畜，最终把草场彻底地破坏。对于这样的情况，政府的干预就显得尤为重要。

（资料来源：https://wenku.baidu.com/view/690fd2f94 693daef5ef73daa.html）

任务五 信息不对称市场分析

案例导入

信息不对称在商业应用中的广泛性

房屋中介是利用了租客与房东之间的信息不对称；猎头利用了用人单位与求职者之间的信息不对称。

你可能要说了，这些信息不对称，互联网的出现已经完全解决了，比如说“某个没有中间商赚差价”的二手车交易网站。

事实真的是这样吗？不尽然。

例如：很多人使用的百度，大概率你是搜不到微信上的文章的。淘宝的商品信息你也只能登录淘宝才能看到，在其他平台你是看不到的。那么，这种互联网各种平台之间的信息不对称，我们能不能利用起来进行微信引流呢？

今天，就带大家复盘一个案例，并做些拓展。假如你想看一本书，于是立即百度了一下，用了关键词“×××pdf”，打开第二个网站，你会发现是百度云盘链接，继续打开云盘，发现有一个文件，说到这里，大家应该不觉得奇怪，这是一个典型的利用热点，送书籍资料来进行引流的案例。其他平台怎么样呢？可以看看微博、微信端。

感兴趣的朋友可以继续在知乎、淘宝、今日头条上搜索一下，应该有很多意想不到的发现。通过平台信息不对称来进行微信引流有两个基本假设：平台之间的信息是相对孤立的，百度的网页信息，微信的公众号文章、淘宝的商品信息、今日头条上的自媒体内容，相互之间形成一个信息孤岛，某单个的搜索是没办法做到全覆盖的。人们的使用和搜索习惯是不同的，很多人开始习惯使用微信搜索，搜一搜、看一看。不少人在微博上浏览，随手就在微博上进行搜索。

在不同平台上进行搜索的时间成本很高，要知道，从微信的界面跳出来，再到手机百度去做搜索，很多人是不愿意花这个工夫的，即这个的动作成本很高。这里面产生了很多机会。

（资料来源：https：//www. jianshu. com/p/08 907d82d69d）

请思考：

1. 信息不对称为企业带来了怎样的商机？
2. 如何解决生活中的信息不对称？

一、信息不对称的市场

信息不完全是指在市场中每个参与者不能获得所需要的全部信息。信息不完全，或者是因为人的认识能力有限，或者是因为信息搜索的成本太高（与掌握此信息能够带来的收益相比较）使得人们放弃搜索信息。在信息不完全的市场中，市场价格不能灵敏地反映市场的供求状况，价格机制就难以充分发挥其协调供求关系，优化资源配置的功能。

信息不对称是信息不完全的一种情况，信息不对称是指在相互对应的经济个体之间的信息呈不均匀、不对称的分布状态，也就是说，有些人对于某些事情的信息比另外一些人掌握得更多一些。在劳动分工不明显、专业化程度不高的经济阶段，社会成员之间的信息差别并不十分明显，因而信息差别导致的经济利益上的差距也没有被人们认识和重视。随着社会劳动分工的发展和专业化程度的提高，各行业专业人员与非专业人员之间的信息差别越来越大，社会成员之间的信息分布越来越不对称，信息差别对社会生产和分配、对人们的经济利益起了更加重要的影响，信息不对称的市场也就越来越被人们重视。

小思考：信息不完全会给企业和社会经济带来怎样的影响？

买卖双方都只具有不完全信息，其中一方比另一方拥有更多信息的市场是最为常见的信息不对称市场。在这种市场形势中，根据信息不对称发生在交易契约签订之前还是之后，可分为信息事前不对称和信息事后不对称，信息事前不对称容易引发“逆向选择”，通过政府干预和市场信号传递，可以缓解或解决这个问题；信息事后不对称带来的后果主要是“道德风险”和“委托代理问题”，应对的方法是通过有效的机制设计。

同步案例

旧车市场

假定旧车市场中存在两类旧车，好的与差的。买者不完全了解信息，他只愿意按旧车市场的平均价格来决定。但这时对于劣车的主人来说，以高于其内在价格出售其车，而好车的车主则只能按低于其内在价值的价格出售其产品。结果是更多的好的旧车退出这一市场，旧车的平均质量水平下降。

二、解决信息不对称的对策

（一）逆向选择的防止

治理逆向选择的办法是：在可能的场合，通过政府强制认证，实施准入制度或者政府强制。政府规定某些种类的产品在销售前，必须通过权威质量认证部门的认证，以保证这些产品进入市场前，确实达到基本的质量要求。例如：商品房建设必须要有质量监理，即第三方对最终建筑质量进行全程把关，在进入市场前，要得到有关部门颁发的房屋销售许可证，这一过程就是有关管理部门对开发商所建设的商品房质量把关并予以确认的过程，保证其达到基本的质量要求。另外，针对某些保险行业中的逆向选择问题，政府可以强制投保，实施无偏选择。

案例分析

谁才是保险公司的适宜客户

李四经常酒后驾车，因此购买了一份驾车保险，但保险公司不知情（信息不对称），这容易导致保险公司的损失。

为避免破产，保险公司倾向于提高保费。

当保费提高后，那些安全驾驶的人因面临的风险较小，觉得保费过高，退出保险市场，留下的恰恰是李四这种人。

请讨论：保险公司应如何规避这种逆向选择？

教师点评：

1. 生活中的逆向选择。
2. 如何防止逆向选择。

（二）减少道德风险的机制

当交易的一方存在道德风险时，如何减少风险以降低效率损失呢？可行的办法是设计一些制度。

1. 制定尽可能详尽的合同

在合同中对代理人的行为进行严格规定，确定检查监督的方式，可以在一定程度上缓解道德风险的问题。合同可以对交易的双方在各种情况下应当承担的责任和义务做一个详尽的说明，以及对违约行为如何处罚等做出规定，以便各方监督执行。可以通过设计合约安排，让具有道德风险行为的一方承担其道德风险所造成的损失。例如：在财产保险中，让财产的所有者也承担一部分财产损失，这样会促进消费者采取财产保护措施。

但是，制定详细、周密的合同也需要很大的成本，同时，人们也不可能预见将来可能发生的各种情况，并且把它们都写进合同中去。同时，执行合同也是有成本的。有时候谈判不仅费时费力，一旦谈判破裂还要支出诉讼等方面的费用。

2. 利用品牌信誉

人们在选择商品和服务的时候，刚开始由于信息不充分，无法辨别商品的真实质量，这个时候只能根据厂商过去的行为间接做出判断，一个拥有良好品牌信誉的厂商会得到更多的顾客，品牌信誉就会成为企业的无形资产。通过信誉、标准化、市场信号机制等，可以减少信息搜索费用。信誉可以约束和规范企业的行为，从而提高交易的效率和质量。

3. 设计激励机制

在这种情况下就需要设计激励机制，让代理人的目标和委托人的目标相一致，但是具体的激励机制的制定是相当复杂的，而且不能完全避免道德风险。

原理应用

乘客和的哥的选择

从北京南站出站后，如果你去西停车场打的，无论高峰与否，你等待的时间都不会短于30分钟，基本上是一车难求；如果你去东停车场打的，你会很惊讶地发现这里的情况和西停车场完全相反，打车在这里成了买方市场，由你来任意选择。

简简单单的情况，为什么人们宁愿在西边等待而不愿意到东边来尝试呢？为什么东边那么多的哥宁愿等待而不愿意到西边来增加供给呢，这其实反映的是一个典型的经济学现象——“信息不对称”。信息不对称表现为买方和卖方之间的信息不对等，由此造成了市场的缺陷，影响了资源配置的效率。为解决信息不对称，产生了委托代理关系，交易中拥有信息优势的一方为代理人，不具信息优势的一方是委托人，交易双方通过信息博弈来达到各自资源配置的目的。

在“东西车场”案例中，进行随机选择的乘客和司机（除非像我这样已经知道了两个停车场差异的人），都是信息资源的短缺者。在西停车场等待的乘客，无法确定另一个停车场的情况会更好，从机会成本的角度考虑，除非他没有参与打车的过程，其博弈的结果只能是继续等待，直到等到的士为止。而对于东停车场的司机来说，情况也是一样。由于不了解如何能便捷地进入西停车场，他们的选择也只能是等待，由此导致了市场失灵，产生交易双方的效率降低，都无法获得满意的结果。信息的拥有方其实是北京南站，本来作为信息的中介方，北京南站工作人员完全可以采用指示牌引导或者安排专人引导的形式来改变这种状况，提高客流疏通的效率，但由于他们的不作为，其结果是乘客和司机都不满意，甚至催生出了一部分信息优势者的新角色——黑车司机，扰乱了正常交易的秩序。

我们的资本市场、金融市场、教育界等方面，都存在类似的现象，而催生这种现象的原因，更多的是由于具有公共资源支配能力的相关部门的不作为。

（资料来源：https://wenku.baidu.com/view/9ee2e2549fc3d5bbfd0a79563c1ec5da51e2d628.html）

课程思政

同仁堂历经300多年不倒的秘密

以“济世养生”为宗旨的北京同仁堂创建于清康熙八年（1669年），由于配方独特、选料上乘、工艺精湛、疗效显著，自雍正元年（1723年）起，同仁堂正式供奉清皇宫御药房用药，历经八代皇帝，长达200年。

老一辈创业者伴君如伴虎，不敢有丝毫懈怠，造就了同仁堂人在制药过程中小心谨慎、精益求精的企业精神。

在300多年的历史长河中，历代同仁堂人树立“修合无人见，存心有天知”的自律意识，确保了“同仁堂”这一金字招牌的长盛不衰。有一次，当经销商在广告中擅自增加并夸大某种产品的药效时，同仁堂郑重登报予以纠正并向消费者道歉。

“同仁堂”作为中国第一个驰名商标，享誉海外。目前，同仁堂商标已经受到国际组织的保护，在世界50多个国家和地区办理了注册登记手续。中国北京同仁堂（集团）有限公司成为拥有境内、境外两家上市公司的国际知名企业，企业实现了良性循环。

问题：这类型的案例有什么启示意义?

分析提示：在这个案例中，以诚取信、以信取胜是同仁堂人用经营实践总结出的企业精神和经营之道，让我们感受到了同仁堂企业文化的“能量”。企业管理要靠几百年文化的沉淀和渗透，而“诚信”和“善待”是企业文化建设的灵魂。历史上，同仁堂对内对外都以“仁德”著称，东家不以老板自居、伙计不以佣人自卑，形成上下和谐的“仁善”氛围，为企业发展营造了和谐的内部和外部环境。

项目小结

市场失灵是市场扭曲，它表现为市场价格既不等于该商品的边际社会收益又不等于该商品的边际社会成本。它是一种市场中私人理性无法导致社会理性的情形，市场失灵的主要原因是：公共物品、垄断、外部性以及信息不对称。一旦市场处于无效率的状态，政府就成为弥补的重要手段。在“看不见的手”难以发挥作用的情况下，就需要发挥“看得见的手”即政府干预经济的作用。

具有非排他性和非竞争性的物品是公共物品，公共物品的非排他性是指人们不管付费与否，都不能排除他人对该物品的消费；公共物品的非竞争性，是指某人对该物品的消费并不影响他人对该物品的消费。一般来讲，公共物品要由政府提供，但在这里应该注意政府提供不同于政府生产，政府提供是政府通过预算安排或某种适当方式，将公共物品委托给私人企业进行间接生产。

垄断的存在产生了一系列弊端，给社会带来损失，主要表现为资源浪费和社会福利的损失，反垄断措施有对垄断的公共管制和反垄断法。对垄断的管制主要是政府对垄断行业价格和产量的管制。

外部性又称外部效应，是指人们的经济活动对他人造成的影响，而未将这些影响计入市场交易的成本和价格之中。从外部性带来的结果看，可分为负外部性和正外部性；从外部性产生的领域看，可分为生产的外部性和消费的外部性。外部效应表现为个人成本和社会成本或个人收益与社会收益的差异，政府解决外部性有关措施有：行政干预、经济措施、法律措施。

信息不对称会形成“柠檬”市场问题，需要克服解决逆向选择问题和道德风险。

项目实训

一、实训内容

1. 知识运用能力

技能Ⅰ

名称：问题研讨。

规范与标准：能够根据项目的重点和核心知识点设置研讨题目，练习知识运用。

（1）烟火、灭火器、易拉罐、烟酒在消费中存在外部性问题吗？如果存在，会给社会带来外部收益还是外部成本？

（2）说出几种市场失灵的例子。为什么经济学家把这些市场失灵看作是政府干预的理由？

（3）有两种方法保护你的汽车不被偷窃：防盗杆使偷汽车者难以偷走你的汽车；报警器使得在你的车被偷以后，警察可以轻而易举地抓住小偷。以上哪一种类型的保护给其他车主带来负外部性，哪一种带来正外部性？你认为你的分析有什么政策含义吗？

（4）瑞格喜爱以高音量演奏摇滚乐，卢西阿诺喜爱歌剧，并憎恨摇滚乐。不幸的是他们在一座墙壁很薄的公寓中做邻居。1）这里的外部性是什么？2）房东可以执行什么命令——控制政策？这种政策会引起无效率的结果吗？3）假设房东允许房客在房间内做自己想做的事情，根据科斯定理，瑞格和卢西阿诺如何实现自己有效率的结果？

（5）瑞士政府对养牛业进行补贴，而且越是能吸引旅游者的地区，补贴越多。你认为这种政策会有效率的理由是什么？

技能Ⅱ

名称：经济学在企业或社会生活中的运用。

规范与标准：请对本项目所学的知识点进行分析，每个知识点至少列举 5 个及以上在企业或社会生活中的应用，见表 7－1。

表 7－1　市场失灵在企业或社会生活中的应用

项目知识点	在企业或社会生活中的运用
垄断	
公共物品	
外部性	
信息不对称	

技能Ⅲ

名称：综合分析——为什么经济学家经常指责医疗保险制度引起滥用医疗？为什么医疗保险的使用被称为“滥用”。

规范与标准：

（1）小组讨论“经济学家经常指责医疗保险制度引起滥用医疗”。

（2）小组派代表陈述对问题的解释。

（3）教师点评。

2. 情境设计

将学生分成若干实训组，每组选择一个市场失灵的经济事件，根据经济事件带来的市场失灵的分析，设计解决该问题的方案，并用小组演讲法讲述。各实训组要进行经济事件本身和市场失灵问题的深入剖析，完成本实训的各项实训任务，在此基础上撰写《××事件市场失灵分析及解决方案》。

二、实训目标

对本项目知识点进行全方位的分析应用。

三、实训设施

教室。

四、实训过程

（1）根据班级人数将学生组成若干个实训组，每5～7位同学分成一组，每小组确定一人负责。

（2）对实训组进行实训要求和具体操作讲解。

（3）实训组各小组分别根据团队成员的兴趣爱好和性格进行分工，开始研讨与设计。

（4）实训组各小组根据实训内容和目标，在规定时间内完成各项实训任务。

（5）实训组各小组在实训分析与反思的基础上，撰写专项实训报告。

五、实训成果

《问题研讨分析报告》

《知识点应用表格》

《××事件市场失灵分析及解决方案》

六、注意事项

（1）每组每位同学合理分工，认真做好实际调查工作，确切理解知识信息准备工作的内容和要求。

（2）每组同学认真准备符合要求的文字材料。

（3）每组代表在课堂上清晰、有条理地向大家阐述自己的方案，突出重点和亮点。

项目习题

一、单选题

1. 某人在公共场所吸烟影响其他人，其行为产生(　　)。

A. 正的外部经济影响　　B. 负的外部经济影响

C. 消费的排他性　　D. 消费的非排他性

2. 市场失灵是指(　　)。

A. 市场价格机制的运行不再具有灵活性

B. 商品需求对价格变化的敏感程度下降

C. 市场对稀缺性资源配置的无效率

D. 收入分配不均

3. 垄断缺乏效率的经济学含义是(　　)。

A. 垄断厂商没有在平均成本曲线的最低点进行生产

B. 消费者购买最后一单位商品得到的边际效用超过生产该商品的边际成本

C. 垄断厂商没有遵循边际收益等于边际成本的利润最大化原则

D. 垄断厂商的经济利润为零

4. 公共物品消费的性质是(　　)。

A. 非竞争性或非排他性　　B. 非竞争性与排他性

C. 竞争性与非排他性　　D. 竞争性与排他性

5. 卖主比买主知道更多关于商品的信息，买主无法区别出商品的质量好坏，这种情况被称为(　　)。

A. 道德风险　　B. 排他经营

C. 信息不对称　　D. 搭售

二、多选题

1. 导致市场失灵的因素有（　　）。

A. 垄断　　B. 外部经济效果

C. 公共物品　　D. 政府干预

2. 下面（　　）的活动会引起正的外部性。

A. 消费比萨饼　　B. 在课堂上教育某位学生

C. 公共场所吸烟　　D. 注射麻疹疫苗

3. 政府提供国防这类公共物品的经济理由是（　　）。

A. 只有政府有能力提供　　B. 避免搭便车现象的影响

C. 私人对这类公共物品的评价低　　D. 避免私人生产的亏损结果

4. 买卖双方信息不对称是指（　　）。

A. 卖方故意隐瞒有用信息　　B. 买方的认知能力有限

C. 完全掌握信息的成本昂贵　　D. 以上都有可能

5. 下面有关委托-代理关系的说法正确的是（　　）。

A. 医生和病人可以构成委托-代理关系

B. 委托-代理关系产生的主要原因是存在不完全信息

C. 委托-代理关系的双方不是相互独立的个体

D. 解决委托-代理问题的激励机制不能保证资源配置的帕累托最优状态

三、判断题

1. 养蜂者的活动对果园生产者的利益存在生产的外部影响。（　　）

2. 市场机制总是可以使资源得到最有效的配置。（　　）

3. 市场失灵的存在要求由政府来取代市场价格机制。（　　）

4. 公共物品可以由私人来生产。（　　）

5. 保险市场上存在事后的信息不对称，将导致逆向选择问题。（　　）

四、名词解释

市场失灵　　外部影响　　公共物品　　科斯定理　　公共管制

五、问答题

1. 什么是市场失灵？市场失灵的原因是什么？

2. 为什么高档商品几乎不会出现在地摊上？

3. 为什么垄断会影响经济效率？如何防止与纠正？

4. 举例说明信息不对称及其成因。

5. 假设你的一位室友是吸烟者，影响了你的生活。根据科斯定理，不吸烟的你与你的这位室友如何解决吸烟的外部性问题？

项目八

国民收入核算与决定分析

学习目标

知识目标：了解GDP的概念及其他宏观经济变量；理解国民收入核算方法和乘数效应。

能力目标：能运用国民收入核算原理分析GDP的决定及变化；学会用AD-AS模型变化对国民收入影响进行分析；能运用乘数效应让各项投入的收益更高。

实训目标：学会按照某一特定的知识点找到经济生活中的对接点；能运用所学的知识对宏观经济现象和规律进行分析，看到经济形势变化的方向；能综合运用所学的乘数知识进行合理投入分析，在现实生活中做大乘数、增大效果。

国内生产总值（GDP）——20世纪最伟大的发明之一

美国经济学家保罗·萨缪尔森（Paul A. Samuelson）认为，GDP是20世纪最伟大的发明之一。他将GDP比作描述天气的卫星云图，能够提供经济状况的完整图像，能够帮助领导者判断经济是在萎缩还是在膨胀，是需要刺激还是需要控制，是处于严重衰退还是处于通胀威胁之中。没有像GDP这样的总量指标，政策制定者会陷入杂乱无章的数字海洋而不知所措。

判断宏观经济运行状况的三个主要指标（经济增长率、通货膨胀率和失业率）都与GDP有十分密切的联系。经济增长率就是GDP增长率，通货膨胀率一般是用GDP平减指数来衡量。而著名的奥肯定律告诉我们，通过经济增长率可以对失业率进行大致的判断。在国际社会中，一个国家的GDP与该国承担的国际义务、享受的优惠待遇等密切相关。如联合国会费的确定是根据各国的GDP与各国人均GDP等数据计算而成的。

GDP也存在诸多缺陷。例如：一辆汽车在马路上正常行驶，这时的汽车对GDP的增长没有什么贡献。突然，汽车撞上了路边的大树，司机受伤，汽车损坏，救护车来了，把司机送到医院，医院立即抢救；抢险车来了，把汽车拖到修理厂，修理厂修好了汽车。这一系列的服务统统被计入GDP，GDP因事故而增加。

只要采伐树木，GDP就会增加，采伐会造成森林资源减少，其代价却不为GDP所考虑。再比如，生产某些产品，会向空气中或水中排放有害物质，GDP却无法表现这些损害。

总之，GDP 不能反映经济增长所付出的环境污染、资源消耗等代价，不能准确地反映社会成员个人福利状况，人均 GDP 会掩盖收入差距的扩大。

针对以上缺陷，一些经济学家提出了一些新的指标，如绿色 GDP 指标，但是，这些指标目前还缺乏可操作性。

（资料来源：缪代文．微观经济学与宏观经济学［M］．北京：高等教育出版社，2017）

请分析：

1. 为什么称 GDP 为 20 世纪最伟大的发明之一？
2. 如何正确看待 GDP 指标在未来的应用？

在这个案例中，GDP 指标之所以重要，是因为它是一国（或地区）整体经济运行的指示器，是政策制定者调整宏观经济政策和制定发展战略的重要依据，对国民经济运行起着重要的作用。但是 GDP 不能全面反映经济发展、社会进步和人民生活水平，这些缺陷值得我们高度重视，正确看待 GDP 等宏观经济指标的应用。

任务一　宏观经济变量及应用

案例导入

从国内生产总值（GDP）看中国和印度的经济发展

近些年，中国和印度的经济增长表现非常抢眼，两国的飞速发展，让世界感觉到经济全球化在迅速推进。这两个国家成了世界上发展最快的经济体，以美元计算，在过去的五年里，中国和印度的名义 GDP 增长平均速度分别为 8.3%和 7.0%，而除了中国和印度外的世界其他地区的 GDP 增长只有 4%。

中国和印度这两个亚洲国家的相似处很多，包括超过 10 亿的人口和多年来作为传统的贫穷的农业经济体系。在 1982 年，中国人均名义 GDP 以美元计算只有 275.4 美元，稍稍低于印度的人均 280 美元。然而 21 年之后，中国经济的增长速度远远超过了印度。

在这段时期，中国实际 GDP 的增长率年平均超过了 9.7%，而印度只有 5.7%。在 2003 年，作为强劲增长的结果，中国的 GDP 总量达到 1.4 万亿美元，是印度 5 750 亿美元 GDP 总量的 2.5 倍；中国的人均收入是 1 087 美元，是印度人均收入的两倍。此外，如果以美元计算各国的名义 GDP，中国占据了世界 GDP 总额的 3.9%，而印度占据了世界 GDP 总额的 1.6%；如果以购买力评价计算各国 GDP，中国是 12.6%，而印度为 5.7%。

印度落后中国 13 年，如果印度的实际 GDP 增长能够维持目前 6%的水平，印度的人均 GDP 将在 13 年后达到目前中国的水平。我们估计，在接下来的十年，印度的实际 GDP 增长将达到 8%。如果印度整体的 GDP 以 6%或者 8%的速度增长，将花费 7 年或者 9 年的时间才能达到中国目前 GDP 的水平。2015 年，如果印度和中国保持它们的平均增长率水平长达 10 年，两国以美元计算的名义 GDP 将分别达到 1.3 万亿美元和 3.9 万亿美元，如果印度设法以高于 8%的速度增长，它的 GDP 在 2015 年达到 1.6 万亿美元。

（资料来源：https://www.sohu.com/a/211501946_100028279）

请思考：如何看待不同国家的经济发展水平？

认识宏观经济，首先应该关注的是这个经济体能够生产多少产品、创造多少财富，该国国民能取得多少收入。衡量国民收入有一系列的指标，包括国内生产总值、国民生产总值、其他宏观经济变量，其中国内生产总值是最重要、最广泛的指标。

一、国内生产总值

（一）国内生产总值的含义

国内生产总值（GDP）是衡量宏观经济总体活动水平的重要指标，其为一个经济体在一段时期内（通常指一年）生产的所有最终产品和劳务的市场价值总和。为了全面认识 GDP 的概念及其核算，我们要分别理解"最终产品和劳务""生产""市场价值""一段时期内"所表示的意义，以获得对国内生产总值的全面认识，这同时也是明确 GDP 核算原则的过程。

GDP 的含义有以下几方面的意思：

（1）GDP 是一个市场价值的概念。各种最终产品的价值都是用货币加以衡量的。产品市场价值就是用这些最终产品的单位价格乘以产量获得的。假如某国一年生产 10 万件上衣，每件上衣售价 50 美元，则该国一年生产上衣的市场价值为 500 万美元。

（2）GDP 测度的是最终产品的价值，中间产品不计入 GDP，否则会造成重复计算，因为中间产品的价值包括在最终产品的价值里，如果再加一遍，会高估 GDP 水平。

案例分析

烤鸭如何计入 GDP

北京烤鸭是非常出名的美味，其出售的价格与制作的考究程度一样令人惊叹。正宗的烤鸭能卖到数百元一只，就是一般的仿制品也能卖到好几十元一只。假设烤鸭店花了 20 元从养鸭场买来一只鸭子，加工成烤鸭后以 100 元的价格卖出去。

（资料来源：https://wenku.baidu.com/view/8e9e43c90508763231121235.html）

请讨论：在计算 GDP 时，是该算活鸭价格加烤鸭价格总共 120 元呢，还是只算烤鸭价格 100 元？为什么？

教师点评：

1. 对 GDP 含义的理解。
2. 中间产品和最终产品。

（3）GDP 是一定时期内（往往为一年）所生产而不是所售卖掉的最终产品价值。这有非常重要的区别。销售的产品可能是当期生产的，也可能是以前生产的；当期生产的产品可能全部在当期销售完毕，但更可能的是还有部分没有出售。那么这些生产出来，但没有被销售出去的产品，如何影响 GDP 呢？我们的处理方法是把没售出的产品视为存货投资，即认为是生产者购买了自己的部分产品，增加了自己的存货数量，这部分价值将计入当期的 GDP。

同步案例

轿车生产与 GDP 核算

2019 年某汽车厂生产了 10 万辆轿车，当年卖出了 9 万辆，还有 1 万辆没有售出。在计算 GDP 时，这 1 万辆车就被视为存货，是企业购买自己的产品，应当按照其市场价值计入 2019 年的 GDP。这样就保证 GDP 能够准确反映当期所有产品和服务的生产情况。存货投资可以为正，也可以为负，表示存货数量的增加或减少。

引入存货投资的概念，把卖不出去的产品视为厂商购买了自己的产品，是厂商的一项支出，这样就保证了总的产出等于总的支出，从而使我们可以运用支出法从支出的角度来核算国内生产总值。

（4）GDP 是计算期内生产的最终产品价值，因而是流量而不是存量。流量是一定时期内发生的变量，存量是一定时点上存在的变量。解释流量和存量最常用的例子是向水池里放水，水池里面的水是存量，是在某个时点观察到的；而流入水池里的水则是流量，是一段时间内观察到的。

同步案例

GDP 视角如何看待旧房的价值

某人花 20 万美元买了一幢旧房，这 20 万美元不能计入 GDP，因为它在生产年份已计算过了，但买卖这幢旧房的经纪人费用可计入当年 GDP，因为这笔费用是经纪人买卖旧房过程中提供的劳务报酬。

把经济变量区分为存量或变量，对我们的分析是非常有意义的。GDP 本身就是最重要的流量变量，是一个时间概念，表示经济中每一年新增多少价值。相应的，GDP 只计算新流入经济中的价值，而不计算已有的价值存量。

（5）GDP 是一国范围内生产的最终产品的市场价值，是一个地域概念。一个在日本工作的美国公民的收入，不计入美国的 GDP 中，而计入日本的 GDP 中。在 1991 年 11 月之前，美国是用 GNP 作为对经济总产出的基本测量指标，后来改用 GDP，原因是大多数国家都有 GDP。同时，由于国外净收入数据不足，GDP 较易衡量，再加上 GDP 相对于 GNP 来说是国内就业潜力的更好衡量指标。当然，对美国来说 GDP 和 GNP 的差异较小，二者使用差别不大。

（6）GDP 一般仅指市场活动导致的价值。家务劳动、自给自足生产等非市场活动不计入 GDP 中。

现实经济中生产的产品和劳务有成千上万种，要使这些千差万别的产品和劳务具备可加性，从而统计其总量，一个合理的方式就是用各种商品的数量乘以其价格，得到其市场价值，然后进行加总。但如果某项产品或劳务不在市场上交易，不具备市场价格，那又该怎么办呢？这涉及两种情况，一种是能够通过估算这些产品和服务的市场价值来获得一个大致的认识；另一种情况是没办法详细考察，从而无法计入 GDP。

同步案例

劳务价值如何计入 GDP

某位女主人雇用了一位男管家为其打点日常事务，并向他支付工资，这部分价值计入了 GDP；后来，女主人爱上了这位管家，并和他结婚了，虽然新的男主人还在做同样的工作，但是他再也不能贡献 GDP 了，因为他的工作变成了家庭服务。

（二）国内生产总值的作用

国内生产总值的作用根据使用对象的不同，主要有以下三个方面。

（1）对于政府用户而言，国内生产总值可以用来了解宏观经济运行的大体概况，为政府制定宏观经济政策服务。

（2）对于研究人员和科研机构而言，国内生产总值是进行宏观经济研究的基础数据之一。

（3）对于普通公众而言，了解国内生产总值有助于我们了解国家制定的各项宏观经济政策。

小思考：GDP 指标的缺陷是什么？

（三）名义 GDP 和实际 GDP

GDP 是通过核算所有最终产品和劳务的市场价值得到的，也就是通过把各种最终产品和劳务的数量乘以价格，并加总得到 GDP。如果只依据这一个指标，就会造成一个问题：当 GDP 增长时，我们不知道是什么原因引起的，可能是数量增加了，可能是价格增加了，也可能是数量和价格同时增加。

研究宏观经济的最终目的是实现经济的稳定增长，提高整个社会的福利水平。衡量社会福利水平的重要依据要看该社会可供使用的产品和劳务的数量，数量越多，可以实现的福利水平越高。从这个意义上来说，GDP 不是一个衡量社会福利的完美指标，其增长可能是由价格引起的，而产品和劳务的数量并没有增加。为此，我们要区分名义 GDP 和实际 GDP 的概念。

我们把以当前价格衡量的产品和劳务的总价值称为名义 GDP，把用基期价格衡量的产品和劳务的总价值称为实际 GDP。具体做法是先选定某年的价格水平，比如 2017 年的价格水平作为固定不变的基期价格，然后用基期价格乘以各年的产品数量，得到实际 GDP。

通过把价格固定在基期水平得到实际 GDP，就能够衡量不同年份中产品和劳务的数量变化，从而反映社会福利的实际改善，这是很有必要的。因为名义 GDP 增长率与实际 GDP 增长率可能存在较大的差距，在通货膨胀严重的年份更是如此。把名义 GDP 比上实际 GDP，就可以得到另一个经济指标，即 GDP 折算数。

GDP 折算数＝名义 GDP/实际 GDP

8-1 绿色 GDP

二、国民生产总值

国民生产总值（GNP），是指一年内一国居民所生产的最终产品和劳务的市场价值的总和。它是按照“国民”原则计算的，即只要是本国国民，无论其居于地球的哪一个角落，其生产的最终产品的市场价值均计入本国的 GNP 中。

由于 GDP 比 GNP 更能反映本地区的经济发展情况，因此世界上的大多数国家均采用国内生产总值指标。两者关系如下：

GNP＝GDP＋本国公民在国外生产的最终产品的市场价值总和－外国公民在本国生产的最终产品的市场价值总和

GDP 和 GNP 都是反映整体经济总量的经济指标，只是 GDP 是按“国土”原则计算的，而 GNP 是按“国民”计算的，都是总量指标，区别在于统计口径不同。

同步案例

GDP 与 GNP

海尔集团在澳大利亚投资设厂，取得的收入应该计入澳大利亚的 GDP，也应该计入我国的 GNP；而麦当劳在我国开设的连锁店创造的收入应该计入我国的 GDP，也应该计入美国的 GNP。

我国近年来鼓励本国企业“走出去”，到国外去发展，相应地也越来越重视 GNP 的核算。

三、其他宏观经济变量

GDP 是核算国民收入的重要指标，除 GDP 和 GNP 外，还有其他一些与此相关的变量指标，以不同的口径核算国民收入，以反映不同的问题。

1. 国内生产净值

国内生产净值（NDP）衡量的是国内经济活动的净价值，等于从国内生产总值中减去资本折旧。国内生产净值可以表示为：

NDP＝GDP－资本折旧

2. 国民生产净值

资本折旧是经济活动的成本，减去折旧得到的就是净价值。类似的，国民生产净值（NNP）等于从国民生产总值里减去资本折旧。国民生产净值可以表示为：

NNP＝GNP－资本折旧

3. 国民收入

国民收入（NI）衡量的是一国投入使用的各种生产要素取得的报酬总和，等于从国民生产净值里减去企业间接税得到。生产要素指投入的资本、劳动等，报酬的形式包括工资、租金、利息和利润。国民收入可以表示为：

NI＝NNP－企业间接税

上述的国民收入是狭义的国民收入，广义上，国民收入与 GDP、GNP 这几个概念并不加以严格区分，我们经常用字母 Y 表示广义的国民收入。

4. 个人收入

个人收入（PI）指家庭和非公司企业获得的收入，与国民收入并不相同。国民收入里面的公司未分配利润由公司留存，公司所得税和社会保险税上交政府，这几项要扣除；另外，个人还取得企业返还的红利、政府的转移支付和公债利息收入。个人收入可以表示为：

PI＝NI－公司未分配利润－公司所得税－社会保险税＋企业返还的红利＋政府的转移支付＋公债利息收入

5. 个人可支配收入

个人可支配收入（DPI），指家庭和非公司企业可以自由支配的收入，通过从个人收入里减去个人所得税得到。个人可支配收入可以表示为：

DPI＝PI－个人所得税

原理应用

美国的国内生产总值和个人可支配收入

下面用某年美国的材料说明从国内生产总值到个人可支配收入的变化步骤（见表 8－1）。

表 8－1　某年美国国内生产总值和个人可支配收入　　单位：万美元

国内生产总值	56 775
＋　国外要素净支付	175
＝　国民生产总值	56 950
－　资本消耗扣除	6 261
＝　国内生产净值	50 689
－　间接税	4 752
－　其他（净值）	494
＝　国民收入	45 443
－　公司留利 社会保障缴款	3 643 5 288
＋　政府和企业向个人的转移支付 利息调整 红利	7 711 2 511 1 370
＝　个人收入	48 104
－　个人所得税和非税支付	6 187
＝　个人可支配收入	41 917

这个材料有以下两点需要说明。

一是来自国外要素所得净额，也称国外要素净支付，指本国生产要素在其他国家获得的收入（如本国在外国投资获得的利润，本国公民在外国的劳务收入等）减去本国付给外国生产要素在本国获得的收入。这样，国内生产总值加上来自国外的要素净支付就可以得到国民生产总值。

二是国民收入（要素报酬）并不会都给个人，从中要减去公司保留利润和社会保障缴款。这里，社会保障缴款指公司为本公司员工参加社会保险而缴纳给社会保险机构的费用，这些要从国民收入中扣除。当然，个人收入也会从政府和企业向个人的转移支付、利息调整和红利这些途径中增加。这里，利息调整是指不包括在利息净额（个人从企业获得的因资金借贷所产生的利息）之中的个人利息收入。

（资料来源：殷建国，罗碧华．经济学原理与应用［M］．北京：中国人民大学出版社，2016）

任务二　国民收入核算及应用

案例导入

蜜蜂的寓言

18 世纪初，一个名叫孟迪维尔的英国医生写了一首题为《蜜蜂的寓言》的讽喻诗，这首诗叙述了一个蜂群的兴衰史。

这首诗讲了从前有一群蜜蜂，它们在一个蜂王的领导下，过着挥霍、奢侈的生活，整个蜂群兴旺发达，百业昌盛。后来，他们的老蜂王去世了，换了一个新蜂王，它们改变了原有的生活习惯，开始崇尚节俭朴素的生活方式，结果社会凋敝、经济衰落，终于因被敌手打败而逃散。

这首诗所宣扬的“浪费有功”在当时受到指责。英国萨塞克斯郡大陪审团委员们就曾宣判它为“有碍公众视听的败类作品”。

从 1929 年开始，资本主义世界爆发了空前的大危机，3 000 多万人失业，1/3 的工厂停产，整个经济退回到了第一次世界大战前的水平。经济处于极度混乱之中，传统的经济学无法解释、更无法解决这一问题，理论界纷纷进行探讨。这时，英国经济学家凯恩斯在《蜜蜂的寓言》的启示下，建立了国民收入决定理论，并由此引发了凯恩斯革命，从而建立了宏观经济学和总需求决定理论。

凯恩斯认为，在短期中决定经济状况的是总需求而不是总供给，也就是说，由劳动、资本和技术所决定的总供给，在短期中是既定的。总需求决定了短期中国民收入的水平。总需求增加，国民收入增加；总需求减少，国民收入减少。

总需求理论的提出在经济学中被称为一场革命（凯恩斯革命），它改变了人们的传统观念。例如：在传统观念中节俭是一种美德，但根据总需求理论，节俭就是减少消费。消费是总需求的一个重要组成部分，消费减少就是总需求减少，总需求减少则是国民收入减少，经济衰退。由此看来，对个人来说是美德的节俭，对社会却是不利的。这就是经济学家经常说的“节俭悖论”，《蜜蜂的寓言》讲的也是这个道理。

（资料来源：殷建国，罗碧华．经济学原理与应用［M］．北京：中国人民大学出版社，2016）

请思考：在《蜜蜂的寓言》中你获得哪些启示？

一、国民收入核算

在国民经济核算体系中有不同的计算国内生产总值的方法，其中主要有支出法、收入法和生产法。

（一）支出法

支出法（产品流量法或最终产品法）是从支出的角度出发，通过加总各购买单位的支出总额来核算国内生产总值的一种方法。通常我们将购买单位对最终产品的支出分为四类，即消费支出、投资支出、政府购买支出和净出口支出（国外部门支出）。

消费支出（C）指家庭和个人购买商品和服务的支出。其包括购买彩电、空调、汽车等耐用品，食物和服装等非耐用品，以及理发、坐公交和医疗等服务三大类。个人购买住宅的支出，一般列为固定资产投资支出，不列为消费支出。

同步案例

消费为什么能拉动经济增长

由于人们购买了企业的商品或服务，那么企业就能够获得利润，同时可以继续生产来满足消费者，这样就进入一个良性循环。生产→销售→获利→生产循环往复，企业就能够不断盈利，盈利可以用来增加企业员工的工资、扩大再生产、加强企业研发、提高产品或服务档次等，而员工有了钱，又会在市场里进行消费。这些都是经济活动，如果这个局面在全国扩大了，那么就对经济起到了推动作用。

（资料来源：https://zhidao.baidu.com/question/918290517833104139.html）

投资支出（I）指私人企业和非营利机构购买的资本物品的总和。它包括厂房和设备等固定资产，各种原材料、半制成品和制成品库存的增加额，以及居民购买住房的开支。私人投资支出所涉及的资本品是该国当年新生产出来的，以前生产出来的生产资料的转卖不包含在其中。股票和债券的买卖，属于金融资产交易，这种投资也不列入投资支出。

政府购买支出（G）指各级政府购买当年生产出来的产品和劳务的支出，如支付政府雇员工资、教育和国防拨款、修筑公路等基础设施的支出等。需要注意的是，政府购买支出不是政府的全部支出，政府全部支出中还包括转移支付，即政府无偿地将资源转移给某些组织和个人的支出行为。例如：政府向残疾人发放的救济金，这种转移支付不能包括在政府购买之中，因为残疾人并未直接做出回报，或者说这笔支出与国民收入的创造没有直接关系。

净出口（$X-M$）指该国出口减去进口额之差，等于外国在本国产品和服务上的支出减去本国在外国产品和服务上的支出，表示国外单位对本国产品和劳务的净支出。

使用支出法核算国内生产总值可以归纳为一个公式，即：

$$GDP = C + I + G + (X - M)$$

我们可以看到，支出法是从需求角度来衡量国民生产总值的，或者说总需求包括消费需求、投资需求、政府购买需求和外国单位对该国产品和劳务的净需求。在实际统计过程中通常将居民消费统计为消费需求，政府消费统计为政府购买需求。表 8－2 是某年用支出法计算的我国的国内生产总值。

表 8－2　某年用支出法计算的我国国内生产总值　　单位：亿元

构成	数值
居民消费	52 678.5
政府消费	14 764.0
固定资本形成总额	51 248.3
存货增加	134.4
货物和服务净出口	2 686.2
总计	121 511.4

案例分析

中美贸易战

2018年6月15日美国宣布对中国500亿美元商品征收25%的关税之后，美国对中国出口商品加征的关税金额就在持续上升。2018年7月，美国将对华征税商品金额扩大至2 500亿美元；2019年8月，美国宣布对中国出口的全部5 500亿美元商品征收关税。其中部分商品的关税税率上调将于12月15日生效。

作为反制，中国从2018年起先后宣布对从美国进口的500亿、600亿和750亿美元商品加征了数额不等的关税，其中部分商品关税的生效时间也是12月15日。

中美双方互加的关税金额呈现螺旋形上升趋势，受影响最大的就是贸易领域。由于关税税率的持续上调，过去两年中的中美贸易出现了大幅的萎缩。

（资料来源：https://baijiahao.baidu.com/s?id=1654081434645156084&wfr=spider&for=pc）

请讨论：为何会发生中美贸易战？贸易战对各国经济有何影响？

教师点评：

1. 支出法核算GDP。
2. 对外贸易对一国GDP的影响。

（二）收入法

收入法（成本流量法或生产要素法）是从收入角度出发，通过加总各收入单位的收入总额来核算国内生产总值的一种方法。

在利用收入法计算国内生产总值时，首先要计算狭义的国民收入（NI），即生产要素报酬之和，然后根据国民收入求得国内生产总值。根据前面的说明，狭义的国民收入从对生产要素补偿的角度可用公式表示为：

国民收入＝工资＋净利息＋租金＋利润

工资指企业或政府付给劳动提供者的报酬，净利息是指用于生产目的的资本报酬。租金包括地租、房租、专利使用费和版权收入等。利润主要指公司的税前利润，包括股息、红利和未分配利润，也包括非公司企业业主收入。从前面知道，国内生产总值和国民收入有如下关系：

国内生产总值＝国民收入＋外国公民在本国的要素收入－本国公民在国外的要素收入＋间接税＋折旧

在实际中，通常将外国公民在本国的要素收入与本国公民在国外的要素收入之差计入统计误差中。表8-3是用收入法计算的某年美国国内生产总值。

表8-3　用收入法计算的某年美国国内生产总值　　单位：亿美元

构成	数值
劳动者报酬	57 204
经营盈余（包括固定资产折旧）	35 017
间接税补贴	7 186
统计误差	−1 304
总计	98 103

（三）生产法

生产法（部门法）是从生产角度出发，通过计算各国民经济产业部门一定时期内新创造的产品和服务的市场价值总和来核算国内生产总值的一种方法。

在用这种方法计算国内生产总值时，各物质生产部门要把所使用的中间产品的产值扣除，仅计算本部门的增值。商业、服务等部门也按增值法计算。卫生、教育行政等无法计算增值的部门，则按该部门职工的工资收入来计算，以工资代表他们所提供的劳务的价值。表8-4是某年用生产法计算的我国国内生产总值。

表8-4　某年用生产法计算的我国国内生产总值　　单位：亿元

构成	数值
第一产业	17 092.1
第二产业	61 274.1
工业	53 092.9
建筑业	8 181.3
第三产业	38 885.7
总计	117 251.9

目前我国主要采用生产法和支出法来计算我国国内生产总值。

原理应用

拉动经济增长的“三驾马车”

消费需求、投资需求和外部需求被并称为“三大需求”，也就是我们所说的拉动经济增长的“三驾马车”。在“三驾马车”中，消费需求是生产的目的，可以创造出生产动力，并刺激投资需求。因此，消费是经济增长的最终需求和目的，拉动生产力的发展；投资需求是增加社会总供给的重要途径，投资规模要和经济发展状况相协调，投资不足可能减缓经济发展，投资增长过快则可能引发经济过热；外部需求对经济的作用和消费需求类似。但是，受到国际经济、外贸环境和汇率变动等多种因素影响，外部需求容易出现波动。完整意义上的“三驾马车”的衡量指标是指GDP支出核算中的最终消费支出、资本形成总额、货物和服务净出口。“三驾马车”成为国家（地区）制定宏观经济政策和发展战略的重要依据。

（资料来源：https://zhidao.baidu.com/question/307351571.html）

二、总供求均衡与国民收入决定

（一）总需求曲线

总需求是指在一定时期内某一经济社会对其产品和劳务的需求总量。总需求反映的是经济中不同经济实体的总支出，包括政府各种支出、企业购买支出、消费者各类支出。总需求曲线表示产品市场和货币市场同时达到均衡时总需求与价格水平之间的关系，如图8-1所示。

在图8-1中，横轴表示国民收入，纵轴表示价格水平，由不同的收入和不同的价格水平组合，构成了一条向右下方倾斜的总需求曲线 AD。总需求曲线表示社会总需求量和价格水平之间的反方向变动，即价格上升，总需求量减少；价格下降，总需求量增加。

（二）总供给曲线

总供给是国民经济各部门在一定时期内所生产的物品和劳务的总和。一般而言，总供给描述了一个经济社会利用其所有的经济资源来生产时能够达到的总产量。总供给曲线是表明产品市场与货币市场同时达到均衡时总供给与价格之间的关系的曲线，它反映了在每一价格水平上所有厂商愿意提供的产品和劳务的总和。总供给曲线的形状是一个有争议的问题，短期总供给曲线一般是向右上方倾斜的。总供给曲线有以下三种。

（1）古典总供给曲线：不受价格水平变动的影响，位于充分就业水平上的垂直的总供给曲线。如图 8－2 所示。

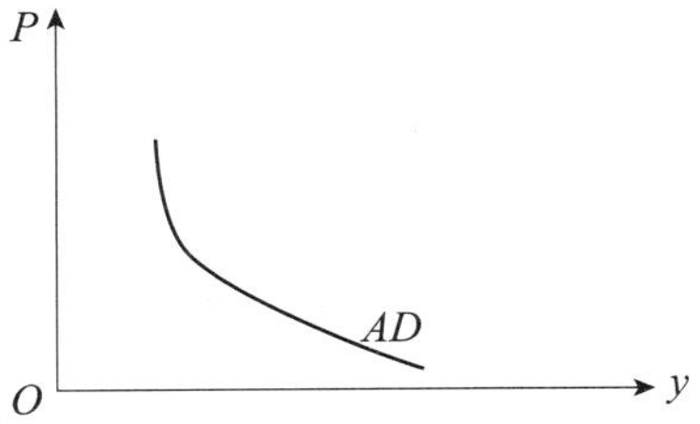

图 8－1　总需求曲线

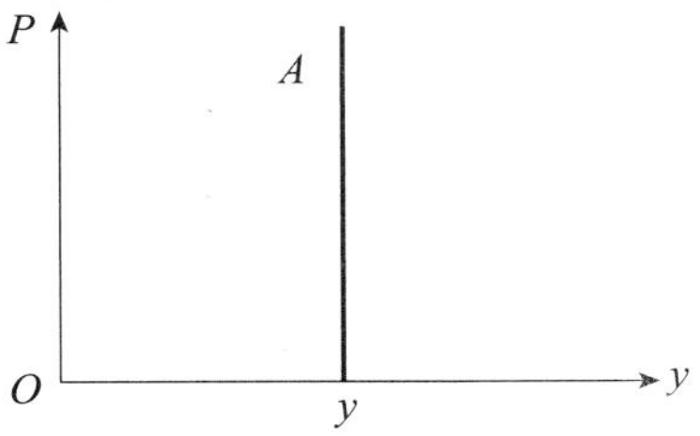

图 8－2　古典总供给曲线

（2）凯恩斯总供给曲线：在达到充分就业的国民收入前，能以不变价格水平，提供任何数量的国民收入；而在达到最大国民收入 y_f 之后，不论价格水平高到何种程度，国民收入不会增长。如图 8－3 所示。

（3）常规总供给曲线：一般向右上方倾斜。C_1 点：严重萧条，存在大量失业和闲置生产能力，当国民收入增加时，价格水平稍微上升；E 点：充分就业水平，但并不意味着整个社会的全部资源都已经就业；C_2 点：如果产出继续增加，价格水平上升得就会很快，曲线的斜率会越来越大。如图 8－4 所示。

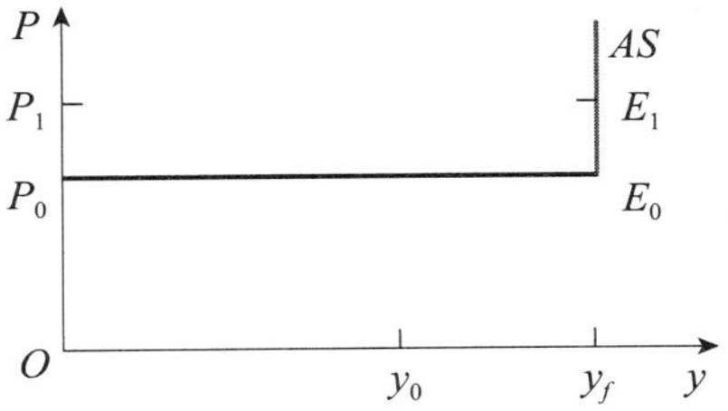

图 8－3　凯恩斯总供给曲线

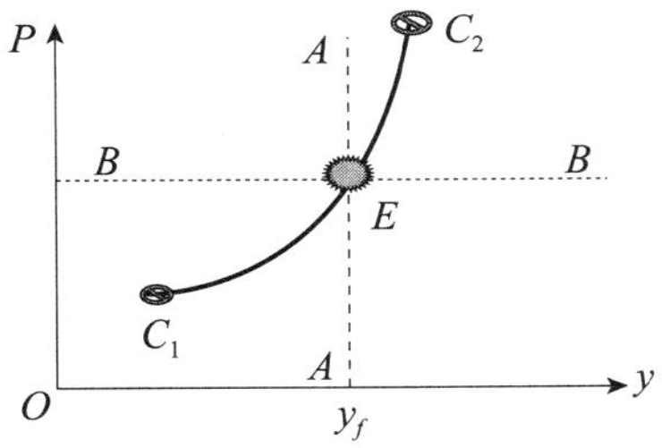

图 8－4　常规总供给曲线

三、总需求变动对国民收入的影响

AS 曲线向左移动对经济是不利的，我们可以设想 AS 向右移动，然而必须注意：在短期内，生产技术虽然有可能突然提高，但是要想很快得到它的成果却是很困难的。因此，AS 向右移动是非常少见的，甚至只是一种理论上的想象而已。如图 8－5、图 8－6 所示。

总需求的变动会引起总需求曲线的移动。总需求增加时，总需求曲线向右上方平行移动；总需求减少时，总需求曲线向左下方平行移动。总需求由消费需求、投资需求、政府购买需求和国外的净出口需求四个部分构成，但这四个部分中的任何一部分发生变动时，总需

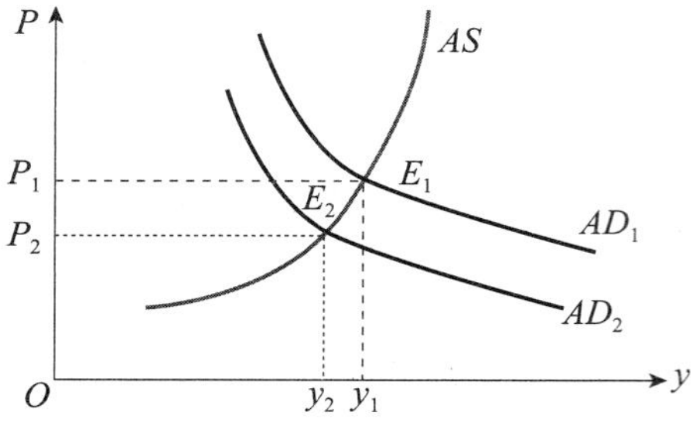

图 8－5　总需求减少对国民收入影响

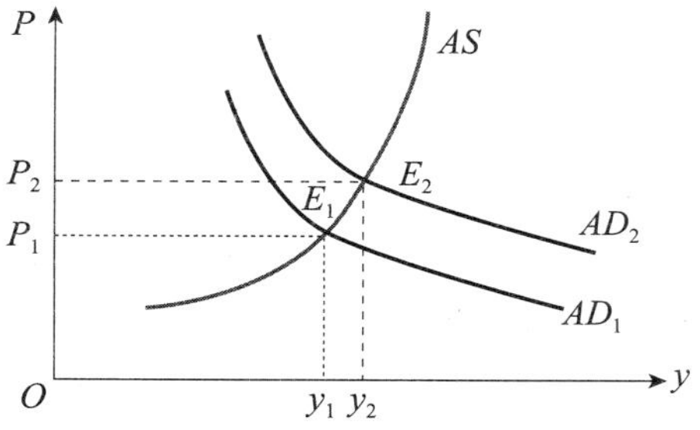

图 8－6　总需求增加对国民收入影响

求曲线都将发生变化。例如：在其他条件不变的情况下，居民的消费欲望增强了，消费需求的增加导致总需求增加，总需求曲线向右上方移动，在图 8－6 中表现为 AD_1 平行移到 AD_2，国民收入增加，价格上升。再例如：在其他条件不变的情况下，政府实施紧缩的财政政策，其购买需求下降导致总需求下降，总需求曲线向左下方平行移动，在图 8－5 中表现为 AD_1 平行移到 AD_2，国民收入减少，价格下降。

总之，需求管理政策的效果在图形上可以直观看到，AS 曲线越平缓，需求管理的效果越显著。

原理应用

美国 20 世纪 70 年代的"滞胀"

从宏观经济学的总需求-总供给模型可知，经济的总供给遭受不利的冲击会导致滞胀的状态，即经济停滞（失业率上升）和通货膨胀（通货膨胀率上升）并存的状态。从历史上看，美国经济在 20 世纪 70 年代就经历了这一状态。

1973 年，欧佩克为制裁西方国家，联手削减石油出口量，引发了第一次石油危机。国际油价从每桶 3.56 美元涨到 10.11 美元，西方发达国家的经济开始陷入衰退。1979 年伊朗爆发伊斯兰革命，伊朗王国政府被推翻，1980 年两伊战争全面爆发，石油日产量锐减导致油价骤升，从每桶 14.85 美元飞涨到 38 美元。石油价格的上涨使得美国企业能源成本大幅度提高，造成生产率的下降和经济停滞。同时，石油作为中间产品和最终消费品直接推高了通货膨胀率。

除此之外，食品价格也由于粮食紧缺而大涨。1972 年，自然灾害席卷全球，世界粮食总产量比上年减少了 2.9%，许多国家发生了严重的饥荒。此后，1974 年和 1978 年，世界粮食两度出现短缺。由于供给不足，粮食价格大幅度上涨。1973 年和 1974 年，美国食品价格上涨幅度均超过 13%。

随着美国国内经济状况的不断恶化，美元的地位开始动摇。第二次世界大战结束后，美国拥有了全世界 80%以上的黄金储备，一跃成为最富有的国家。布雷顿森林会议确立了 35 美元兑换一盎司黄金的固定汇率制度，在世界金融领域巩固了美元的霸主地位。20 世纪 60 年代后，德、日等国崛起，美国的贸易顺差不断减少，贸易赤字不断增加，美国的黄金储备也大量减少，美国再也无力支持美元与黄金的固定汇率。1971 年尼克松总统宣布美元与黄金脱钩，标志着第二次世界大战后国际货币制度的瓦解。此后美元急剧贬值，1980 年 1 月每盎司黄金兑换高达 785 美元，美元贬值加剧了全球的通货膨胀。国际金融市场的动荡阻碍了国际贸易的发展，导致竞争加剧，贸易战层出不穷，国际经济关系陷入一片混乱，进一步推动了“滞胀”的形成和发展。

（资料来源：高鸿业．宏观经济学原理［M］. 北京：中国人民大学出版社，2019）

任务三　乘数效应

案例导入

踢猫效应

某公司董事长为了重整公司一切事务，许诺自己将早到晚归。事发突然，有一次，他看报看得太入迷以至忘了时间，为了不迟到，他在公路上超速驾驶，结果被警察开了罚单，最后还是误了时间。这位董事长愤怒至极，回到办公室时，为了转移别人的注意力，他将销售经理叫到办公室训斥一番。销售经理挨训之后，气急败坏地走出董事长办公室，将秘书叫到自己的办公室并对他挑剔一番。秘书无缘无故被人挑剔，自然是一肚子气，就故意找接线员的碴儿。接线员无可奈何、垂头丧气地回到家，对着自己的儿子大发雷霆。儿子莫名其妙地被父亲痛斥之后，也很恼火，便将自己家里的猫狠狠地踢了一脚。

人生不如意事十有八九。如果避开影响程度不谈，仅上述两件事情在现实生活中是完全有可能发生的。我们可以分析这种事情发生后对整个社会效用的影响到底有多大以及为什么会有如此之大。

（资料来源：https://baike. baidu. com/item/踢猫效应/1293557?fr=aladdin）

请思考：一个人的消极情绪为何会给社会带来如此大的影响？

一、乘数效应

总支出决定总产出，总支出的增加必然会带来总产出的增加，但是产出的增加与支出的增加是不是等同的呢？如果总支出增加 100 亿元，总产出是不是也增加 100 亿元呢？我们可以借助一个具体的例子来讨论这个问题。

案例分析

破窗经济

一个小流氓打破了商店的一块玻璃，逃跑了。商店老板无奈只好花 1 000 元买一块玻璃换上。玻璃店老板得到这 1 000 元收入。假设玻璃店支出其中的 80%，即 800 元用于买衣服，衣服店老板得到 800 元收入。再假设衣服店老板用这笔收入的 80%，即 640 元用于买食物，食品店老板得到 640 元收入。食品店老板又把这 640 元中的 80%用于支出……如此一直下去，你会发现，最初是商店老板支出 1 000 元，但经过不同行业老板的收入与支出行为之后，总收入增加了 5 000 元。其原因何在呢？

在我们的例子中，最初的投资就是商店老板购买玻璃的 1 000 元。这种投资的增加引起的玻璃店、衣服店、食品店等部门收入增加之和为 5 000 元，所以乘数就是 5（5 000 元除以

1 000 元)。一笔投资增加所引起的国民收入成倍增加就是宏观经济学中的乘数效应。

可见，乘数是指最初投资增加所引起的国民收入增加的倍数。通常乘数是自发总需求的增加所引起的国民收入增加的倍数，或者说是国民收入增加量与引起这种增加量的自发总需求增加量之间的比率。

(资料来源：https://wenku.baidu.com/view/12e6314c852458fb770b5631.html)

请讨论：流氓打破玻璃对社会经济带来了怎样的影响?

教师点评：

1. 连锁效应。
2. 一笔支出如何带来乘数效应?

经济中为什么会有乘数效应呢?国民经济中各部门之间是相互关联的，一个部门的支出就是另一个部门的收入。当一个部门(如商店)支出时，另一个部门(如玻璃店)收入增加。这个部门(玻璃店)的支出又变成第三个部门(衣服店)的收入。第三个部门(衣服店)支出增加又引起第四个部门(食品店)收入增加。如此循环下去，一个部门支出的增加就会引起国民经济各部门收入与支出增加，最终使收入的增加是最初支出增加的倍数。

二、影响乘数效应大小的因素

在刚才的经济循环中，乘数是5，为什么是5，而不是其他数呢?可以看到，这是因为得到收入的各部门(玻璃店、衣服店和食品店)都是把收入中的80%用于支出。增加的支出与增加的收入之比称为边际支出倾向(如果增加的支出是消费支出，增加的消费支出与增加的收入之比称为边际消费倾向)。乘数效应的大小，取决于边际支出倾向的大小。在所举的例子当中，当边际支出倾向为0.8时，乘数是5，如果你把边际支出倾向改为0.5，乘数就变为2。从这个事实中可以看出，边际支出倾向越大，乘数越大。乘数是1减边际支出倾向的倒数。例如：当边际支出倾向为0.8时，0.2(=1−0.8)的倒数是5。用公式表示为：

乘数=1/(1−边际支出倾向)

小思考：能够影响乘数大小的因素是什么?

三、几个主要的乘数

(1)投资乘数。指投资增加可能带来的国民收入增加的倍数，投资乘数可以用收入变量对投资变量的比率来表示。用公式表示为：

$$k_i = \frac{\Delta y}{\Delta I}$$

(2)政府支出乘数。是政府支出引起国民收入的增加量与政府支出的增加量的比值。用公式表示为：

$$k_g = \frac{\Delta y}{\Delta g}$$

(3)税收乘数。指国民收入变动量与引起这种变动的税收变动量之间的倍数关系，或者说国民收入变化量与促成这种变量的税收变动量之间的比例。用公式表示为：

$$k_t = \frac{\Delta y}{\Delta t}$$

(4) 平衡预算乘数。指政府收入和支出同时以相等数量增加或减小时，国民收入变动对政府收支变动的比率。它描述的是当同时增加或者减少政府的收入和支出，政府的预算保持不变的时候，国民收入的变化情况。用公式表示为：

$$k_b = \frac{\Delta y}{\Delta b}$$

原理应用

把钱埋在地下

一笔初始的投资会产生一系列连锁反应，从而会使社会的经济总量成倍地增加。

如果政府组织一批人把钱埋在地下，然后再雇人把它挖出来，以此来求得一国经济的繁荣发展，是不是听起来有点荒唐？但是，经济学大师凯恩斯在1936年出版的《就业、利息与货币通论》一书中明确地提出了这一想法："如果财政部把用过的瓶子塞满钞票，而把塞满钞票的瓶子放在已开采的矿井中，然后，用城市垃圾把矿井填平，并且听任私有企业根据自由放任的原则把钞票再挖出来（当然，要通过投标来取得在填平的钞票区开采的权利），那么，失业问题便不会存在，而且在受到由此而造成的影响的推动下，社会的实际收入和资本财富很可能要比现在多出很多。"

把钱埋在地下就能刺激经济？这里的关键是能否使乘数效应发挥出来。在一个现实经济中，一笔初始的投资会产生一系列连锁反应，从而会使社会的经济总量成倍地增加，这就是乘数效应。

在把钱埋在地下的例子中，政府没事找事，组织一批人挖地埋钱本身似乎并没有什么实际意义，但是通过这批人的折腾却会给经济带来活力。比如，那些人们挖地埋钱耗费体力，总要喝点儿什么吧，于是，饮料公司就卖掉了饮料而挣到了钱；饮料公司的员工有了收入以后，也许会拿一部分收入去买衣服，这样服装公司就又有了生意做并取得收入；服装公司的工人就有可能拿收入的一部分去买食品，这样，食品公司的工人就得到了收入…… 如此下去，尽管这种传递的效应会变得越来越小，但最终把这些效应汇集起来，经济就得到了一个加倍的增量。

在以上过程中，开始并不重要，但结果却是社会经济的繁荣。

（资料来源：http://www.360doc.com/content/07/1012/06/43414_804624.shtml）

课程思政

中国经济奇迹

如果用GDP来衡量中国经济的话，1978年，这个答案是人均1元；到2017年，已经提高到人均163元。40年时间，我国成功地从低收入国家迈入中等偏上收入国家的行列。

中国人民用双手书写了经济发展的奇迹，40年时间，GDP从3 600多亿元上涨到2017年的82万多亿元。这个规模有多大？如果换算成美元，世界排名第二的中国GDP，已经是第三位国家的2.5倍；我们一个国家就完成了全球经济总量的15%左右，而在40年前，中国连完成2%的能力都不具备。

改革开放引领中国经济快速增长。我们按照消除物价上涨因素后的不变价格来计算，中国GDP 40年上涨了33.5倍，也就是说平均每八年至少翻一番。

如果说前些年的突出特点是“增长更快”，到了近五年，则表现为“质量更高”。现如今产业结构更合理，我国的第三产业规模已经占据半壁江山，而且对经济增长的贡献率接近六成，成为拉动经济增长的主要力量。

近五年，由科技进步贡献的增长份额每年都在提升，说明创新更多转化为新动能。而与此同时，生态环境逐步好转，单位GDP对能源和水的消耗量，在这五年中都下降了两成以上；重点城市出现重污染的天数，也减少了一半。

中国能力强了，也在为世界经济分担更重的担子。中国对世界经济增长的贡献率，已经连续五年保持在30%，成为全球经济的重要引擎。越来越多的国家愿意跟中国做生意，以美元计算，中国的对外货物贸易额40年增长了近200倍，成为世界第一贸易大国，其中，“一带一路”沿线主要国家在2017年的贡献达到了三分之一。中国人民的购买力也在征服世界，这五年，世界消费平均每增加4块钱，就有1块钱是中国人贡献的。

改革开放这场中国的第二次革命，不仅深刻改变了中国，也深刻影响了世界！

问题：这个案例有什么启示意义？

分析提示：这个案例的启示在于中国这么大的经济体将近40年的持续高速增长，是世界唯一。改革开放以后，国家强起来，人民富起来。经济增长要素离不开坚定的改革、制度的变革、政策的科学性。综观中国经济增长情况，对比如美国等其他国家增长，分析中国经济增长的伟大，特别注意对技术进步在现阶段中国经济转型中的重要作用的认识。只有自身强大，掌握经济增长的科学方法，才能重塑经济强国，实现中华民族的伟大复兴。

项目小结

国民收入核算的重要指标包括国内生产总值、国民生产总值、国内生产净值、国民收入、个人收入以及个人可支配收入等，其中国内生产总值是目前通用的、使用最多的衡量国民收入的指标。

GNP和GDP是两个重要的宏观经济变量，GNP是一国国民在境内和境外生产的所有最终物品和劳务的市场价值总和，GDP是本国居民和外国居民在其领土范围内所生产和提供的最终产品和劳务的市场价值总额。

从支出法角度计算GDP，它有四个组成部分：消费支出、投资支出、政府支出、净出口，这四个部分之和称为总支出。

把总需求曲线与总供给曲线放在同一个坐标系中，可以得到说明均衡国民收入和价格决定的总需求-总供给模型。

乘数是最初投资增加所引起的国民收入增加的倍数。通常乘数是自发总需求的增加所引起的国民收入增加的倍数。主要的乘数有：投资乘数、政府支出乘数、税收乘数和平衡预算乘数。

项目实训

一、实训内容

1. 知识运用能力

技能Ⅰ

名称：问题研讨。

规范与标准：能够根据项目的重点和核心知识点设置研讨题目，练习知识运用。

（1）下列项目是否计入 GDP，为什么？1）政府转移支付；2）购买一辆用过的车；3）购买普通股票；4）购买一块地产。

（2）如果甲乙两国合并成一个国家，对 GDP 总和会有什么影响？

（3）如何做大货币乘数？

技能Ⅱ

名称：经济学在企业或社会生活中的运用。

规范与标准：请对本项目所学的知识点进行分析，每个知识点至少列举 5 个及以上在企业或社会生活中的应用，见表 8-5。

表 8-5　国民收入核算与决定分析理论在企业或社会生活中的应用

项目知识点	在企业或社会生活中的运用
GDP 及其应用	
三驾马车	
乘数效应	

技能Ⅲ

名称：综合分析——如何用宏观经济变量的变化进行经济形势变化的判断和预测？

规范与标准：

（1）小组讨论“用宏观经济变量的变化进行经济形势变化的判断和预测”。

（2）小组派代表陈述对问题的解释。

（3）教师点评。

2. 情境设计

将学生分成若干实训组，每组选择一至三个宏观变量，根据对宏观经济变量变化的深入剖析，分析经济变量与经济形势之间的关联，做出经济形势未来的变化趋势报告，并用小组演讲法进行现场讲解。各实训组要进行宏观变量剖析、经济形势分析，完成本实训的各项实训任务，在此基础上撰写《基于××宏观变量的经济形势预测报告》。

二、实训目标

对本项目知识点进行全方位的分析应用。

三、实训设施

教室。

四、实训过程

（1）根据班级人数将学生组成若干个实训组，每 5～7 位同学分成一组，每小组确定一人负责。

（2）对实训组进行实训要求和具体操作讲解。

（3）实训组各小组分别根据团队成员的兴趣爱好和性格，进行分工，开始研讨与设计。

（4）实训组各小组根据实训内容和目标，在规定时间内完成各项实训任务。

（5）实训组各小组在实训分析与反思的基础上，撰写专项实训报告。

五、实训成果

《问题研讨分析报告》

《知识点应用表格》

《基于××宏观变量的经济形势预测报告》

六、注意事项

（1）每组每位同学合理分工，认真做好实际调查工作，确切理解知识信息准备工作的内容和要求。

（2）每组同学认真准备符合要求的文字材料。

（3）每组代表在课堂上清晰、有条理地向大家阐述自己的报告，突出重点和亮点。

项目习题

一、单选题

1. 下列哪一项不列入国内生产总值的核算？（　　）

A. 出口到国外的一批货物

B. 政府给贫困家庭发放的一笔救济金

C. 经纪人为一座旧房买卖收取的一笔佣金

D. 保险公司收到的一笔家庭财产保险费

2. 一国的国内生产总值小于国民生产总值，说明该国公民从外国取得的收入（　　）该国公民从该国取得的收入。

A. 大于　　B. 小于

C. 等于　　D. 可能大于也可能小于

3. “面粉是中间产品”这一命题（　　）。

A. 一定是对的　　B. 一定是不对的

C. 可能是对的，也可能是不对的　　D. 以上三种说法全对

4. 下列哪一项可以计入 GDP？（　　）

A. 购买一辆用过的旧自行车　　B. 购买普通股股票

C. 汽车制造厂买进 10 吨钢板　　D. 银行向某企业收取一笔贷款利息

5. 应计入我国 2016 年 GDP 的是（　　）。

A. 2014 年生产而在 2016 年销售出去的汽车

B. 2016 年中国人投资于美国的厂商所生产的汽车

C. 2016 年美国人投资于中国的厂商所生产的汽车

D. 某人 2016 年自制自用的汽车

二、多选题

1. 在国民经济核算体系中有不同的计算国内生产总值的方法，其中主要有（　　）。

A. 支出法　　B. 收入法　　C. 生产法　　D. 划分法

2. 在一国国民经济实际运行中，社会经济对最终产品和服务的支出分为（　　）。

A. 消费　　B. 投资　　C. 政府购买　　D. 净出口

3. 在下列项目中，属于政府购买的有（　　）。

A. 地方政府办三所中学　　B. 政府给低收入者提供一笔住房补贴

C. 政府订购一批军火　　D. 政府给公务员增加薪水

4. 下列说法中正确的是（　　）。

A. 某建筑去年已经完成，今年的销售金额应加入今年的 GDP

B. 总投资和净投资的差额就是 GDP 和 GNP 的差额

C. 转移支付增加了，但 GDP 不增加

D. 国民产出的增加并不意味着个人生活水平的提高

5. 下列哪些项目属于要素收入？（　　）

A. 业主收入　　B. 雇员报酬　　C. 股息　　D. 租金收入

三、判断题

1. 国民收入核算中最主要的是计算国民收入。（　　）

2. 国内生产总值的最终产品是指有形的物质产品。（　　）

3. 某人出售一幅油画所得到的收入，应该计入当年的国内生产总值。（　　）

4. 居民购买住房属于个人消费支出。（　　）

5. 国内生产总值减去折旧就是国内生产净值。（　　）

四、名词解释

国内生产总值　　国民生产总值　　国内生产净值　　政府性购买　　乘数

五、问答题

1. 国民收入核算的方法有哪些？

2. 国内生产总值和国民生产总值的联系和区别是什么？

3. 为什么说 GDP 不是反映一个国家福利水平的理想指标？

4. 为什么人们购买债券和股票对个人来说是投资，而在经济学上不算是投资？

5. 为什么政府给公务员发放的工资要计入 GDP，而给灾区或困难人群发的救济金却不计入 GDP？

项目九 失业与通货膨胀原理与应用

学习目标

知识目标：理解自然失业、周期失业的类型和原因及其界定、失业率计算，通货膨胀的概念、特征、类型和对经济的影响，以及失业与通货膨胀的关系。

能力目标：学会解释失业现象，分析通胀的原因。

实训目标：能够应用所学经济学原理，分析我国失业、通货膨胀的原因及治理方法。

生活中的通货膨胀

可能有的同学会发现：学校食堂的饭没有涨价，但量却越来越少；包子价格没变，但个头却越来越小。不管官方统计的通胀数据 CPI 如何，但居民清楚地感受到的通胀比预期要高得多。诸多食品的价格以两位数的速度上涨，房租也以两位数的增长率上升。这两部分占了家庭生活成本的一半。市场上很难寻找到价格在 2 元每斤的大米。但是人们还是会开车，还是会买米吃饭。通货膨胀的压力，在每一个金融危机后的几年时间里，都是每个国家面临的棘手难题。也就是在这关键的几年里就可以基本确定未来经济周期的起落。只要通胀平稳，控制在 3%～4%之间，那么对于经济发展是有好处的。通胀率过高，特别在中国，会带来一系列社会的、心理的等问题。

请分析：通货膨胀对我们的生活造成什么样的影响?

通货膨胀是我们生活中常见的经济现象，表现为一般物价水平的持续上升，人们的生活成本上涨，货币购买力下降。严重的通货膨胀，还会影响社会经济生活的持续发展，造成严重的社会问题。所以，政府应运用宏观经济政策，发挥宏观调控的作用，防止发生严重的通货膨胀。

任务一 失业原因及分析

案例导入

为什么出现“啃老一族”

据有关专家统计，在城市里，有 30%的年轻人靠“啃老”过活，65%的家庭存在“啃老”问题。“啃老族”很可能成为影响未来家庭生活的“第一杀手”。

据中国媒体调查，目前“啃老族”主要有以下六类人：

一是大学毕业生，因就业挑剔而找不到满意的工作，约占20%。

二是以工作太累、太紧张、不适应为由，自动离岗离职的，他们觉得在家里很舒服，约占10%。

三是“创业幻想型”青年，他们有强烈的创业愿望，却没有目标，缺乏真才实学，总是不成功，而又不愿“寄人篱下”当个打工者，约占20%。

四是频繁跳槽，最后找不到工作，靠父母养着，约占10%。

五是下岗的年轻人，他们习惯于用过去轻松的工作与如今紧张繁忙的工作相比，越比越不如意，干脆就离职，约占10%。

六是文化低、技能差，只能在中低端劳动力市场上找苦、脏、累的工作，因怕苦怕累索性待在家中，约占30%。

（资料来源：http://www.ci123.com/article.php/29951 案例整理）

请思考：“啃老族”对经济发展有何影响？

一、失业的概念与衡量

失业是指在一定年龄范围内、有工作能力且愿意按现行工资率工作（在最近一段时间内寻找过工作）的人没有工作。失业的基本条件有四个：

（1）在一定年龄范围内。世界各国对工作年龄和失业的范围都有不同的规定，联合国规定的劳动年龄为15岁以上，在美国、法国规定为16岁以上。

（2）有能力工作。

（3）愿意按现行工资率工作，为寻找工作付出过一定的努力，即有求职活动。

（4）目前没有工作（可能已找好工作，正等待报到）。

没有工作的人不一定是失业者：如果他不愿意工作（如想休闲），或超出了一定的年龄范围，或不去寻找工作，或无劳动能力，就不能算作失业者，因为这些人不属于劳动力范畴。总之，有工作的人是就业者，没有工作而寻找工作的人是失业者，没有工作不肯寻找工作的人不属于劳动力。

失业率是衡量失业最常用的指标。一个国家或地区失业程度的高低，主要不是看失业总人数的多寡，而是看失业率的大小。一直以来，失业率被视为一个反映整体经济状况的指标，而它又是每个月最先发表的经济数据，所以，被称为所有经济指标的“皇冠上的明珠”，它是市场上最为敏感的月度经济指标。一般情况下，失业率下降，代表整体经济健康发展；失业率上升，代表经济发展放缓衰退。失业率的计算公式为：

$$失业率=\frac{失业者人数}{失业者人数+就业者人数}\times100\%$$

$$=\frac{失业者人数}{劳动力总数}\times100\%$$

充分就业，是指不存在周期性失业时的就业状态。也就是说，充分就业并非人人都有工作。实现了充分就业时的失业率称为自然失业率，或充分就业的失业率，或长期均衡的失业率。

充分就业时仍有一定的失业。这是因为，经济中有些造成失业的原因（如劳动力的流动等）是难以克服的。这种失业的存在不仅是必然的，而且还是必要的。因为这种失业的存在，能作为劳动后备军随时满足经济对劳动的需求，并且对就业者产生“威胁”而迫使就业者提高生产效率。此外，各种福利支出（失业补助、贫困补助等）的存在，也使得一定失业水平的存在不会成为影响社会安定的因素，是社会可以接受的。例如：当企业要扩大生产而需要增加雇员时，若劳动力市场上有相应的失业者存在，企业就能及时雇用到所需要的工人而无须长时间等待，这对企业固然是一个有利条件，对经济增长也有好处。

小思考：充分就业是不是完全就业?

二、失业的类型与原因

（一）自然失业

自然失业是指由于经济中某些难以避免的原因而引起的失业。在任何国家中，这种失业总是不同程度地存在的。自然失业按其具体原因分为摩擦性失业、结构性失业和古典失业三种。

1. 摩擦性失业

摩擦性失业是指由于人们在不同的地区、职业和生命周期的不同阶段不停地变换工作而引起的失业。这是一种由于劳动力正常流动而引起的失业，是一种自然失业。在一个动态的经济中，总有一部分人或者自愿或者被迫离开原来的地区和职业，从离开旧工作到找到新工作之间总有一段时间间隔，这些人便处于失业状态。当他们离开原有的工作时，就流入失业队伍，当他们找到新的工作时，又流出失业队伍。摩擦性失业有三种类型：

（1）求职性失业。劳动者不满意现有的工作，离职寻找更理想的工作所造成的失业。

（2）失职性失业。与前一种不同，劳动者被解聘，被迫寻找新的工作所造成的失业。

（3）寻职性失业。新加入劳动力队伍，暂时没有找到工作，而正在寻找工作所造成的失业。

造成摩擦性失业的主要原因有以下三个方面：

一是劳动力市场的组织状况。主要包括劳动力供求信息的完整性，职业介绍与指导的完善与否，劳动力流动性的大小等。

二是失业者寻找工作的能力与愿望。主要包括失业者的工作能力和学历程度，工作的可获性的难易程度，劳动者的劳动的愿望等。

三是社会保障的程度。主要包括最低工资标准，失业救济制度的完善与否，退休制度等。

案例分析

麦肯锡：2030 年，逾 1 亿中国人需要学习新技能并转换岗位

麦肯锡报告特别指出，2030 年，最多将有 1 亿中国人被机器人取代，但这不意味着大量失业，因为新的就业岗位将被创造出来，人们应该提升工作技能来应对即将到来的就业大变迁时代。报告指出，至 2030 年全球将有 7 500 万至 3.75 亿人口重新就业并学习新的技能。从数量上看，中国将面临最大规模的就业变迁，预计将有 1 200 万至 1.02 亿中国人需重新就业。

（资料来源：https://www.toutiao.com/a6659321650288263691）

请讨论：麦肯锡报告中提到的失业，属于哪种类型的失业？

教师点评：

1. 摩擦性失业的概念。

2. 只有树立终生学习的理念，才不会被社会淘汰。

2. 结构性失业

结构性失业是指劳动者的供求结构不一致时引起的失业。这时，劳动力供求在总量上也许是平衡的，但在结构上不一致，一方面出现了有人无工作的失业，另一方面又存在有工作无人做的空位。出现这种情况，是由于随着经济结构的调整，对某些劳动力需求增加，对另一种劳动力的需求减少而造成的。由于这种失业总的根源在于劳动力的供给结构不能适应对劳动力需求结构的变动，所以它也是一种自然失业。结构性失业有三种类型：

（1）技能性失业。劳动力技能不适合经济结构、地区结构和性别结构的变动而引起失业。这种失业一般集中体现在某一个结构变动的时期。

（2）技术性失业。由于技术进步而引起的失业。在经济增长的过程中，技术进步必然导致技术密集型行业代替劳动密集型行业，缺少技术人员造成非技术人员失业。

（3）季节性失业。由于某些行业生产的季节性变动而引起的失业。一般在季节性加工行业中经常出现。一年中某些时刻需要大量劳动力，其他时刻则不需要劳动力。同时，劳动力又不能迅速流动到其他相反季节性行业工作而造成失业。

造成结构性失业的主要原因有以下两个方面：

一是就业人口的构成不合理。劳动力供给质量不符合劳动力需求所要求的质量。进入21世纪以来，劳动力构成中的一个主要变化是妇女劳动力人口的不断增长，它为结构性失业埋下了潜在的危机，在失业率上升时，许多国家往往呈现妇女失业率大大高于平均失业率的现象。

二是劳动供给结构与需求结构的不相称。在一个经济时期中会出现一方面大量的劳动力找不到工作，另一方面有许多岗位又出现劳动力空缺的现象，尤其是在一个经济高速增长的时期，这一现象特别明显。

同步案例

我国大学生就业结构性矛盾突出

在大学生招聘市场里，为什么“找不到工作”和“招不到人才”可以并存？

不久前，由北京师范大学劳动力市场研究中心发布的《2019中国劳动力市场发展报告》指出，大学生就业结构性矛盾突出，外部环境变化造成大学生需求升级、大学生供给调整滞后，具体表现为文科毕业生就业困难、理工科人才短缺。“企业的招聘侧重不再唯专业论，他们更倾向学生的能力是否可以胜任岗位，所以这也为工科学生跨界求职提供了一个便利条件，而文科学生的跨界求职的范围可能性确实较小。”刘晓杰说。

（资料来源：https://baijiahao.baidu.com/s?id=1653069816766079216）

3. 古典失业

古典失业是指由于工资刚性而引起的失业。按照古典经济学家的假设，如果工资具有完全的伸缩性，则通过工资的调节能实现人人都有工作。这也就是说，如果劳动者需求小于供给，则工资下降，直至全部工人都被解雇为止，从而不会有失业。但由于人们不愿使工资下降，而最低工资法又限制了工资的下降，这就形成工资能升不能降的工资刚性。这种工资刚性的存在，使部分工人无法受聘，从而形成一种自然失业。

（二）周期失业

周期失业是指由于社会总需求不足而引起的失业。它一般只在经济周期的萧条阶段才存在，故称为周期失业。

经济发展是有周期性的。在经济繁荣时期，社会总需求上升；在经济萧条时期，社会总需求下降。所以，周期性失业常与经济周期同步，在经济繁荣时期比较少见，在经济萧条时期就大量出现。周期失业的原因是社会总需求不足。因此，实际总需求与充分就业总需求之间的差额，是造成周期性失业的根源。

（三）隐性失业

隐性失业是指表面上有工作而实际对生产没有做出贡献的人，即有“职”无“工”的人。隐性失业在发展中国家、某些福利国家和社会主义国家经常发生。隐性失业在经济活动中是经常存在的，当经济中减少就业人员而产量仍没有下降时，就存在着隐性失业。

长期以来，我国不论是农村，还是城镇，都存在着比较严重的隐性失业。在我国市场经济建立过程中，农村积累了大量的剩余劳动力，形成了严重的隐性失业。有的经济学家估计，农村劳动力在大量流向城市，成为进城务工人群，还有近一亿的隐性失业人口。城镇实行的低工资、高就业、国家包分配的劳动就业政策，形成了企业大量的冗员，这种就业政策导致了城镇的隐性失业，专家认为其失业人数约在 2 000 万～3 000 万人，这种失业的存在给经济带来巨大的损失。

小思考：“啃老”一族，算不算失业人群?

三、失业的影响

失业是当今世界各国普遍存在的经济现象，失业已成为全球性经济发展的最大难题之一。其不利的影响主要表现为以下几方面：

（一）失业是劳动力资源的严重浪费

劳动力与生产资料相结合，就能创造社会财富，但是劳动力如果不能与生产资料相结合，就不能生产任何东西，不能形成任何财富。失业意味着劳动力与生产资料相分离。在这种情况下，劳动力这种珍贵的社会资源就不能发挥作用，完全被浪费了。

（二）失业降低了劳动者的收入和生活水平

失业人口的存在，对城乡居民收入和生活水平产生严重影响。这是因为劳动力供给大于需求，降低了工资水平，为了维持生活，失业者不得不接受低工资。失业者的生活需求，除了从国家或社会得到一定补贴外，还要从在业的家庭成员中获得救助，从而降低人均收入和生活水平。在我国城镇贫困家庭中，有相当部分是由于家庭成员下岗、失业造成的，这是一种失业型贫困。

（三）失业影响了技术进步

在市场经济下，以新技术代替过时技术，以效率更高的机器设备代替效率低的机器设备，以机器代替手工劳动，是有条件的。对社会来说，技术进步和设备更新可以降低劳动强度，提高劳动效率。但对企业来说，则要进行成本比较。如果采用新技术、新设备，虽然可以减少劳动力，减轻工人的劳动强度，但机器设备的购置和使用费比工资成本高，则企业宁愿使用效率较低的设备，用手工劳动代替使用机器。因此大量工资低廉的失业人员的存在，是企业使用机器的障碍，是技术进步的制约因素。

（四）失业增加了财政负担

我国社会保障体制不够健全，国家财政的负担大，它包括就业经费投入、辅助失业人员再就业、对失业人员给予生活补助和救济、保障他们的最低生活需要、帮助他们解决特殊困难如疾病医治等，使他们能够维持最低的生存条件。这些都需要加重国家财政负担。只有提高就业率，国家财政负担才能逐渐减轻。

（五）大量失业人员的存在，是社会不稳定的重要因素

失业人员与在业人员收入水平的差距，由失业造成的贫困状态与社会高收入人群的富裕水平的差距，容易造成失业人员的心理失衡，可能使他们中的一些人做出一些违法、违规的举动，影响社会的安定团结。因此，缓解失业也是社会稳定的迫切需要。

小思考：什么经济形势的时候犯罪率会比较高？

（六）失业造成社会财富的损失

失业在经济上最大的损失就是导致实际国民收入的减少，延缓经济增长速度。美国经济学家阿瑟·奥肯（Arthur Okun）在 20 世纪 60 年代提出的奥肯定律，说明了失业率与实际国民收入增长率之间的反方向变动关系：实际国民收入增长率相对于潜在国民收入增长率每下降 2 到 2.5 个百分点，失业率就上升 1 个百分点。

四、失业的治理对策

鉴于失业给各国的经济、社会、企业、个人造成的严重影响，为了更好地解决日益严重的失业问题，经济学家们提出了一些具体的举措与政策手段，并在实践中加以运用。下面简单介绍凯恩斯的失业治理对策与现代经济学家的综合治理对策。

（一）凯恩斯的失业治理对策

凯恩斯认为，失业的原因在于社会总需求的不足，因此凯恩斯失业治理对策主要是通过政府的宏观调控，即需求管理来进行的。也就是通过运用财政政策和货币政策，对社会总需求进行调节，实现社会总需求等于总供给，达到经济增长和平衡的目标。

（1）在经济萧条时期，社会存在失业，政府就要通过扩张性的财政政策来刺激总需求，以实现充分就业。扩张性的财政政策包括增加政府支出与减税。政府工程支出与购买的增加有利于刺激私人投资，转移支付的增加可以增加个人消费，这样就会刺激总需求。减少个人所得税可以使个人可支配的收入增加，从而消费增加；减少公司所得税可以使公司收入增加，从而增加投资，这样也会刺激总需求。

（2）在经济萧条时期，政府还要通过扩张性的货币政策来刺激总需求，以实现充分就业。其中包括各类货币政策工具的运用。降低法定准备金率，以便商业银行能够在活期存款额不变的条件下扩大放款，增加货币供应量，降低利息率，增加总需求。降低再贴现率，促进商业银行向中央银行借款，从而扩大放款，增加货币供应量，降低利息率，增加总需求。买入政府债券，增加商业银行的存款，从而扩大放款，增加货币供应量，降低利息率，增加总需求。

（二）现代经济学家的综合治理对策

失业的治理可以分为两大类，主动失业治理政策和被动失业治理政策。主动失业治理政策是指依据失业的原因，提出相应的对策，使失业状况根本好转。被动失业治理政策是指由于失业总是存在，政府只能采取补救对策。两类失业治理政策各有特点，必须相互补充，综合治理。

1. 主动失业治理政策的主要措施

（1）控制和减少劳动力供给。当面临失业人口和失业率增加的情况下，对失业的治理首先考虑控制和减少劳动力供给。减少劳动力供给可以采用这样一些方法，一是延长受教育的年限，推迟进入劳动力市场的年龄；二是提前退休，使一部分劳动力提前退出劳动年龄人口；三是控制人口增长，实行计划生育。

（2）职业培训。职业培训可以克服技术性失业和结构性失业所带来的问题。职业培训一是可以提高劳动力素质；二是在结构上符合劳动力需求方的要求；三是增加了培训人员的就业机会。

（3）缩短劳动时间。缩短劳动时间而不降低工资，一方面可以提高劳动者的生活质量，减少作为谋生手段的时间，增加休闲时间；另一方面可以吸收更多的劳动力就业。

（4）提高经济活动水平。西方经济学家认为提高经济活动水平是治理失业的根本性措施，可以通过增加投资，使国民收入获得乘数效应，增加国民收入增长率，从而吸收更多的劳动力，根本性改变失业状况。

2. 被动失业治理政策的主要措施

（1）建立和完善社会保障体系。建立和完善社会保障体系主要是通过建立失业保险制度，劳动者在业时，由企业和个人分别向社会保险机构缴纳一部分保费，一旦出现失业，可以向保险公司领取失业保险金，以保证生活消费的正常进行。

（2）建立失业救济专项基金。建立失业救济制度，首先确立救济线和最低生活标准，然后经过再确认，发放失业救济金，以确保失业人口的基本生活。

原理应用

2019 年我国的就业状况

2020 年 1 月 14 日，人力资源和社会保障部召开 2019 年第四季度新闻发布会，综合统计监测和有关调研情况表示，2019 年就业形势总体稳定，全年实现城镇新增就业 1 352 万人，2019 年底全国城镇登记失业率为 3.62%。

“就业工作的稳中有进，得益于经济发展对就业的拉动能力不断增强。我国经济规模持续扩大，产业结构逐步优化，服务业快速发展，新产业、新模式不断涌现，创造了许多新的就业机会和新的就业形态。”人社部就业促进司司长张莹说。

去年以来，就业政策进一步发挥效应。失业保险援企稳岗加力增效，全年向114.8万户企业稳岗返还551.7亿元，惠及职工7 289.5万人；全国开展补贴性职业技能培训1 603万人，超额完成1 500万人培训任务；阶段性放宽失业保险参保职工技能提升补贴申领条件，全年累计向126.1万人发放补贴20亿元。

（资料来源：http://www.jwview.com/jingwei/01-14/288006.shtml）

任务二　通货膨胀分析

案例导入

历史上最严重的恶性通货膨胀

第一次世界大战之后，德国经历了一次历史上最引人注目的超速通货膨胀。在战争结束时，同盟国要求德国支付巨额赔款。这种支付引起德国财政赤字，德国最终通过大量发行货币为赔款筹资。

从1922年1月到1924年12月德国的货币和物价都以惊人的比率上升。例如：每份报纸的价格从1921年1月的0.3马克上升到1922年5月的1马克、1922年10月的8马克、1923年2月的100马克，直到1923年9月的1 000马克。在1923年秋季，价格实际上飞起来了：一份报纸价格10月1日为2 000马克，11月17日为7 000万马克。

1923年年初，马克币值一度达到2.38美元，但是同年夏季，一个美国人能以7美元兑换到40亿马克。在危机最严重的时候，通货膨胀率每月上升2 500%。工人们的工资一天要分两次支付，到了傍晚，一个面包的价格等于早上一幢房屋的价格。

（资料来源：https://wenku.baidu.com/view/886f9847e3bd960590c69ec3d5bbfd0a7956d5bf.html）

请思考：通货膨胀的特征是什么？

一、通货膨胀的概念与衡量指标

通货膨胀（Inflation）一般指物价水平在一定时期内持续普遍的上升过程，或者是说货币价值在一定时期内持续的下降过程。从通货膨胀的概念中我们可以看出它有以下两个方面的特征：一是通货膨胀是指物价水平的普遍上涨。通货膨胀不是指一种或几种商品的价格上涨，而是指物价水平的普遍上涨，即物价总水平的上涨。如果只是一种或少数几种商品的价格在上涨，我们不能断定就是发生了通货膨胀。二是通货膨胀时期物价水平的上涨必须持续一定时期。如果物价只是一次性、暂时性、季节性上涨，都不能称为通货膨胀。

物价指数（Price Index）是表明某些商品的价格从一个时期到下一个时期变动程度的指数。物价指数一般不是简单的算术平均数，而是加权平均数，即根据某种商品在人们日常生活总支出中所占的比例来确定其价格的加权数的大小。物价指数需要用一个时期的物价作为基期物价，物价指数计算的就是报告期的物价比基期的物价变动了多少的相对值，用公式表示：

$$物价指数=\frac{报告期物价水平}{基期物价水平}$$

比如去年的物价指数是100，去年为基期，今年的物价比去年上升了10%，则今年的物价指数就是100×(1+10%)=110。

物价指数根据其计算时所包含的商品品种的不同，通常有以下几种类型：

(1) 消费者物价指数（Consumer Price Index，CPI），又称生活费用指数。它是衡量各个时期居民家庭日常消费的生活用品和劳务的价格变化的指标。其计算公式为：

$$CPI=\frac{\text{一组固定商品按当期价格计算的价值}}{\text{一组固定商品按基期价格计算的价值}}\times 100\%$$

例如：若2009年某国普通家庭每个月购买一组商品的费用为800元，而2011年购买这一组商品的费用为1 000元，那么该国2011年的消费价格指数为（以2009年为基期）$CPI=1\ 000/800\times 100\%=125\%$，也就是说上涨了25%。

(2) 零售物价指数（Retail Price Index，RPI）。它是衡量各个时期市场上商品零售价格总水平变动趋势和程度的指标。零售物价指数的优点在于资料比较容易收集，反映价格变动情况及趋势比较直观，比较快速。因此，许多国家以零售物价指数的变化来衡量通货膨胀的状况。

(3) 批发物价指数（Wholesale Price Index，WPI），又称生产者价格指数（Producer Price Index，PPI）。它是衡量各个时期生产资料与消费资料批发价格变化的指标。如果已知基期的批发物价指数，再算出报告期的批发物价指数，即可看出其价格变动情况，从而判断是否发生了通货膨胀。

(4) 国内生产总值折算指数（GDP Implicit Deflator），又称国内生产总值平减指数。它是衡量各个时期一切商品与劳务价格变化的指标。国内生产总值折算指数被定义为名义国内生产总值对实际国内生产总值的比率，即按当年价格计算的国内生产总值对按固定价格或不变价格计算的国内生产总值的比率。

需要指出的是，上述四种物价指数由于计算时所包含的商品不尽相同，因此其数值也各不相同。但这四种物价指数都能反映出基本相同的通货膨胀变动趋势。现实统计我国仍然用消费者物价指数作为通货膨胀的衡量指数。

小思考：“你可以跑不过刘翔，但要跑过CPI”，这句话怎么理解？

二、通货膨胀的类型

通货膨胀按不同的划分标准可以划分成不同的类型，常见的划分方法是按照物价上涨速度或通货膨胀的程度来划分。

物价上涨速度或通货膨胀的程度可以用通货膨胀率来表示，其计算公式是：

$$\text{报告期通货膨胀率}=\frac{\text{报告期的物价水平}-\text{基期的物价水平}}{\text{基期的物价水平}}\times 100\%$$

公式中的物价水平用物价指数来表示。

根据通货膨胀率的大小，通货膨胀可以划分为以下几种类型：

1. 温和的通货膨胀

温和的通货膨胀（Creeping Inflation）是指通货膨胀率低而且较为稳定的物价水平。一般认为，在温和的通货膨胀情况下，物价上涨速度不超过两位数（即在10%以下），而且人们对于这种通货膨胀比较容易预测。这种通货膨胀对经济的负面影响一般不大。按照中国过去20多年五轮经济波动周期的经验，物价涨幅在5%以下正常，5%至10%之间为温和的通胀，10%以上为恶性通胀。以此来看，我国居民消费价格指数从2003年下半年开始上涨，尽管中间个别月份涨幅有所回落，但从2004年2月份开始各月环比上涨势头明显，特别是6、7、8、9四个月份的同比增幅均超过5%。这是一种使通货膨胀率基本保持在2%～3%，并且始终比较稳定的通货膨胀。一些经济学家认为，如果每年的物价上涨率在2.5%以下，不能认为是发生了通货膨胀。当物价上涨率达到2.5%时，叫作爬行的通货膨胀。在经济发展过程中，温和的通货膨胀可以刺激经济的增长。因为提高物价可以使厂商多获得一点利润，以刺激厂商投资的积极性。同时，温和的通货膨胀不会引起社会太大的动乱。温和的通货膨胀即将物价上涨控制在5%以内，则能像润滑油一样刺激经济的发展，这就是“润滑油政策”。

案例分析

通货膨胀对社会经济的影响

经济学家认为，适度的通货膨胀对于社会经济发展有良性的促进作用。适度的通货膨胀带来物价的适度上涨，物价上涨会刺激工厂加大生产规模和力度，消费者购买商品之后，厂家会继续扩大生产，工人工资水平也会得到提升，会形成一个良性的循环。

整个社会生产力水平迅速提升，消费水平得到提高，对于整个国家来说社会财富会大幅增加。国家再用上缴的税钱去投资基础设施建设，如机场、公路、高铁等，这对于整个社会的经济发展无疑有巨大的推动作用。所以，适度的通货膨胀对于社会经济发展有积极的一面。

（资料来源：https://www.toutiao.com/a6737937079562404360）

请讨论：适度的通货膨胀为什么能促进经济的增长？

教师点评：

1. 通货膨胀的定义。
2. 经济增长，社会财富增加，消费水平提高，物价适度上升。

2. 急剧或奔腾的通货膨胀

急剧或奔腾的通货膨胀（Galloping Inflation）是指通货膨胀率高而且继续攀升的物价水平。一般认为，在急剧或奔腾的通货膨胀情况下，物价上涨速度高达两位数（即在10%到100%之间）。急剧或奔腾的通货膨胀的典型例子是20世纪70年代的南美洲国家，如巴西和阿根廷，都出现了两位数的通货膨胀率。

3. 恶性通货膨胀

恶性通货膨胀（Pernicious Inflation）是指通货膨胀率高而且失去控制的物价水平。一般认为，在恶性通货膨胀下，物价上涨的速度高达三位数以上（即超过100%），通货膨胀完全失去了控制，货币极度贬值。这种通货膨胀会导致金融体系乃至整个经济的崩溃，甚至导致一个政权的垮台。历史上最典型的恶性通货膨胀的例子是20世纪20年代初德国魏玛共和国时期和20世纪40年代后期旧中国国民党统治区的通货膨胀。

三、通货膨胀的成因

经济学家认为，通货膨胀的成因可以归纳为需求拉动的通货膨胀、成本推动的通货膨胀、供求混合推动的通货膨胀和结构型通货膨胀。

（一）需求拉动的通货膨胀

需求拉动的通货膨胀，是指当市场上商品和劳务的总需求增加时，市场所能供给的商品和劳务不能满足市场的过度需求而引起的物价上涨。需求拉动的通货膨胀，是从总需求的角度来分析通货膨胀的原因，把通货膨胀归因于对社会资源的需求超过按现行价格所能得到的供给。由于总需求的过度增长，总供给相对不足，总需求超过总供给的能力，供不应求引起价格上升，从而导致通货膨胀。

（二）成本推动的通货膨胀

成本推动的通货膨胀，是指在资源尚未充分利用时因成本因素推动而引起的价格上涨。与需求拉动的通货膨胀从总需求的角度分析通货膨胀的原因不同的是，成本推动的通货膨胀是从总供给的角度分析通货膨胀的原因。它认为引起通货膨胀的原因在于成本的增加，成本的增加意味着只有在高于从前价格的水平时，才能达到与以前相同的产量水平（也就是说，由于成本的增加，厂商只有在高于从前的价格水平时，才愿意提供同样数量的产品），从而引起通货膨胀。成本推动的通货膨胀根据成本增加的具体原因，又主要分为三种类型：

1. 工资成本推动的通货膨胀

工资是企业生产成本的主要部分，工资的提高自然会使生产成本增加，从而引起产品价格水平上升，导致通货膨胀。

2. 利润成本推动的通货膨胀

在不完全竞争的市场上，利用提高产品价格的方式，使得产品价格的上升速度超过产品成本的增长速度，进而从中获利。这种方法同样提高了企业的生产成本，从而产生通货膨胀。

3. 原材料、能源等生产成本推动的通货膨胀

原材料、能源等都是数量有限的资源，随着经济的发展，这些资源在特定时期、特定地区会出现供不应求的情况，从而引起价格上涨，产生通货膨胀。

（三）供求混合推动的通货膨胀

供求混合推动的通货膨胀，是把总需求和总供给结合起来分析通货膨胀的原因，认为通货膨胀的根源不是单一的总需求或总供给，而是这两者共同作用的结果。如果通货膨胀是由需求拉动开始的，即过度需求的存在引起物价上升，这种物价上升又会使工资增加，从而供给成本的增加又引起了成本推动的通货膨胀。

（四）结构型通货膨胀

结构型通货膨胀，是指由于经济结构方面的因素而引起的通货膨胀。它是从社会各生产部门之间劳动生产率的差异、劳动市场的结构特征和各生产部门之间收入水平的赶超速度等角度来分析引起通货膨胀的过程。从经济结构的角度看，即使整个社会经济的总需求和总供给处于均衡状态，但由于经济结构方面的因素发生变动，如社会经济部门发展的不平衡，也会引起一般物价水平的上涨，从而导致通货膨胀。

总之，以上从不同角度阐述了通货膨胀产生的原因，但通货膨胀往往不是单个原因造成的，而是由各种因素共同作用所引起的，只不过有时某种因素更加重要而已。

小思考：发生自然灾害时，也会引起物价飞涨，这属于哪种类型的通胀？

四、通货膨胀对经济的影响

通货膨胀对经济的影响是多方面的，这里主要从通货膨胀对收入分配的影响进行介绍。

1. 通货膨胀将有利于债务人而不利于债权人

债务契约是根据债权人、债务人双方签约时的通货膨胀率来确定名义利息率的。当发生了双方未预期到的通货膨胀（即比较严重的通货膨胀）以后，由于债务契约事先已经签订，无法更改，从而就使实际利息率下降，因此债务人受益，而债权人则受损。

2. 通货膨胀将有利于企业而不利于工人

企业与工人间的工资关系从某种意义上说也是一种契约关系。工人为企业工作，企业支付工人工资。当发生了未预期到的通货膨胀（即比较严重的通货膨胀）以后，由于工人的工资不能迅速地根据通货膨胀率进行调整，从而在名义工资不变或仅是略有增长的情况下使实际工资下降。实际工资的下降明显对工人不利，但有利于企业。

同步案例

通胀的劫贫济富效应

通胀前，富人拥有两套各价值100万元的房产，穷人拥有50万元存款，富人的财富相当于穷人的4倍；通胀时，单套房价涨至150万元，那富人的财富变为300万元的资产，而穷人依然是50万元的存款，富人的财富变为了穷人的6倍，并且穷人以前能买半套房子的钱，现在只能买到三分之一套，购买力下降。当然，房价的上涨并不完全是通胀因素导致的。

3. 通货膨胀将有利于政府而不利于公众

通货膨胀对政府与公众的不同影响体现在税收上。当发生了不可预测的通货膨胀（即比较严重的通货膨胀）以后，公众的名义工资会有所增加，随着名义工资的增加，达到纳税起征点的人增加了，而原来已达到纳税起征点的人则进入了更高的税率等级，这样，政府的税收总额增加了；相反，随着公众纳税数额的增加，公众的实际收入在减少。因此，通货膨胀对政府有利而对公众不利。

小思考：当发生通货膨胀时，我们是否应该保存更多的货币？

五、通货膨胀的治理对策

综观世界各国治理通货膨胀的实践，在治理通货膨胀的政策体系中，财政政策、货币政策是最重要的两种，此外还有供给管理的政策。

（一）财政政策

通货膨胀时期，由于总需求大于总供给，存在需求过度，因此政府可以采取紧缩性财政政策抑制总需求，以实现物价稳定。由于财政政策主要包括政府支出与税收，因此紧缩性财政政策主要从减少政府支出和增加税收入手。

1. 减少政府支出

政府公共工程支出和政府购买是政府财政支出的重要组成部分。通过削减政府预算，压缩政府公共工程支出和政府购买，能够抑制政府投资，减少政府对商品和劳务的需求，缓和通货膨胀的压力；同时也能因减少政府财政支出而减少财政赤字。除了失业救济金、养老金等福利费用外，其他福利、津贴等都要随经济的过热而压缩。在许多国家，社会福利费用在政府支出中占重要地位。通过减少社会福利费用，能减少居民的可支配收入，从而抑制消费需求的膨胀，缓和通货膨胀的压力。

2. 增加税收

税收在政府收入中占有非常重要的地位。通过增加税收，可以增加政府收入，弥补财政赤字；同时增加税收以后，企业和居民的实际收入减少，从而也减少了企业的投资支出和居民的消费支出，最终可以控制总需求的膨胀。

3. 对部分商品开征特别消费税

通货膨胀时期不同商品的供求矛盾不同，因此可以考虑对部分需求特别旺盛的商品开征特别消费税，通过这些商品的高税率来限制其过度膨胀的需求。

（二）货币政策

通货膨胀时期，由于总需求大于总供给，存在需求过度，因此政府可以采取紧缩性货币政策抑制总需求。

（三）供给管理政策

紧缩性财政政策和紧缩性货币政策主要是从需求方面抑制通货膨胀，在通货膨胀比较严重的时候，现代经济学还主张采用一些供给管理政策，着重从供给方面来抑制通货膨胀，并与财政政策、货币政策相结合，起到对通货膨胀的综合治理作用。这些政策主要包括：

1. 收入政策

根据成本推进的通货膨胀理论，通货膨胀是由于成本增加，特别是工资成本的增加引起的。但财政政策和货币政策被认为不足以对付这种成本推进的通货膨胀，因此，有些西方经济学家建议通过对工资和物价进行调控来抑制通货膨胀，由于这项政策控制的重点是工资，所以又称收入政策。

2. 指数化政策

指数化政策是为了消除通货膨胀造成的一部分人受益、另一部分人受害的分配不公的不利影响，维持社会原有利益分配格局。具体做法是定期根据通货膨胀率来调整工资、利息、债券收益以及其他收入的名义价值，以使其实际价值保持不变。指数化政策主要包括工资指数化和税收指数化等措施。

原理应用

我国历史上的恶性通货膨胀

1946 年，国民党军队大举进攻解放区，发动了内战。美国政府于 1946 年 8 月断绝对南京政府的军事援助，国民党政府财政雪上加霜，只能通过增发货币来拆补业已崩溃的财政赤字。大量的货币增发，造成恶性通货膨胀。1948 年 8 月 21 日，法币崩溃。从抗战开始至法币崩溃，法币发行量增长了 47 万倍，同一时期上海的物价上涨了 492.7 万倍。为了缓解危机，国民政府通过发行金圆券来代替法币。但由于金圆券发行速度不断加快，货币飞速贬值，当时，在上海买一粒米就要金圆券 130 余元；一麻袋金圆券换不来一布袋面粉；在兰州

"上午一元银币折合金圆券800万元，下午即改为2 400万元，半日之间一跃三倍"。国统区的百姓，生活在水深火热之中。

任务三 失业与通货膨胀的关系

案例导入

菲利普斯曲线在美国的运用

20世纪70年代，滞胀一直困扰着美国。1979年夏，通货膨胀率高达14%，失业率高达6%，经济增长率不到1.5%。在这种形势下，沃尔克被卡特任命为美联储主席。沃尔克上台后把自己的中心任务定为反通货膨胀。他把贴现率提高到12%，货币量减少，但到1980年2月通货膨胀率仍高达14.9%。与此同时，失业率高达10%。沃尔克顶住各方面压力，继续实施这种紧缩政策，终于在1984年使通货膨胀率降至4%，开始了20世纪80年代的繁荣。沃尔克反通货膨胀的最终胜利是以高失业率为代价的。经济学家把通货膨胀率减少了1%的过程中每年国内生产总值减少的百分比称为牺牲率。国内生产总值减少必然引起失业加剧。这充分说明通货膨胀与失业之间在短期内存在交替关系，实现低通货膨胀在一定时期内要以高失业为代价。

（资料来源：https://www.docin.com/p-231663956.html）

请思考：为什么存在失业的同时，还存在物价上升？

一、失业与通货膨胀不会并存

凯恩斯认为，失业与通货膨胀不会并存。在未实现充分就业，即资源闲置的情况下，总需求的增加只会使国民收入增加，而不会引起价格水平上升。这也就是说，在未实现充分就业的情况下，不会发生通货膨胀。在充分就业实现，即资源得到充分利用之后，总需求的增加无法使国民收入增加，而只会引起价格上升。这也就是说，在发生了通货膨胀时，一定已经实现了充分就业。

二、失业与通货膨胀之间的交替关系

1958年，新西兰经济学家菲利浦斯（A. W. Philips）根据英国1861—1957年间失业率与货币工资变动率的经验统计资料，提出了一条用以表示失业率和货币工资变动率之间交替关系的曲线，如图9-1所示。这条曲线表明：当失业率较低时，货币工资增长率较高；反之，当失业率较高时，货币工资增长率较低，甚至是负数。因为工资是成本的主要组成部分，从而也是产品价格的主要组成部分，所以从某种意义上说，工资的增长意味着物价的上涨，这就是成本推进的通货膨胀。于是，这里的货币工资增长率的变动就可以用来表示通货膨胀率的变动。因此，这条曲线可以用来表示失业率与通货膨胀率之间的交替关系，即失业率越高，则通货膨胀率越低；失业率越低，则通货膨胀率越高。也就是说，失业率高表明经济处于萧条阶段，这时工资与物价水平都较低，从而通货膨胀率也较低；反之，失业率低表明经济处于繁荣阶段，这时工资与物价水平都较高，从而通货膨胀率也较高。可见，失业率

与通货膨胀率之间存在反向变动关系。这是因为通货膨胀使实际工资下降，从而能刺激生产，增加劳动的需求，减少失业。

如图 9－1 中，横轴代表失业率，用 U 表示；纵轴代表通货膨胀率，用 gp 表示；PC 代表菲利浦斯曲线。从图中我们可以看出，菲利浦斯曲线自左上方向右下方倾斜，表明失业率与通货膨胀率呈反向变动关系，失业率越高，通货膨胀率越低；反之，失业率越低，通货膨胀率越高。

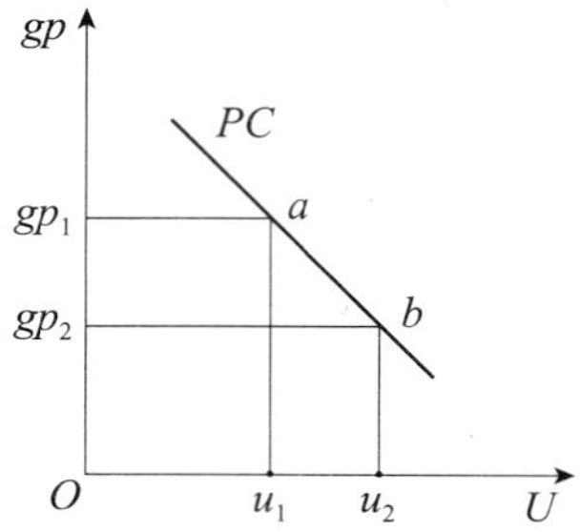

图 9－1　菲利浦斯曲线

三、失业与通货膨胀并存

菲利浦斯曲线所反映的失业率与通货膨胀率之间的交替关系基本符合 20 世纪五六十年代西方国家的实际情况。但进入 20 世纪 70 年代以后，失业率和通货膨胀率之间的这种交替发展的关系发生了很大变化，许多西方国家出现了高失业率和高通货膨胀率并存的现象，经济学界称之为滞胀。

之所以会出现滞胀，是因为当经济中没有通货膨胀（或只有较低的通货膨胀）时，根据菲利浦斯曲线的原理，经济中将存在比较严重的失业状况。如果政府下决心要降低失业率，无疑会引起通货膨胀率上升，人们出于对通货膨胀的预期，将会要求雇主提高工资，而工资的提高又会引起新的通货膨胀……通货膨胀在人们的预期下会不断发展下去。这时候如果政府认为通货膨胀太高而想降低的话，就会付出巨大代价。如果政府想让通货膨胀率降低到最初水平，失业率将不会同步回到最初水平，而是会高得多。可见，通过通货膨胀来降低失业率的方法可能在短期内有效，但从长期看，任何降低高通货膨胀率的方法都只会使失业率更快地上升，这样就出现了高通货膨胀率和高失业率并存的滞胀现象。

小思考：为什么会出现失业与通货膨胀并存的情况？

原理应用

痛苦指数

在实际的经济生活中，我们往往会遇到这种情况，一方面是失业率高涨，老百姓的口袋空空，另一方面是物价非常高，这就是“滞胀”。20 世纪 70 年代，经济学家阿瑟·奥肯提出了“痛苦指数”，他把失业率与年通胀率简单相加，得出一个新的数字，这个数字就是“痛苦指数”。“痛苦指数”越高，公众生活越艰难。

9-1　可预期的通货膨胀与不可预期的通货膨胀

课程思政

人民日报痛批沉睡中的大学生：你不失业，天理难容！

上课时，清醒的没有发呆的多，发呆的没有睡觉的多，睡觉的没有玩手机的多；下课时，自修的没有吃零食的多，吃零食的没有看连续剧的多，看连续剧的没有玩游戏的多。如此这般，就业时的失败怎能不比成功多？

考试时，不给范围就不会考试，给了范围也只是复印同学准备的答案。你如果是老板，会雇用这样的员工吗？

上大学前填报志愿，你说不知道自己的兴趣特长，好吧，大学毕业找工作了，同样不知道自己的兴趣特长。自己都不认识自己，还有谁能认识你？

学技术不肯动手，学理论不肯动脑。等待你的除了失业还能是什么？

讲大道理的时候你口若悬河，伸手要钱的时候你撒娇耍赖。你可以欺负你的父母，世界也能任由你欺负吗？

找工作时，在工作岗位上的最大价值在于不可替代性。

责任心、吃苦精神、写作水平、做事能力、专业修养、操作技术、学问素养、人际关系处理，有哪一方面是你的看家本领？有哪一点是他人不可替代的？你不失业谁失业？

（资料来源：https://view.inews.qq.com/a/20190 904A0ABFH00?chlid=news_news_top）

问题：很多同学认为，就业难是社会造成的，找不到合适的工作，是自己运气不好。那么，怎样才能顺利实现就业呢？

分析提示：这个案例的启示在于，“青春是用来奋斗的，不是用来享受的”，保持一颗奋斗的心，找准将来的就业方向，努力提升自己的知识和技能，做一个不可替代的人，否则，失业的一定是你。

项目小结

失业意味着失去收入，缩减消费，对经济也会有一定影响。失业是指在法律规定的年龄范围内愿意工作而没有工作，并正在寻找工作的一种无业状态。失业可分为周期性失业、自然失业与隐蔽性失业。

失业会给社会和个人造成经济损失，还会造成一系列社会问题。

通货膨胀是一种世界性现象，也是宏观经济运行过程中的一种病态。不同国家在不同的历史时期里都出现过不同程度的通货膨胀。通货膨胀是指物价水平普遍而持续地上涨。通货膨胀根据不同的划分标准可以划分成不同的类型。根据通货膨胀的严重程度，可分为温和的通货膨胀、急剧或奔腾的通货膨胀和恶性通货膨胀。根据人们对通货膨胀的预期程度可分为可预期的通货膨胀与不可预期的通货膨胀。

当通货膨胀不能完全预期时，通货膨胀对一国经济的影响是多方面的，这里可总结为两类：对收入再分配的影响和对经济效率的影响。在众多的解释通胀成因的理论中，较为流行的有四种，即需求拉动的通货膨胀、成本推动的通货膨胀、供求混合推动的通货膨胀和结构性通货膨胀。

新西兰经济学家菲利浦斯在《1861—1957年英国失业和货币工资变动之间的关系》一文中提出了失业与通货膨胀存在交替发展的关系。

项目实训

一、实训内容

1. 知识运用能力

技能Ⅰ

名称：问题研讨。

规范与标准：能够根据项目的重点和核心知识点设置研讨题目，练习知识运用。

（1）在我国，为什么“啃老族”呈上升趋势？

（2）在广大的农村，有很多妇女没有工作，算不算失业？

（3）收集资料，了解我国从中华人民共和国成立前到目前发生严重物价上升的阶段。

（4）举例说明通货膨胀的财富再分配效应。

（5）发生滞胀时，政府该如何进行宏观调控？

技能Ⅱ

名称：经济学在企业或社会生活中的运用。

规范与标准：请对本项目所学的知识点进行分析，每个知识点至少列举5个及以上在企业或社会生活中的应用，见表9-1。

表9-1　失业与通货膨胀在企业或社会生活中的运用

项目知识点	在企业或社会生活中的运用
自然失业	
隐蔽性失业	
结构型通货膨胀	
恶性通货膨胀	
菲利浦斯曲线	

技能Ⅲ

名称：综合分析——怎样提升国家的就业率？

规范与标准：

（1）小组讨论影响就业率的主要因素是什么。

（2）小组派代表陈述对问题的解释。

（3）教师点评。

2. 情境设计

将学生分成若干实训组，每组成员进行角色扮演，分别为政府、企业和居民，针对就业问题进行原因分析，各组要做好充分的资料收集整理工作，一组汇报时，其他小组进行观摩。各组完成本实训的各项实训任务，在此基础上撰写《影响就业率的主要因素》报告。

二、实训目标

对本项目知识点进行全方位的分析应用。

三、实训设施

教室。

四、实训过程

（1）根据班级人数将学生组成若干个实训组，每5～7位同学分成一组，每小组确定一人负责。

（2）对实训组进行实训要求和具体操作讲解。

（3）实训组各小组分别根据团队成员的兴趣爱好和性格，进行分工，开始研讨与设计。

（4）实训组各小组根据实训内容和目标，在规定时间内完成各项实训任务。

（5）实训组各小组在实训分析与反思的基础上，撰写专项实训报告。

五、实训成果

《问题研讨分析报告》

《知识点应用表格》

《影响就业率的主要因素》

六、注意事项

（1）每组同学合理分工，认真做好实际调查工作，确切理解知识信息准备工作的内容和要求。

（2）每组同学认真准备符合要求的文字材料。

（3）每组代表在课堂上清晰、有条理地向大家阐述自己的方案，突出重点和亮点。

项目习题

一、单选题

1. 预期到的通货膨胀对收入分配和产量是否有影响？（　　）

A. 对收入分配和产量都有影响　　B. 对产量有影响，对收入分配没有影响

C. 对收入分配有影响，对产量没有影响　　D. 对收入分配和产量都没有影响

2. 滞胀意味着实际国民生产总值停止增长，或者下降，而且（　　）。

A. 通货膨胀率下降　　B. 通货膨胀率上升

C. 通货膨胀率保持稳定　　D. 通货紧缩

3. 奥肯法则说明了失业率每增加1%，则实际国民收入减少2.5%。在美国这种比例关系（　　）。

A. 始终不变　　B. 在不同时期会有所不同

C. 只适用于实现充分就业时的状况　　D. 以上均不对

4. 下列哪些因素可造成需求拉动型通货膨胀？（　　）

A. 过度扩张性的财政政策　　B. 过度扩张性的货币政策

C. 自然灾害　　D. 农业的歉收

5. 根据菲利普斯曲线，降低通货膨胀率的办法是(　　)。

A. 增加货币供给量　　B. 降低失业率

C. 提高失业率　　D. 增加财政赤字

二、多选题

1. 引起周期性失业的原因有(　　)。

A. 工资刚性　　B. 总需求不足

C. 经济中劳动力的正常流动　　D. 经济结构的调整

2. 一般用来衡量通货膨胀的物价指数是(　　)。

A. 消费者物价指数　　B. 生产者物价指数

C. GDP 平减指数　　D. 以上均不正确

3. 通货膨胀的主要类型有(　　)。

A. 需求拉动型　　B. 成本推动型　　C. 结构型　　D. 以上均正确

4. 假如经济发生了严重的通货膨胀，受害者将是(　　)。

A. 债权人　　B. 债务人

C. 领取固定工资者　　D. 持现款的人

5. 失业的类型包括(　　)。

A. 周期性失业　　B. 充分就业　　C. 隐蔽性失业　　D. 结构性失业

三、判断题

1. 没有就业意愿的人口，不算失业。(　　)

2. 充分就业就是完全就业。(　　)

3. 结构性失业是“空位”与失业同时并存的社会现象。(　　)

4. 按照菲利普斯曲线，失业和通货膨胀不能同时并存。(　　)

5. 社会经济，只要存在通货膨胀，就不利于经济发展。(　　)

四、名词解释

摩擦性失业　　结构性失业　　通货膨胀　　需求拉动型通货膨胀　　菲利普斯曲线

五、问答题

1. 失业的社会经济损失有哪些?

2. 通货膨胀的类型有哪些?

3. 当企业增加投资、政府增加支出时，在一定程度上可能引起物价上升。试问从成因角度来看，这属于什么样的通货膨胀?除此之外，通货膨胀的成因还有哪些?

4. 通货膨胀是一种纸币现象，凡是存在纸币流通的国家或地区，都有可能发生通货膨胀，试分析通货膨胀的类型及成因。

5. 失业造成了社会资源的浪费，失业造成了劳动者的贫困和分配不均，试分析失业的含义及它是由哪些原因造成的。

6. 某国的总人数为 3 000 万人，就业者为 2 000 万人，失业者为 500 万人，则该国失业率为多少?

项目十

经济增长、经济周期与开放经济

学习目标

知识目标：理解经济周期的含义与特征；熟悉经济周期的阶段和成因；了解哈罗德-多马模型的基本内容和经济意义；熟悉新古典经济增长模型的基本内容和政策含义。

能力目标：理解经济增长的原因、经济周期形成的成因及国际贸易的成因。

实训目标：能够应用所学经济学原理，学会分析我国经济发展中的波动。

发展经济学家张培刚简介

张培刚（1913—2011），美国哈佛大学经济学博士，发展经济学的奠基人。曾任中华外国经济学会名誉会长、中美经济合作学术委员会中方主席、华中科技大学经济学院名誉院长兼经济发展研究中心主任。

他是武汉大学历史上著名的“四个一”学生，夺得“大卫·威尔士”奖的第一位中国人。他创立了系统的农业国工业化理论，为发展经济学的诞生奠定了理论基础；提出了建立新型发展经济学的理论构想，为发展经济学在当代的新发展指明了方向；率先倡导并推动现代市场经济学在我国的引进和普及，为社会主义市场经济理论的提出做出了重要的先导作用。

林毅夫在缅怀张培刚先生的文章中写道：“张培刚是我在芝加哥大学读书的时候就耳熟能详的一个名字。我在芝加哥大学读的是发展经济学、农业经济学。1984 年我开始做论文研究的时候，我的指导老师西奥多·舒尔茨（Theodore W. Schultz）教授帮我开出的一系列必读的参考资料中，有一本是由中国人写的著作，就是张培刚老师所作的《农业与工业化》这本巨著。当时，作为一个在美国读书的中国学生，从文献当中能看到中国人写的著作非常少，而张培刚老师的书就像是一颗明珠，让我备受鼓舞。书中的真知灼见让我感到非常折服，而那本书竟然是在 1946 年就写完了，1947 年就发表的。”

张培刚的书房悬挂着一副对联，上联：认真，但不能太认真，应适时而止；下联：看透，岂可以全看透，要有所作为；横批：看待人生。这副对联，是张培刚对自己一生为人治学的自勉，更表达了一种豁达的胸襟。

（资料来源：https://baike.baidu.com/item/%E5%BC%A0%E5%9F%B9%E5%88%9A）

请分析：你还了解张培刚先生其他方面的成就吗？

张培刚先生是我国老一代经济学家，一生坎坷，创立了发展经济学，并创造性地提出了我国中部崛起的“牛肚子”理论，为我国经济发展政策制定提供了理论支撑。张培刚先生桃李满天下，很多弟子活跃在我国的经济战线上，为国家经济发展做出了巨大贡献。

任务一 经济周期及其成因

案例导入

经济周期理论还起作用吗?

传统经济学认为，经济生活中存在一定的周期。宏观经济在货币冲击、技术冲击或其他外在因素的冲击下，必然会出现周期性波动，不可能总是繁荣或总是萧条。但美国长达几年的经济持续增长已使传统的经济周期理论无法解释。这是因为经济周期将不存在了，还是知识、技术的进步使经济周期的扩张期大大地延长，而衰退期越来越短或者说已不显著，经济周期已被“熨平”了？目前大多数经济学家的观点倾向于后者，认为知识的溢出效应在一定程度上限制了要素报酬递减的作用，新技术革命所推动的资源利用型经济增长周期性特点不明显。此外，世界经济周期的同步现象正在消失。20 世纪 90 年代美国经济持续增长，而日本经济一直停步不前。在全球经济联系日益密切、全球网络加速发展的今天，这种经济周期不同步现象同样引人深思。

（资料来源：王蓓，李蕾．经济学应用基础［M］．天津：天津大学出版社，2011）

请思考：经济周期理论还起作用吗?

一、经济周期的含义与表现

经济周期是指国民收入及经济活动水平有规律地扩张或收缩的周期性波动。

经济周期主要表现为：第一，经济增长的集中体现与结果是商品供给品种及其总量不断增加，即国民生产总值的增加。这是经济增长的中心。如果考虑人口的增长与价格的变动，经济增长就是人均实际国民生产总值的增加。第二，技术进步是实现经济增长的必要条件。西蒙·库兹涅茨（Simon Smith Kuznets）强调“先进技术是经济增长的一个允许的来源，但它只是一个潜在的、必要的条件”。这就是说，在影响经济增长的各种因素中，技术进步是最关键的，没有技术进步就没有现代经济增长。第三，经济增长的充分条件是制度与意识形态的相应调整。技术进步仅仅为经济增长提供了一个潜在的可能性，要使这种可能性变为现实，就必须有社会制度与意识形态的相应调整。这就是说，社会制度与思想意识要能促进经济增长，先进技术才会得到运用，才能有效地、正确地使用人类先进知识宝库中的创造和革新。

二、经济周期的阶段及其特征

经济学家根据经济周期运行的规律，大致将一个完整的周期分为四个阶段，即经济复苏、繁荣、衰退和萧条，如图 10－1 所示。

（一）复苏阶段

复苏阶段是指经济从低点开始向上回升的时期（$C \rightarrow D$）。复苏阶段的特征是经济进入衰

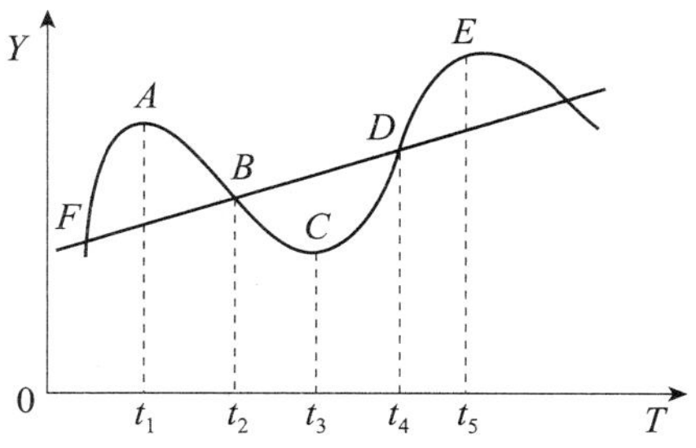

图 10-1　经济周期的四个阶段

退后期以后，赢得喘息机会的厂商开始更新被磨损的机器设备，就业率、收入以及消费开始缓慢上升。由于设备更新导致投资增加，促进了生产和销售的增加，使企业的利润有所提高，原先不肯进行的风险投资也开始出现。随着需求的增加，萧条时期闲置的设备及劳动力和其他生产资源开始陆续使用。随着经济恢复的不断完善，经济上升的速度不断加快，便进入下一个高涨时期，即繁荣阶段。

（二）繁荣阶段

经过上一轮的复苏，经济持续增长。这一时期即繁荣阶段（$D \to E$），社会需求不断增加，产品畅销，生产者利润大大提高，投资旺盛，失业率降低，劳动力和其他社会资源得到了充分利用，人们敢于投资和消费，各种物价指数均出现了不同程度的上涨，资产价格膨胀。

（三）衰退阶段

衰退阶段（$A \to B$）是指经济活动从扩张的高峰向下跌落的阶段。由于消费增长的停止以及社会现有生产设备及能力过剩，使经济扩张到达顶点以后开始下跌，投资减少，生产下降，失业率上升，社会收入水平和有效需求下降，从而导致需求进一步大幅度下降，一般产品价格下跌，整个社会形成普遍的生产过剩，企业利润急剧下降，生产急剧收缩，整个社会充满悲观情绪。

（四）萧条阶段

萧条阶段（$B \to C$）是衰退阶段的继续，是经济周期中的低谷。在这一时期，劳动失业率最高，人们消费水平下降，企业生产能力下降，对前景缺乏信心，不愿进行投资，社会资源得到大量闲置，社会经济活动低于长期平均水平，经济的低迷程度使衰退更深。

三、经济周期的分类

19 世纪中叶以来，经济学家对经济周期的类型进行了系统的研究，可以归纳为以下几种类型。

（一）朱格拉周期

法国经济学家朱格拉（C. Juglar）在 1862 年出版的《法国、英国及美国的商业危机及其周期》一书中，提出了资本主义经济存在着 9～10 年的周期波动，一般称为“朱格拉周期”。该周期是以国民收入、失业率及生产、利润和价格的波动为标志加以划分的。他把周期分为繁荣、危机和萧条三个阶段，以每隔相对固定时间（9～10 年）有规律地反复出现。

熊彼特把这种周期称为中周期，或朱格拉周期。汉森则把这种周期称为“主要经济周期”。

（二）基钦周期

英国经济学家约瑟夫·基钦（Joseph Kitchin）于1923年提出了存在着一种40个月（3～4年）左右的小周期，而一个大周期则包括两个或三个小周期，故称为“基钦周期”。基钦提到，这种小周期是心理原因所引起的有节奏的运动的结果，而这种心理原因又是农业丰歉影响食物价格所造成的。

（三）康德拉季耶夫周期

俄国经济学家康德拉季耶夫（N. D. Kondratieff）于1925年提出资本主义经济中存在着50～60年一个的长周期。他对英国、法国、美国等资本主义国家18世纪到20世纪初100多年的批发价格水平、利率、工资、对外贸易等36个统计项目进行加工分析，认为资本主义世界从18世纪末期以后经历了3个长周期：第一个周期是1789—1849年，上升部分为25年，下降部分为35年；第二个周期是1849—1896年，上升部分为24年，下降部分为23年；第三个周期从1896年起，上升部分为24年，1920年后进入下降期。

（四）库兹涅茨周期

1930年，美国经济学家库兹涅茨（Simon Kuznets）提出了存在一种与房屋建筑相关的经济周期，这种周期平均长度为20年。这也是一种长周期，被称为“库兹涅茨”周期，也称建筑业周期。

（五）熊彼特周期

熊彼特周期是约瑟夫·熊彼特（Joseph Alois Schumpeter）对各种周期理论进行分析后得出的总和周期。熊彼特在他的两卷本《经济周期》（1939年版）中对前3种经济周期作了高度综合与概括。他认为前3种周期尽管划分方法不一样，但并不矛盾。每个长周期中套有中周期，每个中周期中套有短周期。每个长周期包括6个中周期，每个中周期包括3个短周期。熊彼特还把不同的技术创新与不同的周期联系起来，以3次重大创新为标志，划分了3个长周期：第1个周期，从18世纪80年代到1842年，是“产业革命时期”；第2个周期，1842—1897年，是“蒸汽和钢铁时期”；第3个周期，1897年以后，是“电气、化学和汽车时期”。

四、经济周期的成因

西方经济学家对经济周期的成因提出了很多解释，一般分为外因和内因。

（一）经济周期的外生原因

外因论者认为，周期源于社会经济以外的因素——太阳黑子、战争、革命、选举、金矿或者新资源的发现、科学突破或者技术创新。

1. 太阳黑子理论

太阳黑子理论把经济的周期性波动归因于太阳黑子的周期性变化。因为据说太阳黑子的周期性变化会影响气候的周期性变化，而这又会影响农业收成，而农业收成的丰歉又会影响整个经济。太阳黑子的出现是有规律的，大约每10年左右出现一次，因而经济周期大约也是每 10 年一次。该理论由英国经济学家杰文斯（W. S. Jevons）于 1875 年提出。

2. 创新理论

创新理论是奥地利经济学家熊彼特提出用以解释经济波动与发展的一个概念。创新是指一种新的生产函数，或者说是生产要素的一种“新组合”。生产要素新组合的出现会刺激经济的发展与繁荣。当新组合出现时，老的生产要素组合仍然在市场上存在。新老组合的共存必然给新组合的创造者提供获利条件。而一旦新组合的技术扩散被大多数企业获得，最后的阶段——停滞阶段也就临近了。在停滞阶段，因为没有新的技术创新出现，因而很难刺激大规模投资，从而难以摆脱萧条。这种情况直到新的创新出现才会被打破，才会有新的繁荣出现。

小思考：你认为创新理论和经济周期有关系吗?

总之，该理论把周期性的原因归为科学技术的创新，而科学技术的创新不可能始终如一地持续不断地出现，从而必然有经济的周期性波动。

3. 政治性周期理论

外因经济周期的一个主要例证就是政治性周期。政治性周期理论把经济周期性循环的原因归为政府的周期性的决策（主要是为了循环解决通货膨胀和失业问题）。政治性周期的产生有 3 个基本条件：凯恩斯国民收入决定理论为政策制定者提供了刺激经济的工具；选民喜欢高经济增长、低失业率以及低通货膨胀的时期；政治家喜欢连选连任。

案例分析

政府宏观调控在做什么

经济周期并不是必然现象，但人类投机心理和投机行为是必然现象，这才是经济周期出现的本质。如果人类活动都像计算机程序一样守规矩，就可以维持一直生产、一直繁荣的景象了。我们可以看到政府的各种宏观调控，这些调控就是在抑制投机行为，即反周期操作。政府当然希望经济一直高速发展，但是市场行为是一股很大的力量，如果市场被投机力量主导了方向，政府调控也无能为力，那就是经济周期进入下一阶段的时候了。

（资料来源：https://www.toutiao.com/a6787614324455113220）

请讨论：政府为什么要进行宏观经济调控?

教师点评：

1. 经济周期的外生原因。
2. 政府通过宏观调控，熨平经济波动，减少经济波动对经济的伤害。

（二）经济周期的内生原因

内因论者认为，周期源于经济体系内部——收入、成本、投资在市场机制作用下的必然现象。

1. 纯货币理论

该理论主要是由英国经济学家霍特里（R. Hawtrey）在 1913—1933 年的一系列著作中

提出的。纯货币理论认为，货币供应量和货币流通度直接决定了名义国民收入的波动，而且极端地认为，经济波动完全是银行体系交替扩张和紧缩信用所造成的，尤其以短期利率为主，起着重要的作用。现代货币主义者在分析经济的周期性波动时，几乎一脉相承地接受了霍特里的观点。但应该明确肯定的是，把经济的周期性循环唯一地归因为货币信用扩张与收缩是欠妥的。

2. 投资过度理论

投资过度理论把经济的周期性循环归因于投资过度。由于投资过多，与消费品生产相对比，资本品生产发展过快。资本品生产的过度发展促使经济进入繁荣阶段，但资本品过度生产导致的过剩又会促进经济进入萧条阶段。

3. 消费不足理论

消费不足理论的出现较为久远。早期有西斯蒙第和马尔萨斯，近代则以霍布森为代表。该理论把经济的衰退归因于消费品的需求赶不上社会对消费品生产的增长。这种不足又源于国民收入分配不公所造成的过度储蓄。该理论有一个很大的缺陷是它只解释了经济周期危机产生的原因，而未说明其他三个阶段。因而在周期理论中，它并不占有重要位置。

4. 心理理论

心理理论和投资过度理论是紧密相连的。该理论认为，经济的循环周期取决于投资，而投资大小主要取决于人们对未来的预期。当预期乐观时，增加投资，经济步入复苏与繁荣；当预期悲观时，减少投资，经济则陷入衰退与萧条。随着人们情绪的变化，经济也就周期性地发生波动。

在内因理论中，投资和储蓄因素显得最为重要，因为建立在其基础上的乘数-加速数原理，被认为是经济周期的根本原因。

原理应用

20 世纪三四十年代的经济波动

20 世纪 30 年代初的经济灾难称为大萧条，而且是美国历史上最大的经济衰退。从 1929 年到 1933 年，美国实际 GDP 减少了 27%，失业率从 3%增加到 25%。同时，在这四年中，物价水平下降了 22%。在这一时期，许多其他国家也经历了类似的产量与物价下降。经济史学家一直在争论大萧条的原因，但大多数解释集中在总需求的大幅度减少上。

许多经济学家抱怨货币供给的减少：从 1929 年到 1933 年，货币供给减少了 28%。另一些经济学家提出了总需求崩溃的其他理由。例如：在这一时期，股票价格下降了 90%左右，家庭财富减少了，从而消费者支出也减少了。此外，银行的问题也阻止了一些企业为想投资的项目进行筹资，这就减少了投资支出。当然，在大萧条时期，所有这些因素共同发生作用，缩紧了总需求。

20 世纪 40 年代初经济繁荣是容易解释的。随着美国在海外进行战争，联邦政府不得不把更多资源用于军事。从 1939 年到 1944 年，政府对各类物品与劳务的购买几乎增加了 5 倍。总需求的巨大扩张几乎使经济中物品与劳务的生产翻了一番，并使物价水平上升了 20%。失业从 1939 年的 17%下降到 1944 年的 1%，跌到美国历史上最低的失业水平。

（资料来源：梁小民．微观经济学纵横谈［M］．北京：生活·读书·新知三联书店，2000）

任务二　经济增长

案例导入

《2020中国经济趋势报告》发布

由经济日报社主办的"2020中国经济趋势年会"于1月12日在北京举行。年会上，中国社会科学院数量经济与技术经济研究所与经济日报社中国经济趋势研究院共同发布了《2020中国经济趋势报告》。报告认为，2020年我国经济发展稳中向好的基本趋势不变。

2020年是全面建成小康社会和"十三五"规划的收官之年，经济运行稳中向好的基本趋势不变。根据中国宏观经济系统模型预测，2020年，我国GDP增长率基本与2019年持平，保持平稳较快发展，就业、物价保持基本稳定，产业结构继续优化，增长质量继续提高。贯彻落实中央经济工作会议部署，做好2020年经济工作，应实施积极的财政政策，改善货币政策和宏观审慎政策的结构性功能，统筹"稳增长"和化解风险的关系，加快建立健全促进消费的长效机制。

（资料来源：http://finance.ifeng.com）

请思考：我国经济快速发展所需的要素都有哪些？

一、经济增长与经济发展

经济增长理论是研究经济增长规律和影响制约因素的理论。

（一）经济增长的含义及特征

经济增长是指一个国家或地区在一定时期内生产商品和劳务能力的增长。如果考虑到人口增加和价格的变动情况，经济增长还应包括人均福利的增长。美国经济学家西蒙·库兹涅茨给经济增长下了一个经典的定义："一个国家的经济增长，可以定义为给居民提供种类日益繁多的经济产品的能力长期上升，这种不断增长的能力是建立在先进技术以及所需要的制度和思想意识之相应的调整的基础上的。"

这个定义包括三个组成部分。一是经济增长的集中体现与结果是商品供给品种及其总量的不断增加，即国民生产总值的增加。二是技术进步是实现经济增长的必要条件。三是经济增长的充分条件是制度与意识形态的相应调整。

西蒙·库兹涅茨从其定义出发，根据历史资料总结了经济增长的6个特征：

（1）按人口计算的产量的高增长率和人口的高增长率。经济增长最显著的特点就在于产量增长率、人口增长率、人均产量增长率三个增长率都相当高；

（2）生产率的增长率也很高，生产率提高正是技术进步的标志；

（3）经济结构的变革速度提高了；

（4）社会结构与意识形态结构迅速改革；

（5）增长在世界范围内迅速扩大；

（6）世界增长是不平衡的。

经济增长体现了一个国家或地区在一定时期内经济总量的增长速度，但并不能全面反映一个国家或地区经济发展的实际状况，没有考虑生态与环境变化的影响。

在经济学中，经济增长通常被规定为一国 GDP 的增加。经济增长的程度或者速度用增长率来描述。经济增长率是实际国民生产总值的增长率，这一增长率排除了价格波动的影响，实际上也是产量的增长率。

（二）经济发展及其含义

一个国家摆脱贫困落后状态，走向经济和社会生活现代化的过程即称为经济发展。经济发展不仅意味着国民经济规模的扩大，更意味着经济和社会生活素质的提高。

就当代经济而言，发展的含义相当丰富复杂。发展总是与发达、工业化、现代化、增长之间交替使用。一般来说，经济发展包括三层含义：第一，经济量的增长，即一个国家或地区产品和劳务的增加，它构成了经济发展的物质基础。第二，经济结构的改进和优化，即一个国家或地区的技术结构、产业结构、收入分配结构、消费结构以及人口结构等经济结构的变化。第三，经济质量的改善和提高，即一个国家和地区经济效益的提高、经济稳定程度、卫生健康状况的改善、自然环境和生态平衡以及政治、文化和人的现代化进程。

环境与经济可持续发展，即经济发展不能以危害环境为代价，可持续发展要求一个国家或地区的发展不应影响其他国家或地区的发展，可持续性意味着维持全人类福利的自然资源基础，使生态环境和经济社会协调发展。

经济发展的财富增长体现在国民生产总值上，费用与时间在流通、管理、服务等环节的分配直接影响生产的质量与效率。因而，管理、服务与流通等环节越是精简、简洁和有效率，就越能促进经济发展。

（三）经济增长与经济发展的关系

经济增长与经济发展是两个密切联系又不完全相同的概念。经济增长和经济发展都反映了国内生产总值的提高。经济增长有一个明确的可度量标准。经济发展是比较复杂的“质”的概念，它不仅包括经济增长速度和增长平稳程度，还包括教育水平、健康卫生标准、经济结构、社会结构、意识形态的进步与变革。经济发展是经济持续增长的结果，国民生活水平的提高、经济结构和社会形态的进步都在很大程度上依赖于经济增长。从广泛的意义上讲，经济增长不仅包括经济增长，还包括国民的生活质量，以及整个社会经济结构和制度结构的总体进步。而经济发展是反映一个经济社会总体发展水平的综合性概念。

经济增长是以国内生产总值来测定，但忽视了国内生产总值以什么方式在社会成员中进行分配，也不能说明就业状况、资源利用、生态环境等情况。在有些国家，为了工业的高速发展而对农业实行高积累政策，可能会使农业发展延滞，农民生活水平得不到明显提高，产业结构失衡。我们不能离开经济发展这个目的片面追求经济增长的速度，那样会导致比例失调、收入分配不公以及社会动荡。

二、经济增长的源泉

推动经济增长的源泉主要有四个因素，即人力资源、自然资源、资本投入和技术进步，这四个因素被称为推动经济增长的“四个轮子”。

关于经济增长的源泉，宏观经济学通常借助于生产函数来研究。宏观生产函数把一个经济中的产出与生产要素的投入及技术状况联系在一起。设宏观生产函数为：

$$Y_t = A_t f(L_t, K_t, R)$$

式中，Y_t 代表总产出；L_t 代表劳动的投入量；K_t 代表投入的资本量；A_t 代表技术状况；R 代表自然资源。

从上面的公式来看，由于自然资源是一个常数，经济增长的源泉可以归结为劳动投入的增加、资本投入的增加和技术进步。

（一）劳动投入的增加

古典经济学认为，劳动是经济增长的源泉，劳动在一定程度上可以替代资本。劳动增加分为劳动力数量增加和质量的提高。

劳动力数量的增加可以有三个来源：人口的增加、就业率的提高和劳动时间的增加。

劳动力质量提高则是文化技术水平和健康水平的提高。劳动力是数量与质量的统一。一个高质量的劳动力可以等于若干低质量的劳动力。在经济增长的初期，人口增长率较高，这时劳动的增加主要靠劳动数量的增加。当经济增长到一定阶段后，人口增长率下降，劳动时间缩短，这时要通过提高劳动力的质量来弥补劳动力数量的不足。

同步案例

中国劳动力转移还没有结束

2020 年 1 月 11 日，中国制造论坛在广东佛山举行，中国社会科学院副院长蔡昉在论坛上表示，我国制造业占 GDP 比重下降。对于中国制造业比重下降的原因，他分析，是因为劳动力供给开始减少。劳动力短缺导致工资上涨，制造业成本的提高，致使制造业比重下降，这三者是密切相连的。

他认为，中国的劳动力转移还没有结束。随着经济发展，农业劳动力比重会下降，但还有下降的空间，也就是说，中国仍有大规模的农业劳动力可以转移出来，这为中国制造业的发展提供了一个时间窗口，给予中国足够的时间去升级换代。“广大的中西部地区为中国提供了充足的劳动力，也提供了巨大的市场，这是中国的独特优势。目前农民工可以在城市自由择业，基本公共服务越来越精准，但与本地职工仍有差距，未来应该创造更好的条件，发挥出中国人力资源的比较优势。”他说。

（资料来源：https://baijiahao.baidu.com/s?id=1655424768777129711）

（二）资本投入的增加

资本是指物资资本。物资资本又称为有形资本，是指设备、厂房、存货等。现代经济学家认为，在经济增长中，人均资本量增加是人均产量提高的前提。在劳动不变的前提下，资本的数量越多，人均资本量越高，社会生产能力就越高，经济增长就越快。尽管在经济增长的初期，资本增加对经济增长所做的贡献较大，但随着时间的推移，其相对作用下降。

小思考：改革开放初期，我国为什么要大量吸引外资？

（三）技术进步

技术进步在经济增长中的作用，体现在生产率的提高上，即同样的生产要素投入量能提供更多的产品。

技术进步主要包括资源配置的改善、规模经济和知识的进展。资源配置的改善是指将资源从低生产率部门转移到高生产率部门。规模经济是指随着经营规模的扩大使节约要素投入新技术成为可能，从而使单位产出增加。知识的进展是技术进步中最重要的内容。知识进展包括科学技术的发展及其在生产中的运用、新工艺的发明与采用等。它不仅包括自然科学与技术的进展，也包括管理科学的进展。

三、经济增长模型

关于经济增长模型，主要有哈罗德-多马模型，新古典经济增长模型和新经济增长模型。下面主要介绍前两种。

（一）哈罗德-多马模型

哈罗德-多马模型是关于经济增长的最早的模型，由英国经济学家哈罗德和美国经济学家多马独立提出。这两个模型的内容相似，它的提出标志着经济增长成为一个独立的专门研究领域。

1. 理论假设

哈罗德-多马模型有这样一些假定：(1) 社会的全部产品只有一种，这意味着，全社会所有的产品不是用作消费品就是用作投资品，故称为一个部门的增长模型。(2) 规模报酬不变。(3) 资本-产量比率（K/Y）、劳动-产量比率（L/Y）以及资本-劳动比率（K/L）在增长过程中始终保持不变。(4) 不存在技术进步，资本存量为 K 且没有折旧。

2. 基本公式

哈罗德-多马模型包括形式相似但含义迥然不同的三个方程，论述了实现稳定状态均衡增长和充分就业状态均衡增长所需具备的条件，以及加速数与乘数相互作用所引起的经济周期繁荣阶段的累积性扩张与衰退阶段的累积性紧缩。

(1) 实际增长率公式。在 $G=s/v$ 公式中，$G=\Delta Y/Y$，称为实际增长率，即任意一年国民收入（产量）的增加量（ΔY）与上一年的国民收入（Y）的比率；$s=S/Y$，即实际发生的储蓄率；$v=\Delta I/Y=K/Y$，即实际资本-产量比率。因此，公式可改写为：$G\cdot v=s$。

即：$\Delta Y/Y\cdot\Delta K/\Delta Y=s$

$\Delta Y/Y\cdot I/\Delta Y=S/Y$

$I=S$

可见，$G\cdot v=s$ 与凯恩斯提出的两部门均衡条件 $I=S$ 是一致的。

(2) 合意的增长率公式。合意的增长率 Gw 是符合企业意愿的经济增长率，它是由社会储蓄率与资本家意愿的资本产出比例决定的，用公式表示为：

$$G_w = s/V_w = (S/Y)/(\Delta K_w/\Delta Y)$$

式中，V_w 代表企业意愿的资本产出比例；s 代表储蓄率；ΔK_w 代表意愿资本存量变动，即意愿投资（企业自愿进行的投资）。

(3) 自然增长率。$G_n=s/v=G_w=s/vr=n$。自然增长率 G_n 又称社会适宜增长率，它是人口和技术变动所允许达到的最大增长率。由于模型假设技术不变，所以自然增长率等于劳动力增长率。如果经济增长率大于自然增长率，劳动力不足就使其难以维持（前提是技术不变）。如果经济增长率小于自然增长率，就会出现失业问题。

3. 政策含义

经济实现稳定增长的条件是实际增长率等于合意的增长率，等于自然增长率，即 $G=G_w=G_n$。没有理由认为，在实际中三个增长率能够自动保持相等。相反，一旦三个增长率出现偏离，经济趋向于更大程度的波动。由于实现充分就业的条件过于严格，经济学家形象地把这一稳定增长路径称为“哈罗德刀锋”。

当三种增长率不相等时，国家应该实施相应的干预政策。可以通过国家干预的方法，根据不同的情况采取适当的政策，使三种增长率相等。如果 $G<G_w$，表明储蓄需求较多，而投资不足，则政府可以进行投资；如果 $G>G_w$，表明储蓄需求较少，而投资较多，政府可以进行储蓄，减少投资。

4. 理论缺陷

哈罗德-多马模型得出的结论过于悲观，且不稳定的结果与第二次世界大战后西方国家实际经济波动也不完全相符：(1) 资本和劳动不可相互替代，因此资本-产量比不变这一假定是不现实的。(2) 该模型过于强调储蓄和积累的作用，从而将经济增长推向“唯资本论”的方向。(3) 没有考虑到技术进步等在经济发展中的作用。(4) 政府干预的结论带有明显的凯恩斯主义的色彩，而对市场机制的作用有所忽视。

(二) 新古典经济增长模型

1956 年，美国经济学家索洛（Robert M. Solow）发表了《对经济增长理论的贡献》一文，成为经济增长研究历史上的一个里程碑。他的杰出贡献使他成为 1987 年诺贝尔经济学奖获得者。英国经济学家斯旺、米德和美国经济学家萨缪尔森等在他们的经济增长理论中提出了与斯旺基本相同的论点。这些论点既有凯恩斯经济学的成分，又有新古典经济学的成分，被称为新古典经济增长理论。

新古典经济增长模型修正了哈罗德-多马模型的生产技术假定，代之以资本和劳动可平滑替代的“新古典”生产函数，从而有效解决了哈罗德-多马模型中经济增长率和人口增长率不能自发相等的困难。

1. 理论假定

新古典经济增长模型的基本假定为：(1) 社会只生产一种产品。(2) 劳动（L）和资本（K）这两种生产要素可以相互替代。(3) 每种生产要素的边际产量符合递减规律，但规模收益不变。(4) 市场处于完全竞争状态，劳动和资本按各自的边际生产力取得报酬。(5) 劳动力按照一个固定不变的比率增长。(6) 不存在技术进步和资本折旧。

2. 基本公式

在上述理论假设前提下，新古典经济增长模型的基本公式可以表示为：

$$\Delta k = sy-(n+\delta)k$$

式中，sy 代表人均储蓄；n 代表劳动力的增长率；y 代表资本折旧率；k 代表人均资本；$(n+\delta)k$ 代表用于装备新工人和补偿折旧的资本；Δk 代表人均资本的增加。这一关系式表明，人均资本的增加等于人均储蓄减去用于装备新工人和补偿折旧的资本之和。也可以这样来理解，劳动力的增长率为 n，一定量的储蓄用来装备新工人，这一用途的储蓄为 n_k。总计为 $(n+\delta)k$ 的人均储蓄被称为资本的广化。人均储蓄超过 $(n+\delta)k$ 的部分导致人均资本 k 的上升，即 $\Delta k>0$，这被称为资本的深化。因此，新古典经济增长模型的基本方程可以表述为：

资本的深化＝人均储蓄－资本的广化

3. 稳态分析

在新古典经济增长模型中，稳态指的是一种长期均衡的状态。在稳态下，人均资本也达到均衡值并维持均衡状态不变，在忽略了技术变化的条件下，人均资本也达到稳定状态。因此，在稳态之下，k 和 y 达到一个持久的水平。

根据上述定义，要实现稳态，即 $\Delta k=0$，人均储蓄必须等于资本广化。所以，在新古典经济增长模型实现稳态的条件是：

$$sy=(n+\delta)k$$

稳态代表了经济的长期均衡。不论经济的初始状态如何，终究要走向稳态。如果资本存量低于稳态水平，投资则大于折旧。随着时间的推移，资本存量会增加，与产量一起增长，直至达到稳态水平。反之，如果资本存量高于稳态水平，投资则小于折旧。随着时间的推移，资本存量会减少，同样会走向稳态水平。投资等于折旧，资本存量既不上升也不下降。

4. 主要观点

（1）新古典经济增长模型的主要特点在于资本与劳动可以相互替代，即资本和劳动的比重可以改变，强调市场机制的作用，存在完全竞争，把经济增长主要归结于资本增长和技术进步。所以，在经济政策上鼓励私人投资，提高资本-劳动比率，不断推动技术进步。

（2）在既定的劳动数量下，随着资本量的增加，资本的边际收益递减规律保证经济增长稳定在一个特定值上，而有保证的增长率与实际增长率之间的不稳定则因该模型没有投资的预期而被回避掉了，这样便可以得出经济稳定的结论。

（3）一个国家的人口增加越快，用于维持新劳动力的资本量就越多，平均每个工人使用的资本量越少。相反，一个国家的人口增加越慢，将导致更多的人均使用资本量。因此，人口增长是经济的一个障碍，将导致更多的人均使用资本量。索洛是现代经济增长理论中最早意识到人口对经济增长的威胁的经济学家之一。

（4）索洛模型强调储蓄在经济增长中的作用。与哈罗德-多马模型不同，索洛强调的不是储蓄率，而是整个经济的储蓄水平，这意味着不仅可以通过提高国内的投资水平，还可以增加来自国外的直接投资来实现提高人均资本量，从而实现经济增长的目的。

（5）技术进步是决定经济增长的重要力量。与哈罗德-多马模型不同，索洛强调的不仅是储蓄、人口增长对经济增长的决定作用，而且把技术进步单独列项，作为一个独立变量来考察。

原理应用

10 万亿元大湾区规划来了！

2019 年 2 月 18 日，中共中央、国务院印发了《粤港澳大湾区发展规划纲要》，规划要求发挥香港-深圳、广州-佛山、澳门-珠海强强联合的引领带动作用，深化港深、澳珠合作，加快广佛同城化建设，提升整体实力和全球影响力，引领粤港澳大湾区深度参与国际合作。

规划要求以香港、澳门、广州、深圳四大中心城市作为区域发展的核心引擎，构建现代化的综合交通运输体系，努力打造教育和人才高地，加强社会保障和社会治理合作，共建粤港澳合作发展平台。规划近期至 2022 年，远期展望到 2035 年。

（资料来源：https://news.hexun.com/2019-02-18/196166888.html）

任务三　国际贸易理论

案例导入

伦敦街头的带路人

一天早晨，伦敦街头浓雾弥漫，一英尺外就什么也看不清了。马路两旁，停满了公共汽车、私人轿车和出租汽车。路上行人无法辨清方向，只得在雾中摸索着前进。有位叫史密斯的行人正要去参加一个重要会议，尽管他加倍小心，还是迷了路。忽然"砰"的一声，他跟一个陌生人撞了个满怀。陌生人问史密斯要不要他带路，并答应把史密斯先生带到目的地。史密斯谢过他后，便跟着他出发了。

雾幕越来越厚，有增无减。陌生人毫无困难地领着路。他们穿街过巷，横越广场，大约半小时后，便到达了会议地点。史密斯先生不明白陌生人是怎样辨认方向的，他说："真不简单，在这么浓厚的雾气中，你是怎样认路的呢？"那人回答说："这对我来说一点也不难，因为我是个瞎子。"

（资料来源：https://yuedu.baidu.com/ebook/dac3fb4fb90d6c85ed3ac654 案例整理）

请思考：这个故事给我们带来了怎样的启示？

一、国际经济

国际经济，是指在开放经济条件下，为了实现国家利益最大化和全球利益的均衡化，国家之间的商品、资本、其他生产要素的流动所形成的经济联系。经济全球化是国际经济发展的重要推手，是当代世界经济的重要特征之一。在国际经济中，最重要的是国际贸易，所以国际经济可以简单地定义为"参与国际贸易的一种经济"。

同步案例

贸易与福利增加

为了说明人们为什么选择物品、劳务上依靠他人，以及这种选择如何改变了他们的生活，我们来看一个简单的例子。设想世界上只有两种食品：土豆、牛肉；世界上只有两个人：农民、牧牛人。这两个人都喜欢吃这两种食品。

如果农民只能生产土豆，牧牛人只能生产牛肉，那么，贸易的好处是最明显的。第一方案：两人"老死不相往来"。农民只能吃土豆泥、炸土豆、烤土豆；牧牛人只能吃烤牛肉、炸牛肉、煮牛肉。他们只能食用一种食品。第二方案：贸易。贸易使他们能享有更多的种类，这时每个人都可以有汉堡包和炸薯条。

（资料来源：https://wenku.baidu.com/view/d76b43674bfe04a1b071.html 案例整理）

二、国际贸易理论

1. 绝对优势理论

绝对优势理论是英国古典经济学创始人亚当·斯密（Adam Smith）提出的。亚当·斯密认为，分工可以提高劳动生产率：第一，劳动者的技巧因分工强化操作而日益精湛；第二，由一种工作转到另一种工作，通常需损失不少时间，有了分工，就可以免除这种损失；第三，许多简化劳动和缩减劳动的机械的发明，使一个人能够做许多工作。

亚当·斯密用一国中不同的职业分工和交换来解释国际贸易，认为国际贸易的产生就像裁缝不会自己去制作靴子，鞋匠不会自己去缝衣服，而都用自己的产品去交换自己不擅长生产的东西一样，一个国家之所以要进口别国的产品，是因为该国的生产技术处于劣势，自己生产成本太高，购买别国产品反而便宜。而一国之所以能够向别国出口产品，是因为该国在这一产品的生产技术上比别国先进，或者说是有绝对优势，因为该国能够用同样的资源生产比别国更多的产品，从而使每单位产品的生产成本低于别国。

因此，绝对优势理论认为，各国所存在的生产技术上的差别以及由此造成的劳动生产率和生产成本的绝对差别，是国际贸易和国际分工的基础。各国应该集中生产并出口其具有"绝对优势"的产品，进口其不具有"绝对优势"的产品，其结果比自己什么都生产更有利。

绝对优势理论是国际贸易成本理论的基石，从一个崭新的角度分析了国际贸易发生的部分原因，各国之间根据各自的优势进行分工，通过国际贸易使各国都能得利。

2. 比较优势理论

在亚当·斯密绝对优势理论的基础上，英国经济学家大卫·李嘉图（David Ricardo）提出了比较优势的贸易理论。比较优势理论认为，国际贸易的基础是生产技术的相对差别（而非绝对差别），以及由此产生的相对成本的差别。每个国家都应根据"两利相权取其重，两弊相权取其轻"的原则，集中生产并出口其具有"比较优势"的产品，进口其具有"比较劣势"的产品。

案例分析

长期比较优势

一个人初中毕业，去饭店刷盘子，每月可以赚到3 000元。如果继续读书，每年还需要多花几万块，但是，通过几年的投资与努力，将来的工资可能是现在的好几倍。牺牲眼前的一点小利，可以换来更长远的利润。在世界范围内，拉美、非洲的一些国家，践行了"比较优势"的理论，只出口资源丰富的香蕉、咖啡、矿产，导致越来越穷。这并非比较优势不成立，初中毕业刷盘子每月也能挣两三千块钱，干吗还要读大学呢？非洲、拉美等国家应该想的是"长期"适合什么产业。这些国家之所以这么贫穷，并不是因为比较优势不成立，而是因为他们没有遵循"长期比较优势"。

请讨论：非洲、拉美等国家为什么走不出贫困的怪圈？

教师点评：

1. 比较优势理论的应用。
2. 国家发展，要找出自己的长期比较优势，而不应追求短期效益。

比较优势理论在更普遍的基础上解释了贸易产生的基础和贸易利得，大大发展了绝对优势理论。大卫·李嘉图指出，某一国在生产两种商品上都不具备绝对优势，同样可以进行国际分工。他以英国和葡萄牙均生产毛呢和酒为例。英国的情形可能是生产一单位毛呢需要100人劳动一年；而如果要酿造一单位葡萄酒则需要120人劳动一年。因此英国发现对自己有利的办法是输出毛呢而输入葡萄酒。葡萄牙生产一单位葡萄酒可能只需 80 人劳动一年，而生产一单位毛呢却需要 90 人劳动一年。因此，对葡萄牙来说，输出葡萄酒以交换毛呢是有利的，虽然葡萄牙能以 90 人的劳动生产毛呢，但它宁可从一个需要 100 人的劳动生产毛呢的国家输入。因为对葡萄牙说来，与其用种葡萄的一部分资本去织造毛呢还不如用该资本来生产葡萄酒，因为由此可以从英国换得更多的毛呢。如表 10－1 所示。

表 10－1　比较优势成本

	产品	英国	葡萄牙	合计
分工前	毛呢	100 人劳动一年生产 1 个单位	90 人劳动一年生产 1 个单位	2 单位
	葡萄酒	120 人劳动一年生产 1 个单位	80 人劳动一年生产 1 个单位	2 单位
分工后	毛呢	220 人劳动一年生产 2.2 个单位（220÷100）		2.2 单位
	葡萄酒		170 人劳动一年生产 2.125 个单位（170÷80）	2.125 单位

从表中可知，葡萄牙生产葡萄酒和毛呢各一个单位时所需要的劳动力均少于英国，但葡萄酒少 40 人，毛呢仅少 10 人，生产葡萄酒的优势高于生产毛呢，故专门生产葡萄酒最有利。反之，英国生产毛呢和葡萄酒所需的劳动力都多于葡萄牙，都处于不利地位；但毛呢不利程度比葡萄酒的不利程度小，所以英国专门生产毛呢，以换取葡萄酒的进口仍属有利。分工后两国劳动人数没增加，但葡萄酒从 2 个单位增加到 2.125 个单位，增加了 0.125 个单位；而毛呢从 2 个单位增加到 2.2 个单位，增加了 0.2 个单位。双方经过贸易交换均有利可图。

从上例可知，国家贸易的基础并不限于生产技术上的绝对差别，只要各国之间存在生产技术上的相对差别，就会出现生产成本和产品价格的相对差别，从而使各国在不同的产品上具有比较优势，使国际分工和国际贸易成为可能。

小思考：我国新四大名片——高铁、支付宝、共享单车和网购，请问我国生产高铁的比较优势是什么？

3. 要素禀赋理论

瑞典籍经济学家赫克歇尔和俄林认为，现实生产中投入的生产要素不只是一种劳动力，而是多种，而投入两种生产要素则是生产过程中的基本条件。根据生产要素禀赋理论，在各国生产同一产品的技术水平相同的情况下，两国生产同一产品的价格差来自产品的成本差别，这种成本差别来自生产过程中所使用的生产要素的价格差别，这种生产要素的价格差别则取决于该国各种生产要素的相对丰裕程度。本国生产比较丰裕的生产要素的产品时，成本就较低，而生产密集使用别国比较丰裕的生产要素的产品时，成本就比较高，从而形成各国生产和交换产品的价格优势，进而形成国际贸易和国际分工。此时本国专门生产自己有成本优势的产品，而换得外国有成本优势的产品。

俄林从生产要素的角度（生产的三要素：土地、劳动、资本），对比较成本说做了进一步阐述。他指出，国际贸易产生的原因是各国所拥有的生产要素情况不同。有的国家地广人稀，有的国家地少人多，有的国家自然资源丰富，有的国家则比较贫瘠。在不考虑需求的情况下，某国的某种要素比较丰富，则该要素价格就比较便宜，如在生产产品时较多使用这种价格便宜的要素，则该产品价格自然比别的国家同类产品价格低。由于各国都生产自己要素较丰富的产品，互相交换就产生了对外贸易。

他认为，产生国际贸易的另一个原因是，不同产品所需用的各种生产要素比例不同。有的商品需要用较多的劳动力，有的需要较高的技术，有的则需要较多的资本。因此，在产品分类上，就有劳动密集型产品、资本密集型产品或技术密集型产品之别。这样，国际分工和商品流向应该是劳动力多的国家集中生产劳动密集型产品，出口到劳动力相对缺乏的西欧、北美等地区去。加拿大、澳大利亚和阿根廷等地广人稀的国家应集中生产像谷物、牛羊、农产品等土地密集型产品，出口到西欧、日本等国家和地区去。而西欧和美国则应集中生产像机器设备等需要大量资本的资本密集型产品，出口到资本相对缺乏的国家和地区去，使生产要素价格趋向平衡，贸易各国均享其利。根据赫克歇尔、俄林的理论，各国应该集中生产并出口那些能够充分利用本国充裕要素的产品，以换取那些需要密集使用其稀缺要素的产品。国际贸易的基础是生产资源配置或要素储备比例上的差别。

4. 里昂惕夫之谜

美国经济学家里昂惕夫（W. W. Leontief）对要素禀赋理论的适用性进行了验证。他利用 1947 年美国的投入-产出表，测算了美国进、出口商品的要素含量。在测算之前，他推断与世界其他国家相比，美国应是资本丰富的国家。依据要素禀赋理论，美国应该出口资本密集型产品，而进口劳动密集型产品。里昂惕夫的测算结果如表 10 - 2 所示。

表 10 - 2　美国国内生产 100 万美元出口商品与进口商品所需的资本与劳动

项目	出口商品	进口商品
资本（1947 年价格，美元）	2 550 780	3 091 399
劳动（年劳动人数）	182	170
资本-劳动比例（美元/人）	13 991	18 184

由表可知，美国出口商品的资本-劳动比例为 13 991 美元/人，而进口商品的资本-劳动比例为 18 184 美元/人。进口商品的资本密集度约为出口商品的 1.3 倍（18 184÷13 991），即美国出口劳动密集型商品，进口资本密集型商品，这一结果与要素禀赋理论恰恰相反，故称为里昂惕夫之谜。

对于这种矛盾现象的出现，里昂惕夫从有效劳动角度做出如下解释：由于劳动力素质各国不同，在同样的资本配合下，美国的劳动生产率约为他国（比如意大利）的 3 倍，因此，若以他国作为衡量标准，则美国的有效劳动力数量应是现存劳动力数量的 3 倍。从有效劳动力数量看，美国应为（有效）劳动力相对丰富的国家，而资本在美国则成为相对稀缺的要素。这样里昂惕夫之谜就得到了解释。

原理应用

中美贸易战第一阶段协议签署，对华加征关税税率下降

当地时间 2020 年 1 月 15 日，中美双方在美国华盛顿正式签署第一阶段经贸协议。根据美国贸易代表办公室（USTR）公布的协议文本英文版，整体协议共 96 页，内容包括知识产权、技术转让、食品和农产品贸易、金融服务、宏观经济政策和汇率重要性以及透明度、

扩大贸易、双边评估和争议解决、最后条款。协议推动美方实现对华加征关税由升到降的转折，包括暂停原定去年12月15日要加征的关税，并将去年9月1日生效的对华加征关税税率从15%降至7.5%。

根据美国贸易代表办公室（USTR）通知，美国对中国进口商品加征关税变动如下：2 500亿美元商品（340亿美元+160亿美元+2 000亿美元）加征的关税保持不变，仍为25%；3 000亿美元A清单商品（9月1日加征）加征的关税由15%降到7.5%（生效前维持加征15%），有业内人士认为，这份协议对于布局美国市场的跨境卖家来说，要求是更加严格的，与此同时，“那些靠出口假货、搞恶意商标的压力无疑会增加，将来可能付出更大的代价。”

（资料来源：https://www.cifnews.com资料整理）

10-1　可持续发展

课程思政

我国改革开放40年经济社会发展成就

国家统计局发布改革开放40年经济社会发展成就系列报告，指出改革开放40年来，我国经济社会发展取得举世瞩目的辉煌成就，已经成为世界第二大经济体，综合国力和国际影响力实现历史性跨越。

报告指出，改革开放40年来，我国坚持巩固加强第一产业、优化升级第二产业、积极发展第三产业，三次产业结构在调整中不断优化，农业基础地位更趋稳固，工业逐步迈向中高端，服务业成长为国民经济第一大产业。经济增长由主要依靠投资出口拉动转向依靠消费、投资、出口协同拉动，三大需求内部结构持续改善。

从具体数据来看，随着对外开放拓展延伸，我国经济对外依存度不断上升，外贸依存度一度超过60%。同时，投资率偏高，消费率偏低。我国资本形成率由1978年的38.9%上升到2010年的47.9%，最终消费率则由61.4%下降到48.5%。面对这种情况，国家坚持扩大内需，尤其是把扩大消费作为主要着力点，努力实现消费、投资、出口协调拉动经济增长。2011年至2017年，最终消费支出对经济增长的平均贡献率达到56.8%，比资本形成总额高了12.7个百分点。2017年，最终消费率为53.6%，比2010年上升了5.1个百分点；资本形成率为44.4%，下降了3.5个百分点。

总的来看，改革开放40年来，我国经济发展方式转变和经济结构调整取得重大进展，长期困扰我国经济发展的结构不合理状况有了明显改观，经济运行的质量和效益显著提升，内生动力不断增强，为迈向高质量发展奠定了较好的基础。但也要看到，中国特色社会主义进入新时代，我国经济社会发展主要矛盾发生转化，与人民日益增长的美好生活需要相比，发展不平衡、不充分的问题仍比较突出，发展质量和效益还不高，对此要有清醒的认识。我们要更加紧密地团结在以习近平同志为核心的党中央周围，坚持新发展理念，紧扣社会主要矛盾变化，牢牢把握高质量发展这一根本要求，坚定不移调结构，脚踏实地促转变，持续深化供给侧结构性改革，着力解决好发展不平衡、不充分的问题，努力推动经济结构战略性调整取得更大进展，为经济高质量发展注入新活力。

（资料来源：http://www.gov.cn/xinwen/2018-08/29/content_5317294.htm）

问题：这个案例对我们有什么启示？

分析提示：改革开放40年来，我国经济发展取得了长足的进步，从贫穷落后的国家一跃成为世界上第二大经济体。事实证明，没有什么事情是我们解决不了的，坚定我们的理论自信、制度自信、道路自信，增强民族自豪感。

项目小结

经济周期是指国民收入及经济活动水平有规律地经历扩张和收缩的周期性波动。在一个经济周期内，经济扩张通常表现为国民收入的增加，即经济增长，而经济衰退则表现为国民收入的减少。

经济增长是指一个国家或地区在一定时期内生产商品和劳务能力的增长。衡量经济增长的指标通常为实际国内生产总值和人均国内生产总值。

经济发展是指一个国家摆脱贫困落后状态，走向经济和社会生活现代化的过程，即称为经济发展。经济发展不仅意味着国民经济规模的扩大，更意味着经济和社会生活素质的提高。一般来说，经济发展包括三层含义：第一，经济量的增长。第二，经济结构的改进和优化。第三，经济质量的改善和提高。

哈罗德-多马模型经济实现稳定增长的条件是实际经济增长率等于合意的经济增长率，等于自然增长率，即 $G=G_w=G_n$。由于实现充分就业的条件过于严格，经济学家形象地把这一稳定增长路径称为“哈罗德刃锋”。

国际贸易理论分为绝对优势理论、比较优势理论、要素禀赋理论。

项目实训

一、实训内容

1. 知识运用能力

技能Ⅰ

名称：问题研讨。

规范与标准：能够根据项目的重点和核心知识点设置研讨题目，练习知识运用。

（1）为什么我国东西部地区发展差别很大？

（2）经济发展与经济增长有何关系？

（3）我国为什么要进行供给侧结构性改革？

（4）为什么既要“金山银山”，又要“绿水青山”？

（5）我国为什么要进行改革开放？

技能Ⅱ

名称：经济学在企业或社会生活中的运用。

规范与标准：请对本项目所学的知识点进行分析，每个知识点至少列举5个及以上在企业或社会生活中的应用，见表10-3。

表 10－3　经济增长及开放经济理论在企业或社会生活中的应用

项目知识点	在企业或社会生活中的运用
经济周期	
经济增长	
经济发展	
经济结构优化	
国际贸易理论	

技能Ⅲ

名称：综合分析——我国改革开放 40 年来在经济方面取得的一系列成就。

规范与标准：

（1）小组讨论“我国改革开放 40 年来在经济方面取得的一系列成就”。

（2）小组派代表陈述对问题的解释。

（3）教师点评。

2. 情境设计

将学生分成若干实训组，每组选择 1～3 个行业，进行资料收集、整理，对比行业发展现状，并派代表进行现场汇报。各实训组根据调查及汇报内容，完成本实训的各项实训任务，在此基础上撰写《我国改革开放 40 年来在××行业取得的成就》。

二、实训目标

对本项目知识点进行全方位的分析应用。

三、实训设施

教室。

四、实训过程

（1）根据班级人数将学生组成若干个实训组，每 5～7 位同学分成一组，每小组确定一人负责。

（2）对实训组进行实训要求和具体操作讲解。

（3）实训组各小组分别根据团队成员的兴趣爱好和性格，进行分工，开始研讨与设计。

（4）实训组各小组根据实训内容和目标，在规定时间内完成各项实训任务。

（5）实训组各小组在实训分析与反思的基础上，撰写专项实训报告。

五、实训成果

《问题研讨分析报告》

《知识点应用表格》

《我国改革开放 40 年来在××行业取得的成就》

六、注意事项

（1）每组同学合理分工，认真做好实际调查工作，确切理解知识信息准备工作的内容和要求。

（2）每组同学认真准备符合要求的文字材料。

（3）每组代表在课堂上清晰、有条理地向大家阐述自己的方案，突出重点和亮点。

项目习题

一、单选题

1. 经济周期的中心是(　　)。

A. 价格的波动　　B. 利率的波动

C. 国民收入的波动　　D. 就业率的波动

2. 经济周期的四个阶段依次为(　　)。

A. 繁荣、衰退、萧条、复苏　　B. 繁荣、萧条、衰退、复苏

C. 复苏、萧条、衰退、繁荣　　D. 萧条、衰退、复苏、繁荣

3. 中周期的每一个周期为(　　)。

A. 5～6 年　　B. 8～10 年　　C. 25 年左右　　D. 50 年左右

4. 已知资本-产量比的值是 4，储蓄率 20%，按照哈罗德-多马模型，要使储蓄全部转化为投资，经济增长率应该是(　　)。

A. 4%　　B. 5%　　C. 6%　　D. 10%

5. 假如要把产量的增长率从 5%提高到 7%，在资本-产量比等于 4 时，按照哈罗德-多马模型，储蓄率应达到(　　)。

A. 28%　　B. 30%　　C. 32%　　D. 20%

二、多选题

1. 以下哪些是经济复苏的特点？(　　)

A. 就业率缓慢上升　　B. 消费上升

C. 设备投资增加　　D. 投资旺盛

2. 以下属于经济周期类型的是(　　)。

A. 基钦周期　　B. 库兹涅茨周期

C. 熊彼特周期　　D. 朱格拉周期

3. 下面是经济周期外生成因的是(　　)。

A. 太阳黑子理论　　B. 创新理论

C. 政治性周期理论　　D. 投资过度理论

4. 经济发展包括以下哪些含义？(　　)

A. 经济量的增长　　B. 经济结构的改进和优化

C. 经济质量的改善和提高　　D. 消费增加

5. 经济增长的源泉是(　　)。

A. 资本投入　　B. 劳动力　　C. 技术进步　　D. 自然资源

三、判断题

1. 经济增长可表示为总产量的增长，不能表示为人均产量的增长。(　　)

2. 增长核算方法把产出的增长分为两个不同的生产要素的增加和技术进步。(　　)

3. 丹尼森把经济增长因素分为两大类：生产要素投入量和生产要素生产率。(　　)

4. 经济周期可以分为两个主要阶段，即衰退阶段和复苏阶段。(　　)

5. 朱格拉周期是短周期。(　　)

四、名词解释

经济周期　　经济增长　　自然增长率　　经济增长的源泉　　经济发展

五、问答题

1. 经济周期各个阶段的特征分别是什么?

2. 西方经济学家把经济周期划分为哪几种类型?

3. 试述新古典经济增长模型的内容，并分析储蓄率的增长、人口增长对稳态的影响及如何确定最优的人均资本量。

4. 什么是新古典增长模型的基本公式? 它有什么含义?

5. 计算：如要使经济增长率从5%提高到8%，在储蓄率为20%的条件下，根据哈罗德-多马模型，试计算资本-产量比率。

项目十一

宏观经济政策分析与应用

学习目标

知识目标：深入理解宏观经济政策的基本概念；掌握财政政策、货币政策工具的使用。

能力目标：能运用宏观经济政策原理，解释生活中的经济问题，并能根据经济形势，初步判断国家的经济政策走向。

实训目标：学会分析国家宏观经济政策；能运用所学的知识对经济现象进行分析，看到经济本质；能综合运用所学的知识进行政策分析，为企业合理制定经济发展政策。

中央经济工作会议“四个坚持”，定调2020年经济工作

2019年12月10日至12日，中央经济工作会议在北京举行，按照这次会议的精神，2020年经济工作的基本思路可以概括为“四个坚持一个统筹”。“四个坚持”即坚持稳中求进工作总基调，坚持新发展理念，坚持以供给侧结构性改革为主线，坚持以改革开放为动力，推动高质量发展，坚决打赢三大攻坚战，全面做好“六稳”工作；“一个统筹”即统筹推进稳增长、促改革、调结构、惠民生、防风险、保稳定，保持经济运行在合理区间。

这就要求我们明年要继续实施积极的财政政策和稳健的货币政策。积极的财政政策要大力提质增效，更加注重结构调整，坚决压缩一般性支出，做好重点领域保障，支持基层保工资、保运转、保基本民生。稳健的货币政策要灵活适度，保持流动性合理充裕，货币信贷、社会融资规模增长同经济发展相适应，降低社会融资成本。

（资料来源：http://www.cs.com.cn/xwzx/hg/201912/t20191218_6009534.html）

请分析：国家为什么要进行宏观调控？

宏观调控是政府的一项工作职能。通过宏观调控，实现经济社会的稳定发展，避免因经济过度膨胀或萎缩造成的经济波动，影响社会稳定。2020年，我国继续实施积极的财政政策和稳健的货币政策，是和我国目前的经济形势相适应的。

任务一　宏观经济政策原理

案例导入

大萧条与罗斯福新政

在20世纪30年代的经济大萧条中，美国遭受危机的打击十分严重，工业生产持续下降达3年之久。1932年美国工业生产比危机前的1929年下降了46.3%，经济回到1913年的水平。危机遍及各工业部门，重工业部门生产下降的幅度更为严重，钢铁工业下降了近80%，汽车工业下降了95%。危机期间，13万家企业倒闭，失业人数在1933年达到1 300万人，大约为劳动力人口的1/4。

美国总统罗斯福入主白宫后，为了缓和空前严重的经济危机所造成的大萧条，立即开始全面调整和干预经济，制定了一系列法规，对经济活动进行约束，成立了证券交易委员会等机构，对金融证券业进行管理。同时，罗斯福采取政府主动增加赤字，增加对公共基础服务设施的投资，大力修建高速公路和电站，由此拉动市场需求，刺激带动经济复苏。从1935年到1942年，为协调整个工程计划而设立的工程进展共花费了130亿美元，雇用了约850万工人，修建了12.2万幢公共建筑、66.4万英里新道路、7.7万架新桥梁、285个新机场和2.4万英里地下水道。这些大规模的公共基础建设的投资，40%转化为消费基金，带动了一大片产业发展，也带来了大量就业，同时为日后的经济腾飞创造了条件。

（资料来源：李德荃．微观、宏观经济学案例分析［M］．北京：经济科学出版社，2010）

请思考：罗斯福新政用了什么举措使美国经济走出大危机？

一、宏观经济政策的含义

宏观经济政策是指国家或政府为了增进社会经济福利而制定的解决经济问题的指导原则和措施，它是政府为了达到一定目的在经济事务中有意识的活动。任何一项经济政策的制定都以一定的经济目标为指针，以一定的理论为指导，以某些工具为手段。

二、宏观经济政策的目标及类型

一般说来，政府制定宏观经济政策追求的目标主要有四个：充分就业、物价稳定、经济增长和国际收支平衡。在每一个特定时期，政府的政策目标有所侧重，但也要顾及总体目标的实现。宏观经济政策则是围绕着特定目标制定的一系列政策措施。

1．充分就业

充分就业是指包含劳动在内的一切生产要素都能以愿意接受的价格参与生产活动的状态。但由于测量各种经济资源参与经济活动的程度非常困难，因此西方经济学家通常以劳动的就业和失业状况作为衡量充分就业的尺度。

充分就业不是指所有劳动者都能就业的状态，在充分就业状态下可能存在失业。没有就业但正在寻找工作的人就处于失业状态。按照西方统计，失业一般分为四类：季节性失业、摩擦性失业、结构性失业和周期性失业。季节性失业是指随着季节变换而出现的失业；摩擦性失业是指正处于从一个工作到另外一个工作过渡之中的失业；结构性失业是指由于劳动力供求结构变动所产生的失业；周期性失业则是指由于劳动需求下降而导致的失业。通常认为，前三种失业是短期、局部性失业，而政府最关心的是周期性失业。因此，政府的宏观经济政策的充分就业目标也就是围绕着降低周期性失业来制定的。

根据上述分析，充分就业目标并不意味着百分之百就业，并不排除像季节性、摩擦性、结构性等方面的失业。在目前，大多数西方经济学家认为存在4%～6%的失业率是正常的，此时社会经济处于充分就业状态。

小思考：充分就业，是不是每个人都有工作？

2. 物价稳定

物价稳定是宏观经济政策的第二个目标。物价稳定是指价格总水平的稳定。由于经济中各种商品价格变化程度不一，通常采用价格指数来表示一般价格水平的变化。价格指数是以一定时期为基年表示的若干商品价格水平上升的幅度。为了控制通货膨胀对经济的冲击，政府把价格稳定作为宏观经济政策的一个目标。同样，价格稳定不是指每种商品的价格固定不变，也不是指价格总水平保持不变，而是指价格指数相对稳定，即不出现较严重的通货膨胀。价格稳定目标允许轻微的通货膨胀存在。

案例分析

稳定物价就是稳定民心

2020年1月26日新冠肺炎期间，一颗标价60多元的大白菜在郑州人的朋友圈刷了屏，“天价白菜”一时成为舆论热议的话题。对此，郑州市二七区市场监管局迅速做出反应，对涉事超市负责人进行了行政约谈，并做出50万元的行政处罚。与此同时，还公布了监督电话——12315，欢迎广大市民及媒体予以监督。

请讨论：为什么出售60多元的白菜，罚款却达到50万元？

教师点评：

1. 物价稳定的社会作用。
2. 疫情期间，抑制抢购风潮，防止物质短缺。

3. 经济增长

经济增长是指一定时期内经济的持续均衡增长，即在一个时期内经济社会所生产的人均产量或者人均收入的增长。通常用一定时期内实际国内生产总值年均增长率来衡量。经济增长往往与就业相互关联。通常认为，经济增长与就业目标是相互一致的。关于经济增长，实际上存在两个互相联系、不可或缺的内容，一是促使经济基础快速增长，二是保持宏观经济增长的可持续性。

4. 国际收支平衡

随着国际间经济交往的密切，国际收支平衡也成为宏观经济政策的重要目标之一。国际收支是指一国净出口与净资本流出相等而形成的平衡。一国的国际收支状况不仅反映了这个国家的对外经济交往情况，还反映出该国经济的稳定程度。在开放经济条件下，一国国际收支出现失衡，通过汇率的变动，会对国内经济形成冲击，从而影响该国国内就业水平、价格水平及经济增长。

以上提到的宏观经济政策的四大目标并不是相互一致的，也就是说，政府并不总能同时实现以上所有的目标。就理论探讨而言，由于我们考察的经济系统是封闭经济，并且把政府对宏观经济运行状况的调整限定在短期，因而政府的宏观经济政策目标选择主要集中于充分就业和价格稳定上。

原理应用

如何选择政策目标

宏观经济政策，在政策实践的过程中，容易出现政策后果相互矛盾的问题。比如扩大政府投资，可以提高就业率，但也可能造成物价上涨，宏观经济政策的四大目标并不是相互一致的。对于政府来说，在很多种情况下，充分就业和稳定物价二者不可兼得，需要政府进行取舍。

任务二　财政政策

案例导入

凯恩斯主义

约翰·梅纳德·凯恩斯（John Maynard Keynes），英国经济学家。凯恩斯出生于一个大学教授的家庭。他的父亲约翰·内维尔·凯恩斯曾在剑桥大学任哲学和政治经济学讲师，母亲弗洛朗斯阿达·布朗是一位成功的作家和社会改革的先驱之一。

凯恩斯1902年进入剑桥大学学数学，后师从马歇尔学经济学，深受马歇尔的赏识；1908年起在剑桥大学任教；1941年起任英格兰银行董事；1942年被封为蒂尔顿男爵；1944年出席布雷顿森林会议。他长期从货币数量的变化来解释经济现象的变动，主张实行管理通货以稳定资本主义经济。1936年，他的主要作品——《就业、利息与货币通论》引起了经济学的革命，书中主张国家采用扩张性的经济政策，通过增加需求促进经济增长，即扩大政府开支，实行财政赤字，刺激经济，维持繁荣。凯恩斯的经济理论指出，宏观的经济趋向会制约个人的特定行为。这部作品对人们对经济学和政权在社会生活中作用的看法产生了深远的影响。其具有革命性的理论主要是关于存在非自愿失业条件下的均衡：在有效需求处于一定水平上的时候，失业是可能的。与古典经济学派相反，他认为单纯的价格机制无法解决失业问题。

他的这些思想为政府干预经济以摆脱经济萧条和防止经济过热提供了理论依据，创立了宏观经济学的基本思想。凯恩斯一生对经济学做出了极大的贡献，曾被誉为资本主义的“救星”“战后繁荣之父”。

（资料来源：https://baike.baidu.com/item/%E7%BA%A6%E7%BF%B0%C2%B7%E6%A2%85%E）

请思考：为什么说凯恩斯经济学是萧条经济学？

财政政策是指政府为了实现宏观经济政策目标而对政府支出、税收和借债水平所进行的选择，或对政府财政收入和财政支出水平所做出的决策。财政政策是国家干预经济活动的重要手段之一，国家对经济活动的影响主要通过财政制度发挥作用。

财政是一种分配制度，是国家为了实现其职能而采取的手段。财政制度主要包括财政收入和财政支出两个方面。

一、财政收入

国家可以在生产、流通和分配领域取得财政收入。在生产领域，国家通过占有部分土地、森林和矿山等资源而直接获得要素收入作为财政收入的一部分。在流通和分配领域，国家主要通过税收制度获得收入。此外，政府也通过向公众借债而取得财政收入。

（一）税收

税收是西方财政收入最主要的来源。税收制度较为复杂，税种繁多。依照税收对象的不同，税收可分为所得税、财产税和货物税。所得税是对个人收入和公司利润征收的税种，在税收中占有较大的比重。依照纳税方式的不同，税收包括直接税和间接税。所得税和财产税等属于直接税，而消费税和营业税等属于间接税。依照税率的变动划分，税收又分为累进税和比例税。所得税往往采取累进的税率征收，而营业税、财产税等则采用固定的税率征收。

（二）公债

公债是政府财政收入的另一个重要来源。公债按照偿还期的长短不同，可以区分为短期债券、中期债券。在西方国家，由于公债可以在货币市场上转化，因而公债数量不仅影响财政收入，而且对货币的供给产生影响。

同步案例

到底要不要发行国债

在电影《开国大典》中，有一个这样的镜头：新中国成立，百废待兴，急需建设的资金，但是新政府没有足够的资金。陈云拟定了一个发行公债的提案，呈交给毛泽东主席审阅，毛泽东主席认为：新中国的成立，是为了让老百姓过上好日子，现在反倒向百姓借钱，感情上过不去。后经周恩来总理与陈云反复解释，提案才得以通过，通过发行公债，获得了中华人民共和国成立初期发展的资金。

二、财政支出

财政支出主要是各级政府的支出，包括政府用于国防及安全方面的支出、社会福利支出、公共卫生、教育、环保、运输、农业及公债利息等方面的支出。一般来说，国防及安全方面的支出是财政支出最重要的部分，主要用于军队、警察、法院、消防等部门；社会福利是财政支出的另一大部分，主要用于社会保险与社会救济。

按照支出的补偿性区分，财政支出可以分为政府购买和政府的转移支付。政府购买是指政府对商品和劳务的购买，主要包括军火、办公用品和公务员薪金等支出。政府的转移支付主要是社会保险、社会救济及各种补贴。由于政府购买对产品直接构成需求，并且必须以产品作为交换，而转移支付不需要以产品作为交换，只是一种货币性支出，因此，从经济政策的角度来看，政府的购买性支出对经济运行产生的影响最大。

三、相机抉择的财政政策

相机抉择的财政政策又称为能动的财政政策，是指政府根据经济运行的状况逆经济风向采取的变动财政收入水平的政策。具体地说，当经济处于繁荣状态时，总支出大于总收入，就业增加，通货膨胀率过高。此时，政府应采取紧缩性的财政政策，压缩财政支出，增加财政收入，从而抑制总需求。相反，当经济处于萧条状态时，失业增加，价格水平下降，政府则应采取扩张性的财政政策，扩大政府财政支出，减少财政收入，从而刺激总需求，增加就业。以此方式对经济交替地进行微调，以便实现宏观经济政策目标。

政府调整财政收支的手段主要有三个：一是改变政府购买水平，二是改变政府的转移支付，三是调整税率。

1. 改变政府购买水平

改变政府购买水平是政府执行相机抉择财政政策经常使用的手段。在经济萧条、总支出不足时，政府要扩大对商品和劳务的购买，如增加军费开支、修筑高等级公路、建立新的福利设施等，以便创造更多的就业机会。相反，在经济繁荣、总支出过大时，政府则减少对商品和劳务的购买数量，如推迟某些军事科研、压缩或缓建一批公共工程，以便压缩总需求，缓和通货膨胀的压力。

2. 改变政府的转移支付

改变政府的转移支付也是逆经济风向的。当经济萧条时，政府可以提高对退伍军人、失业人员和退休人员的各类补助，或者增加对农产品的补贴，以便扩大财政支出，刺激私人消费水平的提高，从而扩大总需求。相反，在经济繁荣时，政府则压缩用于福利、补贴等方面的支出，或者延长补贴支付的时间，以便减少总需求，降低通货膨胀率。

3. 调整税率

调整税率是政府执行相机抉择的财政政策的第三大手段。税收，特别是所得税，对个人可支配收入影响很大，人们可支配收入的变动直接影响消费。此外，人们对未来收入的预期也受到政府税收的影响，从而影响人们的投资。因此，政府调整税率可以对总支出水平起到调节作用。政府对税率的调节也是逆经济风向的。在经济萧条时期，政府应减少税种或降低税率，以便刺激需求。反之，在经济过热时，则可以暂时提高税率，或增加一些临时特别税种。

上述三种手段不仅可以单独对经济运行产生影响，也可以共同发生作用。实践中三种手段往往搭配使用。

小思考：你能理解“相机抉择”的含义吗？

四、财政政策的自动稳定器

自动稳定器，亦称内在稳定器，是指经济系统本身存在的一种会减少各种干扰对国民收入冲击的机制，能够在经济繁荣时期自动抑制膨胀，在经济衰退时期自动减轻萧条，无须政府采取任何行动。西方经济学者认为，现代西方财政制度本身就具有自动稳定经济的功能。当经济发生波动时，财政制度的内在稳定器就会自动发挥作用，调节社会总需求水平，抑制经济波动。因此，它是经济系统本身存在的一种会减少各种干扰对国民收入冲击的机制。其作用表现为：当国民收入下降时，它会自动地引起政府支出的增加和税收的减少，从而阻止国民收入的进一步下降；当国民收入增加时，它会自动地引起政府支出的减少和税收的增加，从而避免经济的过度膨胀。

自动稳定器主要有以下三种。

1. 累进税制度

在经济扩张阶段，随着生产扩大、就业增加、国民收入水平上升，个人收入和公司利润都增加，他们缴纳的税额就会增加，从而抑制消费和投资需求的增加，具有遏制总需求扩张和经济过热的作用，有助于减轻由于总需求过旺而引起的通货膨胀。另外，收入增加，政府税收相应增加，特别是实行累进税率的情况下，税收的增长率可以超过国民收入的增长率。经济衰退时，在实行累进税时，经济衰退使纳税人的收入自动进入低纳税档次，政府税收下降的幅度会超过收入下降的幅度，从而可起到抑制衰退的作用。当经济繁荣时，繁荣使纳税人的收入自动进入较高的纳税档次，政府税收上升幅度会超过收入上升的幅度，从而起到抑制通货膨胀的作用。由此，税收这种因经济变动而自动发生变化的内在机动性和伸缩性是一种有助于减轻经济波动的自动稳定因素。可见，在税率既定不变的条件下，税收随经济周期自动地同方向变化，起着抑制经济过热或缓解经济紧缩的作用。

案例分析

为何明星要偷税，累进税制对不对？

据了解，梅西的年薪大概在 9 890 万欧元，C 罗的年薪大概在 6 700 万欧元。在宣布梅西和 C 罗偷税漏税的西班牙税率奇高，高收入者的税负是很重的，大部分都要超过 50%，个人所得税和财富税累积 60%封顶。像梅西、C 罗这样的超级巨星，除了球队帮助其支付工资年薪税收后，剩余的包括其个人肖像权收益、广告收益等其他个人财产税都需要自己缴纳。如果按照西班牙的高税率标准，假如梅西年收入是 1 亿欧元，那么至少要缴纳超过 5 000 万欧元的个人所得税！

（资料来源：https://www.toutiao.com/a6574553599655805453）

请讨论：累进税的作用是什么？

教师点评：

1. 累进税的作用。
2. 自动稳定器的作用。

2. 政府支出的自动变化

政府支出的自动变化主要是指政府的转移支付，它包括政府的失业救济和其他社会福利支出。

在经济繁荣阶段，失业率下降，失业人数减少，失业救济金和其他福利的支出会随之自动下降，从而抑制可支配收入和消费需求增长，有助于减轻由于需求拉动而引起的通货膨胀；反之，在经济萧条阶段，失业率上升，失业人数增加，失业救济金和其他福利的支出会随之自动上升，从而抵消可支配收入和消费需求下降，有助于减轻经济萧条的程度。

3. 农产品价格维持制度

农产品价格维持制度实际上是以政府财政补贴这一政府转移支付形式，保证农民和农场主的可支配收入不低于一定水平。在经济繁荣阶段，对农产品的需求增加，农产品价格上升，政府根据农产品价格维持方案，抛售库存的农产品，吸收货币，平抑农产品价格，以减少农民和农场主的可支配收入；而在经济萧条阶段，对农产品的需求减少，农产品价格下降，政府根据农产品价格维持方案，增加政府采购农产品的数量，向农民和农场主支付货币或价格补贴，增加他们的可支配收入。

总之，累进税制度和政府支出的自动变化、农产品价格维持制度对宏观经济活动都能起到稳定作用，它们都是财政制度的内在稳定器和对经济波动的第一道防线。财政制度中稳定因素越多，稳定制度规范越健全，自发稳定作用就越大。它们的作用越健全，经济运行越不需要政府干预。但在现实经济生活中，这类“自动稳定器”只能缓和经济衰退或抑制通货膨胀的程度，而不能根本扭转经济衰退与通货膨胀的趋势，不能从根本上解决经济活动中存在的问题，因而应该采取更为积极的财政政策，即相机抉择的财政政策。财政制度并不是被动的，财政收支平衡并不是目的，并且人为地保持财政收支平衡不仅不能稳定经济，甚至还可能造成负面影响。这是因为，在经济繁荣时期，就业较为充分，人们的收入水平提高，这一方面使得政府用于失业救济等方面的支出减少，而另一方面又使得政府税收增加。在这种情况下，人为地保持收支平衡，就必然增加政府支出或减少税收，其结果是进一步使经济扩张。反之，经济萧条时期人为地保持财政收支的平衡，则使萧条程度加深。因此，政府应该采取更为积极的财政政策，逆经济风向行事，最终平抑经济波动。

同步案例

我国的农产品价格保护制度

粮食最低收购价政策是为保护农民利益、保障粮食市场供应实施的粮食价格调控政策，是为解决“三农”问题，实施工业反哺农业而采取的重要手段。

一般情况下，粮食收购价格受市场供求影响，国家在充分发挥市场机制作用的基础上实行宏观调控，必要时由国务院决定对短缺的重点粮食品种，在粮食主产区实行最低收购价格。当市场粮价低于国家确定的最低收购价时，国家委托符合一定资质条件的粮食企业，按国家确定的最低收购价收购农民的粮食。

2018年11月16日，中华人民共和国国家发展和改革委员会称，综合考虑粮食生产成本、市场供求、国内外市场价格和产业发展等因素，经国务院批准，2019年生产的小麦（三等）最低收购价为每50千克112元，比2018年下调3元，2020年小麦最低收购价每斤为1.12元。

（资料来源：https://baike.baidu.com/item/%E7%B2%AE%E9%A3%9F%E6%9C%80%E4%）

五、财政政策的局限性

需要指出的是，财政政策对收入产生的效应受到各种因素的制约。制约财政政策发挥作用的因素主要来自三个方面。

1. 相机抉择的财政政策会遇到政策滞后问题

政策滞后是指对经济运行采取的政策发挥作用的时间滞后。产生政策滞后的原因主要有以下几个方面：对经济形势的判断时间；研究和制定对策时间；政策实施时间；政策发挥作用时间。由于这种时滞的存在，针对某一经济形势制定的经济政策到发挥作用时经济形势已经改变，甚至相反，因而限制了财政政策的效果。

2. 相机抉择的财政政策会遇到“挤出效应”问题

挤出效应是指增加政府投资对私人投资产生的挤占效应。由于增加政府投资可能导致财政赤字，如果用发行公债的方式弥补赤字，结果可能因公众将投资转向公债而减少私人投资，所以增加政府投资所增加的国民收入可能因为私人投资减少而被全部或部分抵消。此外，政府购买或者税收乘数是在利息率不变的条件下得到的。如果利息率随着这些因素的变动而变动，则乘数不可能达到理论分析的程度。

3. 相机抉择的财政政策会遇到政治上的阻力

例如：政府减少政府购买或转移支付，会遭到选民的反对，而增税更容易引起社会的不满。这些阻力可能使得政府不得不顾及政治目标。

尽管运用宏观财政政策的效应不像理论分析的那样强大，但作为需求管理的措施，调节财政收入和财政支出在实践中仍不失为最直接、最有效的手段之一。

原理应用

财政金融再发力 多路资金或加速涌向制造业

2019 年全年减税降费预计达 2.36 万亿元，其中制造业及相关环节在增值税减税规模中占比近 70%；金融支持力度也持续加大，融资渠道进一步拓宽。据悉，更大力度的财政金融支持举措在途，在政策引导下，多路资金或加速涌入制造业，加快推动制造业扩大投资和加快转型升级步伐。

工业和信息化部负责人于 2020 年 1 月 13 日表示，2019 年企业营商环境大幅改善，制造业和中小企业减税降费效果明显。预计 2019 年全年减税降费 2.36 万亿元，其中制造业及相关环节在增值税减税规模中占比近 70%，小微企业普惠性减税约 2 500 亿元。2020 年将制定实施一批新的降本减负措施，全年为企业减负 2 700 亿元。

（资料来源：http://www.xinhuanet.com//money/2020-01/16/c_1125467836.html）

任务三 货币政策

案例导入

钱，从这里滚出来！

中央银行在经济生活中的作用非常重要，因为有了它，我们才能管理整个银行系统。那么中央银行究竟有什么用呢？

中央银行有三个最重要的职能。

第一，发行的银行。简单地说，中央银行垄断了国家的货币发行权，即用绝对权力控制了一个国家货币的发行权，使任何其他银行都不可以随便发行钞票。

第二，银行的银行。中央银行充当了所有商业银行的坚强后盾。商业银行接受中央银行的监督控制，所有商业银行的法定准备金都要缴到中央银行。

第三，国家的银行。中央银行代表国家来管理银行，所以央行又是政府的一个理财机构，它负责制定货币政策，并管理国家的钱；通过制定货币政策，控制商业银行，进而控制经济运行中货币的投放量。

形象地说，中央银行的货币政策就是，中央银行究竟是通过什么去打开货币的龙头，把钱放出来；又通过什么去拧紧货币的龙头，把钱抽走的。在美联储前主席格林斯潘的办公桌上就放着这样一块牌子，上面写着："钱，从这里滚出来！"

（资料来源：https://yuedu.baidu.com/ebook/dac3fb4fb90d6c85ed3ac654）

请思考：请你利用课余时间，收集关于银行体系的资料。

一、银行体系

西方银行体系主要由中央银行和商业银行构成。

（一）中央银行

中央银行是国家制定和执行货币政策的最高主管机构。中央银行的经营目的不是赚取利润，而是要保证完成法律规定的任务。中央银行主要有三大职能：发行银行、银行的银行和国家的银行。作为发行银行，中央银行负责发行货币。作为银行的银行，中央银行是商业银行的最终贷款人。作为国家的银行，中央银行代理国库，向政府提供所需资金，对外代表国家，对内监督、管理全国金融市场活动，并依法执行货币政策。

中央银行的负债项目主要有纸币发行准备券、商业银行及政府在中央银行的存款等。在负债项目中，准备券是最大的项目，它是中央银行发行的纸币。资产项目主要有黄金券、政府债券及向商业银行等发放的贷款、贴现和预付等。在资产项目中，政府债券是其中最大的项目，它受中央银行公开市场业务的调节；贷款、贴现和预付是中央银行贷给商业银行作为准备的金额，它受中央银行信贷、贴现政策的调节。资产数额与负债数额之间的差额就是中央银行的资本项目，主要包括中央银行的办公设备、房产、汽车等。

（二）商业银行

商业银行是面向厂商及个人经营存贷款业务的金融组织，其主要目的是通过存贷款利息差额，赚取最大的利润。商业银行除了为厂商提供短期贷款外，也向消费者发放消费信贷、抵押借款及中长期和短期贷款。同时商业银行也接受家庭和厂商的活期存款和定期存款。

商业银行的资产项目主要有准备金、持有的各种证券和发放的贷款。在资产项目中，商业银行的准备金是为了防止存款人提款而存放起来的款项；证券是商业银行的重要资产，包括商业银行购买的各级政府和企业发行的债券及其他债券；贷款是商业银行的最大资产，包括商业银行发放给工商业、农业及消费者的各类形式的贷款。商业银行的负债项目主要是家庭和厂商的各类存款。在负债项目中，活期存款可以随时支取或转移给第三者，利息率很低；定期存款需要事先通知银行方能支取，利息率较高。此外，商业银行的负债还包括各种形式的储蓄存款，如建房存款等。

商业银行的上述资产及负债业务的范围及数量受到中央银行的控制和管理，正是这种控制和管理使得中央银行可以调节货币的供给量，并进而影响整个宏观经济运行。

二、货币政策的主要工具及应用

货币政策的目的在于通过控制货币供给，影响利率，从而影响投资，并最终影响国民收入。由于在货币供给中占最大比例的是存款，所以中央银行主要通过控制和影响商业银行的存款来达到控制货币数量的目的。

和财政政策一样，货币政策也是相机抉择、逆经济风向行事的。在经济萧条时期，总需求不足，失业增加，此时中央银行采取扩张性的货币政策，扩大货币供给量，增加商业银行的存款数额，促使利息率下降，从而扩大商业银行的贷款规模；在经济过热时期，总需求过剩，价格持续上升，此时中央银行则采取紧缩的货币政策，减少货币供给量，减少商业银行的存款数量，促使提高利率，使投资者较难得到信贷，从而对投资产生抑制作用，达到消除通货膨胀的目的。

中央银行调节货币供给量的工具为法定存款准备金率、再贴现率和公开市场业务、货币政策的其他工具。

（一）法定存款准备金率

银行制度中规定，商业银行应将其吸收的存款总额按一定比例以现金的方式保留起来，以作为储户提取存款的准备金。准备金占存款总额的比例就是准备金率。由于准备金率通常依法规定，因而上述准备金制度也被称为法定准备金制度，其中的准备金率被称为法定准备金率。

各国的银行法对于不同存款的种类及数量规定了严格的法定存款准备金率，同时也赋予了中央银行货币当局在一定范围内调整准备金率的权力。法定存款准备金率制度既可以防止银行因无力支付存户存款而倒闭，从而引起金融混乱，导致社会不安定；又使得中央银行有能力通过调整准备金率达到控制货币总量的目的。

中央银行可以通过改变商业银行的法定存款准备金率来控制货币供给。中央银行调整法定存款准备金率是逆经济风向行事的。当经济萧条时，为了降低利率，增加总需求，中央银行在法律允许的范围内降低法定存款准备金率。商业银行为了获取最大利润，则尽可能地按最低要求留足准备金，因而在同样数额的存款条件下，商业银行可以发放贷款的数量增加。反之，当经济过热时，为了降低通货膨胀率，减少总需求，中央银行在法律规定的上限以下提高法定存款准备金率。由于商业银行必须依法留足准备金，因而在存款数量既定的条件下，商业银行的贷款量减少。

调整准备金率对整个银行体系对货币供给数量产生很大的影响。

同步案例

法定存款准备金率的作用机理

假定现有的法定存款准备金率为 10%，若某一家银行得到额外的 100 美元存款，即货币供给量增加 100 美元，则该银行将按照 10%的准备金率留有 10 美元的准备金，然后将剩余部分 100×(1－10%)＝90 美元贷给消费者或厂商，即个人得到 90 美元的贷款。假设得到这笔款项的人将它存入第二家银行，则第二家银行增加了 90 美元的存款。与第一家银行一样，第二家银行留下 9 美元作为准备金，将其余的 100×(1－10%)×(1－10%) 美元贷给个人，即经济中又多出了 81 美元的货币。如此不断地继续下去，最初银行系统中只增加存款 100 美元，但最终存款的增加量可以达到：

$$100+90+81+\cdots=100+100(1-10\%)+100(1-10\%)(1-10\%)+\cdots=100/10\%=1\,000$$

即整个银行体系内存款增加的数量会按法定存款准备金率 10%的倒数，即按 10 倍扩大。相反，若第一家银行因客户提取而损失存款，那整个银行系统中的存款将成倍缩小。从另一方面来看，在存款额改变量既定的条件下，如果法定存款准备金率变动，则银行系统中存款总额的改变量扩大或者缩小的倍数就会变动。在上面的例子中，如果准备金率从10%下调到5%，那么存款扩张倍数便从10倍增加到20倍。因而，调整法定存款准备金率手段被认为是最严厉的货币政策。

（资料来源：https://yuedu.baidu.com/ebook/dac3fb4fb90d6c85ed3ac654案例整理）

（二）再贴现率

银行制度规定商业银行可以将持有的中央银行认为合格的债券向中央银行实行再贴现或进行抵押贷款，其中贴现是相对于商业银行对个人的贴现或抵押贷款而言的。贴现或抵押贷款是商业银行的重要经营业务。商业银行可以将个人手中持有的未到期的合格债券以某一个贴现率兑换成现金，即在对债券做出一定的扣除之后，将个人手中的债券变为现金。同时，商业银行为了取得现金，也可以将自身持有的债券向中央银行贴现，这就是再贴现。中央银行再贴现率的高低或对贴现债券的规定直接影响商业银行取得现金的数额，从而影响商业银行的信贷规模，这就为中央银行管理商业银行提供了可能。

变更再贴现率是中央银行执行货币政策的重要手段。根据银行制度的有关规定，中央银行可以利用变更再贴现率手段影响商业银行的贷款数量，并最终控制货币供给量。中央银行实施变更再贴现率手段也是逆经济风向的。当经济萧条时，中央银行降低再贴现率，以吸引商业银行将手中持有的债券向中央银行贴现，从而增加商业准备金，以鼓励商业银行发放贷款，刺激消费和投资；当经济过热时，中央银行为了控制货币数量和商业银行的放款规模，提高贴现率，增加商业银行的贴现成本，从而减少商业银行的贷款数量。

案例分析

什么是贴现？

A企业出售给B企业一批空调，货款100万元。B企业由于近期流动性资金不够，向A企业出具100万元的3个月带息票据1张，3个月后应还款102万元。2个月后，A企业缺乏流动资金，向C银行贷款，并将102万元的票据抵押给银行，A企业拿到98万元的贷款，1个月后，B企业将102万元还给了C银行。

请讨论：A企业向C银行贷款的过程叫什么？

教师点评：

1. 贴现与贴现率。
2. 再贴现率的作用。

（三）公开市场业务

公开市场业务是指中央银行在金融市场上公开买卖政府债券以影响货币供给量的货币政策手段。依照银行法的有关规定，中央银行可以根据宏观经济政策目标，在公开的金融市场上买卖政府的债券等有价证券。中央银行的公开市场业务也是相机抉择、逆经济风向行事的。当经济不景气时，为了刺激总需求，中央银行便在公开市场上买进商业银行持有的政府债券。因为中央银行出价往往较高，所以商业银行愿意出售。当商业银行出售债券后，就可以利用得到的现金向消费者和厂商发放贷款，从而增加消费和投资，扩大总需求。当经济过热，货币数量过多，经济中常常会出现持续的通货膨胀，中央银行便在市场上卖出政府债券。由于政府债券相对利息率较高，风险较小，因而商业银行争相购买。商业银行购买债券后，可以贷出的货币减少，从而中央银行达到了控制货币、控制投资，进而影响经济运行的目的。

上述三大手段是中央银行执行货币政策的最重要的手段，它们不仅可以单独使用，也可以配合使用。一般来说，由于调整法定存款准备金率对整个经济的影响程度很大，因而在实践中较少使用。变更再贴现率可以间接地控制商业银行的准备金，因而在实践中较为常用。公开市场业务不仅便于操作，而且很容易进行数量控制，因而在实践中最为常用。

小思考：当政府需要增发货币时，为什么是卖出政府债券？

（四）货币政策的其他工具

除了上述三大手段之外，中央银行还可以利用其独有的货币管理和政策制定方面的特权，运用其他方式对商业银行的信贷规模进行控制。主要的手段有以下几种。

1. 道义劝说

道义劝说是指中央银行以口头或书面谈话的方式劝说商业银行在放款、投资等方面自行放宽或压缩信贷规模，以便商业银行能与中央银行在货币政策方面相互配合。尽管中央银行的道义劝说不具有行政约束力，但由于中央银行所具有的信息和地位的优势，商业银行往往很重视这些劝说，因而该手段在实践中仍能达到一定的效果。

2. 严格或放宽信贷条件

中央银行可以通过对商业银行的监管来实现货币政策目标。例如：中央银行可以严格或者放宽抵押贷款中抵押物的种类，获得贷款的数量，在消费贷款管理中可以增加或者降低首付款的数额等。在执行扩张性货币政策时，中央银行可以放宽抵押物的品种，提高抵押贷款的数量等；在执行紧缩性货币政策时，则严格抵押物的种类，降低获得贷款的数量。

3. 贴现配额

中央银行也可以规定商业银行再贴现的种类和数额。例如：中央银行可以规定所有行业发行的债券均可以到中央银行贴现，也可以规定只有某些行业甚至某些企业发行的债券才能进行贴现，同时中央银行也可以规定某个商业银行贴现的上限。此类手段也采取逆经济风向行事，与贴现率政策一起间接控制商业银行的准备金。

三、货币政策效应的局限性

货币政策是政府宏观干预的重要手段之一，它通过影响货币供给量影响 *LM* 曲线而对利息率产生影响，并影响投资，最终影响收入。但是，在实际应用中，货币政策对收入的影响会受到下列因素的制约。

（一）流动性偏好陷阱

依照凯恩斯理论，当经济萧条时，利息率较低，则流动性偏好很大。当利息率降低到一定程度时，流动性偏好引起的货币需求趋向于无穷，即人们处于流动性偏好陷阱。此时，无论货币供给量增加多少，其降低利息率的作用都非常小。这表明，当经济处于流动性偏好陷阱状态时，货币政策通过降低利率来刺激投资的作用是有限的。

（二）时滞的影响

与财政政策一样，货币政策的效果也受到时滞的影响。从中央银行对经济形势做出判断、分析、制定政策到实施，都会产生滞后。这些滞后制约着货币政策准确有效地发挥作用。

（三）货币政策手段本身的局限性

当采取扩张性的货币政策时，效果不明显；相反，紧缩性的货币政策比扩张性的货币政策更加有效。这是因为，扩张性的货币政策要得到经济基础主体尤其是商业银行的配合，其中变更再贴现率是中央银行间接控制商业银行准备金的重要手段，但这种手段的实施效果受到商业银行行为的制约。当中央银行采用扩张性货币政策的时候，一般是经济衰退的过程，此时商业银行出于自身利益的考虑一般不愿意提供贷款。而在经济衰退的过程中，一些经营状况好的企业又选择稳健的不扩张的经营策略，所以，以增加货币供给量为特征的货币政策效果就会大打折扣。例如：当中央银行降低再贴现率时，商业银行未必增加贴现，至少不一定按照中央银行的意图增加再贴现数量。相反，紧缩性的货币政策由于不需要任何经济基础主体的配合，反而显得更有效。

以上原因使得货币政策在实践中的作用受到某些限制。普遍认为，货币政策是调节宏观经济运行的间接手段，它对通货膨胀的影响程度要大于对收入的影响。

财政政策与货币政策在经济实践中往往要配合使用。财政政策和货币政策的配合，是指政府将财政政策和货币政策按某种形式搭配组合起来，以调节总需求，最终实现宏观经济的内外平衡。

原理应用

2020年将采用积极的财政政策

中央经济工作会议在明确2020年中国经济重点工作中指出，2020年采用积极的财政政策，要大力提质增效，更加注重结构调整，坚决压缩一般性支出，做好重点领域保障，支持基层保工资、保运转、保基本民生。稳健的货币政策要灵活适度，保持流动性合理充裕，货币信贷、社会融资规模增长同经济发展相适应，降低社会融资成本。

11-1　货币乘数

课程思政

中国有望成为2020年全球唯一保持增长的主要经济体

在全球新冠肺炎疫情持续蔓延，国际货币基金组织、世界银行不断下调今年全球经济增长预期的情况下，中国接连交出一份份亮眼的经济“成绩单”。近日，中国国家统计局发布7月份主要宏观经济数据。商品零售额同比增长0.2%，增速在年内首次由负转正；货物进出口同比增长6.5%，其中出口连续4个月同比正增长；官方制造业采购经理指数（PMI）升至4个月高点……一连串提气的数据，引发全球媒体高度关注。

“中国是全球经济复苏最快的国家，中国公布的7月份经济数据成为强有力的证明。”彭博社的报道指出，中国有效遏制住了新冠肺炎疫情，平稳度过了全球范围内的需求崩溃期，且成功保持了市场活跃度。7月份，中国工业增加值同比增长4.8%，增速与6月份持平。

“中国在夏日的阳光下苏醒。”8月17日，西班牙《世界报》以此为题刊发报道称，中国是新冠病毒大流行期间首个经济数据明显复苏的大型经济体。

在俄罗斯“自由媒体”网站看来，中国经济取得这样的成果绝非偶然，这是有效措施与系统优势相结合的结果。由于中国经济的可控性以及政府为制止危机和刺激增长采取的正确措施，中国能够从容应对风险并实现既定目标。

巴基斯坦国立科技大学教授扎米尔·艾哈迈德·阿万认为，中国拥有庞大的国内市场，14亿人口正是其巨大优势之一，中国民众的购买力强劲恢复。中国原材料丰富，还拥有大量技能娴熟的工人，这是中国工业的真正实力所在。

“从各方面看，中国仍将是世界经济增长的重要动力。”俄罗斯自由媒体网发表俄《劳动报》观察家米哈伊尔·莫罗佐夫的评论文章指出，中国提高商品通关效率，积极扩大进口，还支持自贸试验区、自贸港和保税区建设，彰显了中国坚持扩大对外开放的决心。

（资料来源：http://www.xhyb.net.cn/caijing/2020/0824/123574.html）

问题：这个案例对我们有什么启示？

分析提示：这个案例的启示在于，中国特色社会主义是科学社会主义理论逻辑和中国社会发展历史逻辑的辩证统一，是根植于中国大地、反映中国人民意愿、适应中国和时代发展进步要求的科学社会主义，是全面建成小康社会、实现中华民族伟大复兴的必由之路。我们必须坚持“四个自信”，坚定不移地走社会主义道路。

项目小结

宏观经济政策是指国家或政府为了增进社会经济福利而制定的解决经济问题的指导原则和措施，它是政府为了达到一定目的在经济事务中有意识的活动。政府制定宏观经济政策追求的目标主要有四个：充分就业、价格稳定、经济增长和国际收支平衡。

财政政策是指政府为了实现宏观经济政策目标而对政府支出、税收和借债水平所进行的选择，或对政府财政收入和财政支出水平所做出的决策。财政收入包括税收和国债，财政支出包括政府购买和政府转移支付。

自动稳定器，亦称内在稳定器，是指经济系统本身存在的一种会减少各种干扰对国民收入冲击的机制，能够在经济繁荣时期自动抑制通货膨胀，在经济衰退时期自动减轻萧条，无须政府采取任何行动。自动稳定器包括累进税制度、政府支出的自动变化和农产品价格维持制度。

相机抉择的财政政策又称为能动的财政政策，是指政府根据经济运行的状况逆经济风向采取的变动财政收入水平的政策。

货币政策的目的在于通过控制货币供给，影响利率，从而影响投资，并最终影响国民收入。货币政策工具包括：法定存款准备金率、再贴现率和公开市场业务及货币政策的其他工具。

项目实训

一、实训内容

1. 知识运用能力

技能Ⅰ

名称：问题研讨。

规范与标准：能够根据项目的重点和核心知识点设置研讨题目，练习知识运用。

（1）近阶段，我国宏观政策的主要目标是什么？

（2）经济萧条的时候，政府应该增税还是减税？

（3）通货膨胀时，对教师收入有何影响？

（4）国家为什么要对农产品实行保护价收购？

（5）货币政策如何影响国家经济？

技能Ⅱ

名称：经济学在企业或社会生活中的运用。

规范与标准：请对本项目所学的知识点进行分析，每个知识点至少列举5个及以上在企业或社会生活中的应用，见表11-1。

表11-1　宏观经济政策在企业或社会生活中的应用

项目知识点	在企业或社会生活中的运用
宏观政策目标	
需求管理	
财政政策	
货币政策	
法定存款准备金率	

技能Ⅲ

名称：综合分析——改革开放以来我国宏观经济调控的实践。

规范与标准：

（1）小组讨论我国宏观经济调控实践的阶段。

（2）小组派代表陈述对问题的解释。

（3）教师点评。

2. 情境设计

将学生分成若干实训组，组内成员全员参与，进行相关资料的搜集整理，分阶段进行我国宏观经济调控的实践的描述，重点整理各阶段宏观经济调控的经济背景、政策实践、效果评价等，并派代表进行讲评。在此基础上撰写《××阶段我国宏观经济调控的实践》。

二、实训目标

对本项目知识点进行全方位的分析应用。

三、实训设施

教室。

四、实训过程

（1）根据班级人数将学生组成若干个实训组，每5～7位同学分成一组，每小组确定一人负责。

（2）对实训组进行实训要求和具体操作讲解。

（3）实训组各小组分别根据团队成员的兴趣爱好和性格，进行分工，开始研讨与设计。

（4）实训组各小组根据实训内容和目标，在规定时间内完成各项实训任务。

（5）实训组各小组在实训分析与反思的基础上，撰写专项实训报告。

五、实训成果

《问题研讨分析报告》

《知识点应用表格》

《××阶段我国宏观经济调控的实践》

六、注意事项

（1）每组同学合理分工，认真做好实际调查工作，确切理解知识信息准备工作的内容和要求。

（2）每组同学认真准备符合要求的文字材料。

（3）每组代表在课堂上清晰、有条理地向大家阐述自己的方案，突出重点和亮点。

项目习题

一、单选题

1. 属于内在稳定器的项目是（　　）。

A. 政府购买　　B. 税收

C. 政府转移支付　　D. 政府公共工程支出

2. 自稳定器的功能（　　）。

A. 旨在缓解周期性的波动　　B. 旨在稳定收入，刺激价格波动

C. 旨在保持经济的充分稳定　　D. 旨在推迟经济的衰退

3. 属于紧缩性财政工具的是（　　）。

A. 减少政府支出和减少税收　　B. 减少政府支出和增加税收

C. 增加政府支出和减少税收　　D. 增加政府支出和增加税收

4. “松货币紧财政”使利息率（　　）。

A. 提高很多　　B. 提高很少　　C. 下降很多　　D. 下降很少

5. 经济中存在失业时，应采取的财政政策工具是（　　）。

A. 增加政府支出　　B. 提高个人所得税

C. 提高企业所得税　　D. 增加货币发行量

二、多选题

1. 宏观经济政策的目标是（　　）。

A. 充分就业　　B. 稳定物价　　C. 经济增长　　D. 国际收支平衡

2. 财政政策的工具包括（　　）。

A. 财政支出　　B. 增发货币　　C. 财政收入　　D. 转移支付

3. 货币政策的政策工具包括(　　)。

A. 法定存款准备金率　　B. 再贴现率

C. 公开市场业务　　D. 提高利率

4. 货币政策的局限性包括(　　)。

A. 流动性偏好　　B. 时滞作用

C. 货币政策的缺陷　　D. 政策执行不到位

5. 中央银行的作用是(　　)。

A. 代理国库　　B. 银行的银行　　C. 发行货币　　D. 发放贷款

三、判断题

1. 稳定物价就是通货膨胀为零。(　　)
2. 财政政策和货币政策都是由政府制定的。(　　)
3. 扩张性财政政策包括增加政府支出和增税。(　　)
4. 中央银行在公开市场上购买政府债券就会增加货币供给量。(　　)
5. 提高贴现率可以刺激银行增加贷款。(　　)

四、名词解释

宏观调控政策　财政政策　货币政策　内在稳定器　相机抉择的财政政策

五、问答题

1. 宏观经济政策的目标是什么？为达到这些目标可采用的政策工具有哪些？
2. 财政政策与货币政策有何区别？
3. 中央银行控制货币供给量的工具是什么？
4. 扩张财政对经济萧条会产生怎样的影响？
5. 政府采取扩张性财政政策和货币政策对利率的影响有何不同？

参考文献

REFERENCE

1. ［美］曼昆．经济学原理［M］．7 版．北京：北京大学出版社，2015
2. ［美］曼昆．经济学基础［M］．7 版．北京：北京大学出版社，2017
3. ［美］斯蒂格利茨．经济学［M］．4 版．北京：中国人民大学出版社，2013
4. 梁小民．微观经济学纵横谈［M］．北京：生活·读书·新知三联书店，2000
5. 薛兆丰．薛兆丰经济学讲义［M］．北京：中信出版社，2018
6. 薛兆丰．经济学通识［M］．2 版．北京：北京大学出版社，2015
7. 刘辉煌．西方经济学［M］．北京：中国人民大学出版社，2014
8. 高鸿业．微观经济学［M］．北京：中国人民大学出版社，2018
9. 李翀．现代西方经济学原理［M］．广州：中山大学出版社，2014
10. 邓达，张弛．现代经济学导读与案例［M］．北京：中国政法大学出版社，2016
11. 尹伯成，许晓茵．西方经济学基础教程［M］．上海：格致出版社，2014
12. 陈喜强．西方经济［M］．北京：人民邮电出版社，2011
13. 殷建国，罗碧华．经济学原理［M］．北京：中国人民大学出版社，2016
14. 缪代文．微观经济学与宏观经济学［M］．北京：高等教育出版社，2008
15. 王根良．西方经济学［M］．北京：科学出版社，2006
16. 陈承明，凌宗诠，邓继光．简明西方经济学［M］．上海：上海财经大学出版社，2006
17. 黄晓琳．寓言故事中的经济学［M］．北京：石油工业出版社，2012
18. 高鸿业．西方经济学［M］．7 版．北京：中国人民大学出版社，2019
19. 梁小民．西方经济学基础教程［M］．3 版．北京：北京大学出版社，2014
20. 缪代文．微观经济学与宏观经济学［M］．6 版．北京：高等教育出版社，2017
21. 高博，王菲．经济学基础［M］．北京：清华大学出版社，2017

图书在版编目（CIP）数据

经济学原理与应用/王晓娜，王铁桩主编．--北京：中国人民大学出版社，2021.1
21 世纪高职高专规划教材．财经类专业基础课系列
ISBN 978-7-300-28777-5

Ⅰ.①经… Ⅱ.①王…②王… Ⅲ.①经济学一高等职业教育一教材 Ⅳ.①F0

中国版本图书馆 CIP 数据核字（2020）第 228229 号

21 世纪高职高专规划教材·财经类专业基础课系列
经济学原理与应用
主　编　王晓娜　王铁桩
副主编　赵明辉
Jingjixue Yuanli yu Yingyong

出版发行	中国人民大学出版社		
社　　址	北京中关村大街 31 号	**邮政编码**	100080
电　　话	010－62511242（总编室）		010－62511770（质管部）
	010－82501766（邮购部）		010－62514148（门市部）
	010－62515195（发行公司）		010－62515275（盗版举报）
网　　址	http://www.crup.com.cn		
经　　销	新华书店		
印　　刷	北京密兴印刷有限公司		
规　　格	185mm×260mm　16 开本	**版　　次**	2021 年 1 月第 1 版
印　　张	16 插页 1	**印　　次**	2023 年 2 月第 4 次印刷
字　　数	396 000	**定　　价**	36.00 元

信息反馈表

尊敬的老师：

您好！为了更好地为您的教学、科研服务，我们希望通过这张反馈表来获取您更多的建议和意见，以进一步完善我们的工作。

请您填好下表后以电子邮件、信件或传真的形式反馈给我们，十分感谢！

一、您使用的我社教材情况

您使用的我社教材名称			
您所讲授的课程		学生人数	
您希望获得哪些相关教学资源			
您对本书有哪些建议			

二、您目前使用的教材及计划编写的教材

您目前使用的教材	书名	作者	出版社
您计划编写的教材	书名	预计交稿时间	本校开课学生数量

三、请留下您的联系方式，以便我们为您赠送样书（限1本）

您的通信地址			
您的姓名		联系电话	
电子邮箱（必填）			

我们的联系方式：

地　址：苏州工业园区仁爱路158号中国人民大学苏州校区修远楼

电　话：0512-68839320　　　　传　真：0512-68839316

网　址：www.crup.com.cn　　　　邮　编：215123